中日韩经贸关系与产业合作研究

张燕生　刘向东　逯新红 等 著

辽宁人民出版社

图书在版编目（CIP）数据

中日韩经贸关系与产业合作研究 / 张燕生等著.
沈阳：辽宁人民出版社，2025.1. -- ISBN 978-7-205
-11431-2

Ⅰ. F125.531.3；F125.531.26
中国国家版本馆CIP数据核字第20257LL311号

出版发行：辽宁人民出版社
　　　　　地址：沈阳市和平区十一纬路 25 号　邮编：110003
　　　　　电话：024-23284321（邮　购）　024-23284324（发行部）
　　　　　传真：024-23284191（发行部）　024-23284304（办公室）
　　　　　http://www.lnpph.com.cn
印　　刷：辽宁新华印务有限公司
幅面尺寸：170mm×240mm
印　　张：16
字　　数：260千字
出版时间：2025 年 1 月第 1 版
印刷时间：2025 年 1 月第 1 次印刷
责任编辑：郭　健　张婷婷
装帧设计：G-Design
责任校对：吴艳杰
书　　号：ISBN 978-7-205-11431-2
定　　价：68.00元

前　言

当今世界，国际形势变乱交织，风险挑战日益增多，地缘政治变局前所未有，经济重心逐渐向东偏移，同时全球产业链、供应链不稳定性增强，脱钩断链和重构分拆的风险加大，区域经贸一体化合作和绿色可持续发展面临严峻挑战。特别是新冠疫情之后，确保供应链安全成为各国政府的共识，强化供应链韧性是持续发展的坚实保障。中国、日本、韩国在地理上一衣带水，在经济上深度融合，形成了互联互嵌的产业链供应链关系，成为全球产业链、供应链稳定的重要参与者和维护者。作为近邻国家，中日韩将彼此视作发展道路上的亲密伙伴和重要机遇，努力实现利益相融、人民相亲、命运相连，为和平友好相处提供了得天独厚的条件。经贸合作是中日韩合作的"压舱石"。随着新一轮科技革命和产业变革深入推进，中日韩有条件进一步抓住机遇，培育新的合作增长点，尤其在技术创新、数字化转型、绿色化发展、新兴产业培育、供应链联通等领域拥有广阔的合作空间。

在国际格局的深刻变化中，中日韩产业合作面临着前所未有的机遇与挑战。当前，新一轮科技革命和产业变革加速演进，全球技术创新与产业升级进入快车道，特别是在半导体、新能源汽车等领域的技术迭代和市场竞争加剧，中日韩三国可以发挥各自比较优势，加强联合研发、协同攻关，深化产业协作，维护行业供应链稳定，为三国提供提升产业竞争力、推动技术进步、开拓市场空间的可能性。为应对全球气候变化这一共同挑战，中日韩在清洁能源、节能环保和绿色低碳技术方面深化合作，将有助于共同应对气候变化和生态环境治理问题，也是推动区域经济向可持续发展转型的关键。随着区域经济一体化的深入推进，中日韩三国继续高质量实施《区域全面经济伙伴关系协定》（RCEP）等多边贸易协定，加强区域供应链联通，提高区域产业体系稳定性和竞争力，为三国企业创造了更广阔的市场和更优惠的贸易条件。在新机遇和挑战中，中日韩三国需增信释疑、寻求共识，推动产业协作、支持科技创新、驱动转型发展，推动地区长期健康稳定发展。

本书深入分析了在国际格局新变化与全球经济中心转移背景下中日韩经贸合作的总体趋向与发展路径。本书分为上下两篇，上篇重点探讨中日韩三国推动区域经济一体化、科技创新、"零碳革命"、需求管理等领域三国经贸合作的重点思路与主要驱动力。下篇重点探讨中日韩产业合作议题，深入分析了新冠疫情影响下中日韩产业链、供应链发展趋势和合作空间，探讨了新冠疫情对中日韩产业合作带来的深远影响，特别探讨半导体、新能源汽车等产业合作面临的机遇和挑战及合作方向。在以上分析研究的基础上，提出促进中日韩经贸产业合作平稳健康发展的针对性、建设性和前瞻性的参考建议。

本书旨在将新形势下中日韩经贸产业合作的动向、特点和面临的机遇与挑战清晰地展现出来，系统梳理了中日韩产业合作中存在的问题和矛盾所在，并尝试提出解决的思路和方案，希望未来中日韩经贸发展和产业合作将展现出更加广阔的前景。我们期待本书能够成为读者了解中日韩经贸合作的动态窗口，也期待能激发读者对未来中日韩产业合作模式的思考。本书是中国国际经济交流中心设立的重点课题形成的研究成果，课题由张燕生总负责，提出研究思路和框架，并指导课题组完成了研究任务；具体由刘向东负责组织统稿工作。本书共有十三个章节构成，具体章节编写人员如下：第一章：张燕生、刘向东，第二章：逯新红，第三章：孙晓涛，第四章：蒋钦云，第五章：王婧，第六章：刘向东、何楹，第七章：刘向东、逯新红、李浩东，第八章：逯新红，第九章：李浩东，第十章：刘向东，第十一章：逯新红，第十二章：李浩东，第十三章：刘向东。

在文章写作中，我们虽尽力追求准确无误，但书中难免存在疏漏之处，对于文中可能出现的错误或不妥之处，皆由作者负责，并欢迎读者指正。我们特别感谢工信部张晓雷同志、谭至晟同志给予的指导支持，也由衷感谢所有为本书贡献智慧和支持的领导同事、专家学者，特别是分享经验和见解的朋友们。

目 录

上篇 新形势下维护中日韩经贸关系再思考

下篇　新形势下深化中日韩产业合作再思考

上篇　新形势下维护中日韩经贸关系再思考

第一章
国际格局新变化与全球经济重心转移

当前，世界处于百年未有之大变局加速演进的时期。俄乌冲突、中美博弈、全球化变局等风险挑战前所未有，全球产业链供应链断链与重构同步出现。新冠疫情叠加乌克兰危机等地缘政治冲突深刻影响了世界政治经济格局，促使国际力量对比继续发生变化，国际秩序面临深刻重塑，全球产业链供应链遭受疫情冲击，安全稳定的重要性凸显，形成和加剧了全球经济重心东移的趋势。《区域全面经济伙伴关系协定》（RCEP）的签署生效促进了亚太区域经济一体化进程，使得东亚地区经济联系更加紧密和稳固，在中美博弈常态化背景下中日韩经贸合作展现出强劲韧性和旺盛活力，三国产业链供应链合作稳定性有所增强。国际格局新变化给中日韩产业合作带来新机遇、新挑战。中国率先取得疫情防控阶段性成果并快速恢复生产，展现以中国为生产基地的产业链供应链韧性，吸引日韩等外资企业继续留在中国生产，且促使日韩对中国经济依存度维持在较高水平。美国从战略安全层面强化与日韩盟友关系，但日韩贸易、投资和产业上与中国越来越不可分割，而日韩对华经济依赖虽有所下降但已难以逆转。

第一节　国际格局变化与全球经济重心东移趋势

经过疫情的冲击，全球政治经济格局发生深刻变化，经济重心东移倾向越发明显，"东升西降"的特点更加突出，不仅表现在经济总量、消费和投资、财政收入和金融系统方面的变化，还表现在创新活力、对外贸易、吸引外资、招揽人才等方面的能力变化。

一、全球经济发展的"东升西降"态势越发明显

受新冠病毒感染冲击，全球经济增速出现了显著下降态势。其间，发达经济体受物流中断、供给短缺、能源涨价、社会失序的影响，其经济实力遭受重创，新兴市场和发展中国家虽也遭受相应冲击，但对稳定全球经济增长发挥了重要作用，推动"东升西降"的趋势更加明显。据国际货币基金组织（IMF）数据显示，2022年新兴经济体和发展中国家经济总量占全球的比重升至42.4%，仍低于七国集团（G7）的43.7%，到2027年将达到43.5%超过G7同期的42.8%，其中2022年亚洲新兴经济体经济总量占全球比重攀升至25%，同期中国经济总量占全球比重攀升至17.9%，比2020年提升了0.4个百分点，2022年美国经济总量占全球比重达到25.4%，比2020年上升了0.6个百分点，同期中日韩三国经济总量占全球比重攀升至23.8%，比2020年下降了1.6个百分点（图1-1）。值得说明的是，2020—2022年新兴市场和发展中经济体对世界经济增长的平均贡献率（汇率法）为21.3%，而发达经济体对世界经济增长的平均贡献率为2.1%，特别是中国对世界经济增长的平均贡献率达到13.1%，美国对世界经济增长的平均贡献率只有3.6%，说明新兴市场和发展中经济体还是拉动世界经济复苏的火车头。照此趋势，如同国际金融危机时中美经济实力发生的此长彼消变化那样，经历新冠病毒感染冲击，中美经济实力将发生深刻调整，中国仍是拉动世界经济增长的重要引擎。

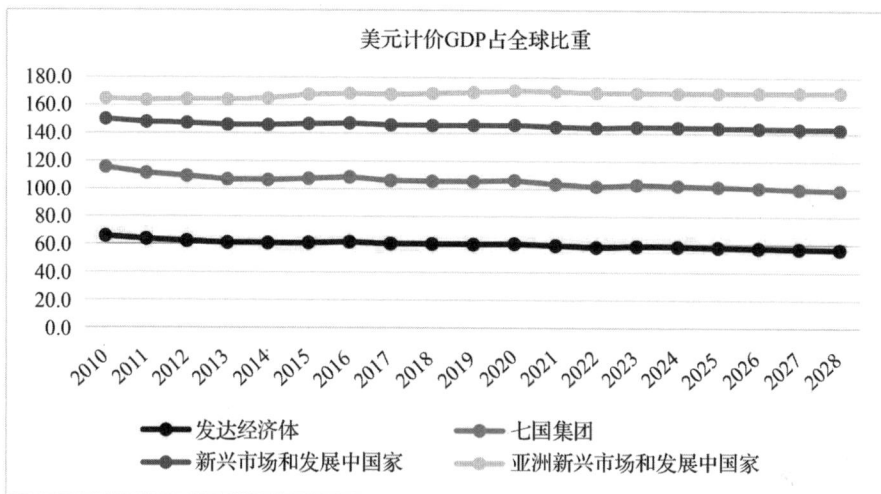

图 1-1　新兴市场和发展中国家国内生产总值（GDP）占全球比重变化（%）

数据来源：国际货币基金组织。

二、美日韩对中国的贸易依存度保持相对稳定

中国经济率先从新冠病毒感染影响中恢复，已成为世界经济贸易发展的"稳定器"。美国特朗普政府对华实施的"贸易战"，拜登政府构建排他性的供应链并寻求与中国的"脱钩断链"，中美经贸关系受到较大的影响。事实表明，中美贸易关系并没有实现真正的"脱钩"，尤其是受新冠病毒感染影响期间反而更加紧密。即便拜登政府并未取消特朗普政府对华加征的贸易关税，新冠病毒感染影响下中美双边贸易却展现出难以"脱钩"的韧性。经历中美贸易摩擦短暂下滑后，中美双边贸易额逆势增长，显现出两国经济结构高度互补和经贸合作互利共赢的本质。据中国海关总署数据显示，2020 年中美进出口总额达到 5867.2 亿美元，同比增长 8.3%；而 2021 年中美进出口总额达到 7556.5 亿美元，同比增长 27.7%；2022 年中美进出口总额达到 6128.3 亿美元，同比增长 0.6%，反映出中美经贸关系具有超越政治竞争影响和密切两国利益的"压舱石"功能。从贸易依存度看，2023 年美国对华贸易依存度仍高达 11.3%，远高于其对日韩两国贸易依存度的 7.9%（表 1-1）。美国虽从战略

安全层面强化了与日韩盟友关系，但日韩经济利益越来越依赖中国，而这种对华经济依赖已难以逆转。2020年，中日贸易额达到3175.4亿美元，同比增长0.8%，而美日贸易额从2019年的2191.0亿美元下降至2020年的1874.8亿美元，日本对美国的贸易依存度由2019年的15.4%下降至2022年的13.8%，而对中国的贸易依存度则由2019年的21.3%攀升至2020年的23.9%，随后有所下降但仍维持在20%以上。韩国对中国的贸易依存度也很高。2020年中韩贸易额达到2852.6亿美元，同比增长0.3%，韩国对华贸易依存度提升至24.6%，比2019年高出1.35个百分点，而2020年韩美贸易额只有1316.5美元，同比下降了2.7%，对美国的贸易依存度维持在13.4%左右，但2023年韩国对美国贸易依存度上升至14.7%，而对中国的贸易依存度下降至21%。在市场和经济利益驱使下，美国仅凭价值观和民主外交主张，强拉日韩盟友共同抵制中国的效果将难以奏效，甚至有可能事与愿违，中日韩三国将继续合作发挥亚洲经济增长的中流砥柱作用。随着中国即将成为全球最大的消费市场，最终消费市场对日韩等邻国展现出强大的磁吸力，促使日韩产业链逐步融入以中国为终端市场的生产网络，而RCEP的签署生效，让中日韩三国有了真正意义的自贸安排，可能将加大日韩对中国的经济依赖，形成以中国终端消费市场为导向的更加稳固的产业链供应链体系。

表1-1　中美日韩相互贸易依存度　　　　　　　　　（单位：%）

年份	中国			美国			日本			韩国		
	美国	日本	韩国	中国	日本	韩国	中国	美国	韩国	中国	美国	日本
2007	13.9	10.8	7.3	12.4	6.7	2.6	17.7	16.1	6.1	19.9	11.4	11.3
2008	13.0	10.4	7.3	12.0	6.0	2.4	17.4	13.9	5.7	19.6	9.9	10.4
2009	13.5	10.4	7.1	14.0	5.6	2.6	20.5	13.5	6.1	20.5	9.7	10.4
2010	13.0	10.0	7.0	14.3	5.7	2.7	20.7	12.7	6.2	21.1	10.1	10.4
2011	12.3	9.4	6.7	13.6	5.3	2.7	20.6	11.9	6.3	20.4	9.3	10.0
2012	12.5	8.5	6.6	14.0	5.7	2.6	19.7	12.8	6.1	20.2	9.5	9.7

年份	中国			美国			日本			韩国		
	美国	日本	韩国	中国	日本	韩国	中国	美国	韩国	中国	美国	日本
2013	12.5	7.5	6.6	14.6	5.3	2.7	20.0	13.1	6.0	21.3	9.6	8.8
2014	12.9	7.3	6.8	14.9	5.1	2.9	20.5	13.3	5.7	21.4	10.5	7.8
2015	14.1	7.0	7.0	16.0	5.2	3.1	21.2	15.1	5.6	23.6	11.8	7.4
2016	14.1	7.5	6.9	15.9	5.4	3.1	21.6	15.8	5.7	23.4	12.2	8.0
2017	14.2	7.4	6.8	16.3	5.2	3.1	21.7	15.1	5.9	22.8	11.3	7.8
2018	13.7	7.1	6.8	15.7	5.2	3.1	21.4	14.9	5.7	23.6	11.5	7.5
2019	11.8	6.9	6.2	13.4	5.3	3.2	21.3	15.4	5.3	23.3	12.9	7.3
2020	12.6	6.8	6.1	14.8	4.9	3.4	23.9	14.7	5.6	24.6	13.4	7.3
2021	12.5	6.1	6.0	14.3	4.6	3.5	22.9	14.1	5.5	23.9	13.4	6.7
2022	12.1	5.7	5.8	13.0	4.3	3.5	20.3	13.8	5.3	21.9	13.5	6.0
2023	11.2	5.4	5.2	11.3	4.4	3.5	20.0	15.0	5.2	21.0	14.7	6.0

数据来源：中国海关总署、美国商务部普查局、日本财务省、韩国国际贸易协会，其中美国为货物贸易。

三、东亚继续成为全球最具吸引力的投资目的地

近年来，随着发展中国家不断改善营商环境，大力吸引外商直接投资（FDI），发展中经济体吸收 FDI 占比稳步走高，引发了全球跨境投资布局的明显变化。受新冠疫情影响，联合国贸易和发展会议（UNCTAD）数据显示，2020 年全球外国直接投资额约为 8590 亿美元，同比下降 42.3%，其中发达经济体 FDI 流入下降 68.6%，发展中经济体流入下降 12.3%，前者占全球 FDI 流量的 26.7%，较上年下降 22.4 个百分点，而后者占比攀升至 71.7%，较上年提升了 24.6 个百分点。UNCTAD 发布的《世界投资报告 2023》显示，2022 年全球外国直接投资较上年下降 12%，至 1.3 万亿美元，其中主要是发达国家的外国直接投资下降 37%，至 3780 亿美元。而发展中国家的外国直接投资增

加了 4%，达到 9160 亿美元，占全球流量的 70% 以上。亚洲地区是全球 FDI 主要流入地，占全球 FDI 流入总量的比重从 2016 年的 22.8% 上升到 2019 年的 33.7%，并在 2020 年超过 50%。据《2023 世界投资报告》显示，2022 年亚洲发展中国家的 FDI 保持平稳，流入的外资额为 6620 亿美元，约占全球流入量的一半，其中流入亚洲地区的资金高度集中，中国、新加坡、中国香港特别行政区、印度和阿联酋等五个经济体几乎占到亚洲地区 FDI 的 80%。随着中国经济快速复苏，开放范围越来越大、营商环境持续改善，中国吸引外资流入维持较高水平，占全球 FDI 的比重已由 2007 年的 4.38% 攀升至 2022 年的 14.61%，其中 2022 年流入中国的外资同比增长 5%，达到 1890 亿美元。（表 1-2）

表 1-2　主要国家 FDI 流量占全球 FDI 流量的比重　　　　（单位：%）

年份	美国	中国	日本	韩国	加拿大	英国	德国	印度	墨西哥	巴西
2007	11.33	4.38	1.18	0.46	6.13	9.27	4.21	1.33	1.70	1.81
2008	20.58	7.28	1.64	0.75	4.14	6.19	0.55	3.16	1.98	3.03
2009	12.23	8.01	1.02	0.77	1.93	7.64	2.03	3.04	1.52	2.21
2010	14.22	8.24	−0.09	0.68	2.04	4.18	4.71	1.97	1.95	5.58
2011	14.25	7.68	−0.11	0.61	2.46	2.62	4.18	2.24	1.59	6.04
2012	13.55	8.24	0.12	0.65	2.93	3.77	1.92	1.65	1.48	5.59
2013	13.72	8.44	0.16	0.87	4.72	3.52	0.87	1.92	3.29	4.02
2014	14.29	9.10	0.85	0.66	4.18	1.75	−0.03	2.45	2.15	4.52
2015	22.74	6.59	0.14	0.20	2.13	1.91	0.99	2.14	1.75	2.43
2016	22.93	6.67	0.97	0.60	1.80	12.91	1.13	2.22	1.56	2.68
2017	18.78	8.29	0.57	1.09	1.38	5.86	2.94	2.43	2.07	4.05
2018	14.78	10.06	0.72	0.89	2.74	6.39	5.24	3.06	2.48	4.35
2019	13.46	8.27	0.81	0.56	2.96	3.16	3.08	2.96	2.02	3.83
2020	9.97	15.52	1.11	0.91	2.79	6.05	5.84	6.66	2.93	2.94
2021	26.23	12.24	1.67	1.49	4.44	−4.82	3.14	3.03	2.13	3.43
2022	22.02	14.61	2.51	1.39	4.07	1.09	0.85	3.81	2.73	6.65

数据来源：UNCTAD。

四、中日韩在全球创新格局中占据更重要地位

受新冠病毒感染冲击、投资下降、保护主义等因素影响，全球科技创新合作面临较大阻力，但科技创新东移的态势日趋明显。根据世界知识产权组织（WIPO）等机构发布的《2023全球创新指数报告》显示，韩国、中国、日本分别排在第10位、12位和13位，而美国仍高居第3位，中国则较2011年上升了17位，是唯一一个排名进入前30位（创新领先者）的非高收入经济体。近年来，中国高度重视国家创新体系和创新能力建设，在全球创新地理格局中已确立全球创新领先者的地位，在100强集群中现拥有24个全球领先的科技集群，其中深圳—香港—广州和北京分别位居第2和第3。与此同时，中国科学研究与试验发展（R&D）经费投入规模保持稳定增长，2023年全社会科学研究与试验发展经费投入规模超3.3万亿元，是2011年的3.8倍，研发投入强度由2011年的1.84%提升至2.64%。根据经合组织（OECD）数据显示，2020年中国科学研究与试验发展经费投入规模（基于购买力平价现价）为5828.05亿美元，仅次于美国的7303.29亿美元，而中日韩三国科学研究与试验发展经费投入总额达到8655.73亿美元，接近于美国和德国两国的科学研究与试验发展经费投入总额8773.25亿美元。在研发产出方面，中日韩三国创新成果也领跑于世界其他地区。据WIPO数据显示，2023年中国PCT专利申请量达到69622件，较2011年增长了4.25倍；中美日韩四国PCT专利申请量全球占比分别为25.60%、20.35%、17.98%和8.20%，而中日韩三国PCT专利申请量全球占比就超过50%。（表1-3）

表1-3　主要国家PCT申请量全球占比　　　　　　（单位：%）

年份	美国	中国	日本	韩国	德国	英国	法国	瑞士	瑞典	意大利
2007	33.80	3.41	17.35	4.42	11.15	3.47	4.11	2.39	2.28	1.84
2008	31.65	3.75	17.62	4.84	11.55	3.36	4.34	2.31	2.53	1.77
2009	29.37	5.08	19.19	5.18	10.81	3.24	4.64	2.37	2.30	1.71
2010	27.43	7.49	19.61	5.84	10.69	2.98	4.40	2.29	2.01	1.62

年份	美国	中国	日本	韩国	德国	英国	法国	瑞士	瑞典	意大利
2011	26.96	8.99	21.31	5.68	10.33	2.67	4.06	2.22	1.90	1.47
2012	26.54	9.53	22.29	6.04	9.60	2.52	3.99	2.16	1.84	1.46
2013	27.97	10.48	21.33	6.03	8.73	2.36	3.85	2.13	1.92	1.40
2014	28.69	11.92	19.78	6.12	8.39	2.46	3.85	1.91	1.83	1.43
2015	26.30	13.74	20.28	6.71	8.29	2.44	3.88	1.96	1.77	1.41
2016	24.30	18.50	19.41	6.68	7.86	2.36	3.53	1.88	1.60	1.44
2017	23.28	20.08	19.80	6.47	7.78	2.29	3.29	1.84	1.63	1.32
2018	22.22	21.15	19.66	6.69	7.82	2.23	3.13	1.82	1.65	1.32
2019	21.64	22.30	19.86	7.19	7.29	2.18	2.99	1.75	1.58	1.28
2020	21.26	25.08	18.40	7.29	6.73	2.14	2.84	1.87	1.58	1.24
2021	21.40	25.13	18.14	7.48	6.23	2.11	2.64	1.97	1.60	1.29
2022	21.19	25.22	18.14	7.93	6.29	2.06	2.79	1.96	1.61	1.19
2023	20.35	25.60	17.98	8.20	6.22	2.05	2.91	1.98	1.59	1.14

数据来源：WIPO。

五、中国企业的国际市场影响力在持续增强

近年来，中国企业的国际市场影响力越来越强，在全球产业链价值链中处于相当重要位置。《财富》杂志 2023 年 8 月发布的世界企业 500 强名单显示，有 31 个国家的企业进入 2023 年世界企业 500 强名单，中国（含港澳台）企业数量为 142 家，美国 136 家，日本 41 家，韩国 18 家，而在 2020 年时中国大陆地区上榜企业数量达到 124 家，首次超过美国的 121 家，2002 年时美国有 197 家，1995 年时日本有 149 家（图 1-2）。然而，中国世界 500 强企业的总营业收入仍然低于美国，2021 年中国世界 500 强企业已与美国企业营业收入接近，但 2023 年中国上榜企业比 2022 年减少 3 家，而美国上榜企业增加 12 家。中国世界 500 强企业的利润在 2020 年之前一直低于美国，2021 年（2020 年数据）中国世界 500 强企业利润大幅上升，并一度超过了美国世界

500 强企业利润，2023 年中国上榜企业的利润总和为 5600 亿美元，而美国上榜企业利润总和为 1.088 万亿美元，是中国的近 2 倍。趋势上看，中国企业国际市场影响力在上升，2023 年中日韩三国上榜企业数量占到世界 500 强企业的 40.2%，凸显其在全球产业链和供应链布局中的分量。

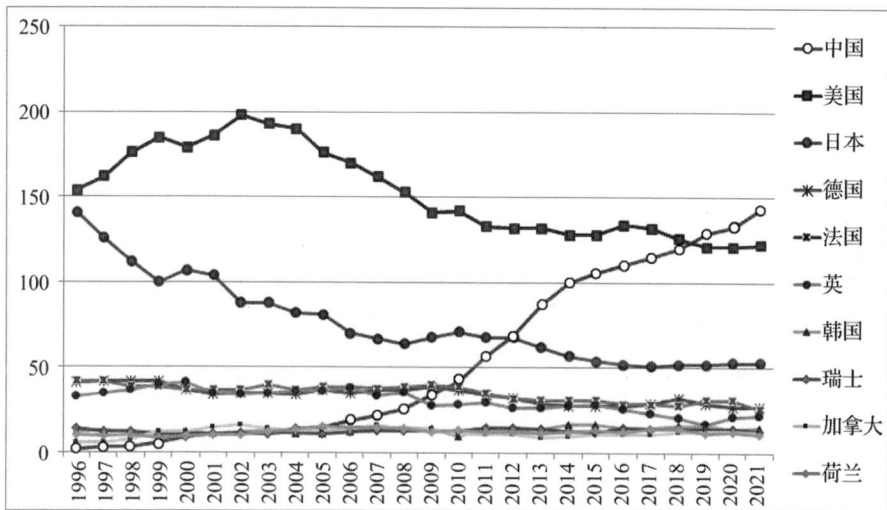

图 1-2　世界 500 强前 10 名国家企业数量发展趋势

数据来源：《财富》杂志网址：https : //fortune.com/. 中国企业数量包括港澳台企业。

世界商品和服务对中国的依赖程度渐趋增强。据日本经济新闻社的调查显示，2020 年在 70 个品类的主要商品与服务世界市场份额中，中国企业有 17 个品类排在首位（2019 年为 74 个品类中的 12 个），仅次于美国企业的 24 个品类（表 1-4）。其中，中国企业在光伏电池板领域占据前 4 位；在全球实施减碳目标趋势下有望继续巩固和扩大在此领域的领先优势；在造船、中大型卡车等"重大厚长"领域，中国企业全球市场份额也占据领先地位，中国船舶集团和中国第一汽车集团占据全球市场份额首位；格力电器的家用空调全球市场份额占据首位，中国前 3 家家用空调企业的市场份额超过全球的 50%。在信息技术领域，中国企业在稳步追赶美国企业，如服务器领域的浪潮、华为等中国企业市场份额紧追美国戴尔科技，智能音箱领域的百度等中国企业紧追美国的亚马逊和谷歌，纯电动汽车（EV）领域的上海汽车集团以11.3%的市场份额紧追美国的特斯拉（21%）位列第2位。

表1-4 2020年中国企业在全球市场份额占据首位的品类

序号	品类	首位企业	市场份额（%）	序号	品类	首位企业	市场份额（%）
1	信用卡服务	中国银联	59.0	10	冰箱	海尔集团	22.1
2	香烟	中国烟草	45.6	11	家用空调	格力电器	20.1
3	移动通信基站	华为技术	38.1	12	中小液晶面板	京东方	19.5
4	摄像头	海康威视	29.8	13	造船	中国船舶集团	17.2
5	洗衣机	海尔集团	25.0	14	光伏面板	隆基股份	15.0
6	车载电池	宁德时代	24.8	15	中大型卡车	中国第一汽车集团	12.3
7	个人电脑	联想集团	23.8	16	原油运输量	招商局集团	6.1
8	大型液晶面板	京东方	22.9	17	粗钢	宝武钢铁集团	6.1
9	锂电池隔膜	上海恩捷	22.3				

数据来源：日本经济新闻，日经中文网。

值得说明的是，日本企业在光刻胶等原材料、机械电子等关键零部件等领域仍保持传统领先优势。韩国企业有5个品类市场份额位居全球首位，主要是半导体存储芯片DRAM、NAND闪存和OLED面板等用于智能手机和平板电视、电脑的关键零部件，如韩国企业的OLED面板占到全球市场份额的64.3%。同时也应看到，美国在数字领域具有难以撼动的地位。如智能手机的操作系统（OS）被美国的谷歌（84.1%）和苹果（15.9%）垄断；而苹果在智能手表、平板电脑领域占据全球市场份额第一的位置；云服务领域的微软、亚马逊和IBM等3家美国企业占全球市场份额近50%；Facebook提供了62.5%的头戴式虚拟现实（VR）设备市场份额。此外，美国在金融领域的优势也十分明显，高盛等5家美国企业占到全球股票承销市场份额的40%以上，摩根大通在公司债承销方面占全球市场份额的首位。

第二节　中日韩在区域经济一体化中的定位与作用

中日韩三国是世界上的主要经济体，互为重要经贸合作伙伴。根据国际货币基金组织（IMF）统计，2023 年三国 GDP 总和约为 23.63 万亿美元，与美国的 26.94 万亿美元的经济总量相当，占全球 25% 左右，占亚洲 70% 以上。长期以来，中日韩三国也不断致力于推进 RCEP、中日韩 FTA 和 CPTPP 等亚太区域经贸一体化合作机制。应该看到，中日韩三国在区域合作中的角色和作用各有侧重，互不相同，但越来越能形成有机整体，共同为推进亚太乃至全球的经济发展做出贡献。

一、日本是推动 RCEP 和 CPTPP 融合的重要力量

在《区域全面经济伙伴关系协定》（RCEP）和《全面与进步跨太平洋伙伴关系协定》（CPTPP）这两个重要亚太经济贸易一体化机制中，日本都发挥了极其重要的作用。日本有非常明确的区域经贸一体化战略，一直致力于建立高标准经贸规则来推进亚太区域经贸一体化，而且制定了相应的路线图。在美国 2017 年退出 TPP 之后，日本更是主导了 CPTPP 的签署。在推动亚太区域经贸一体化进程中，日本跟中国存在主导权之争。有日本学者认为，RCEP 是在很多国家达不到加盟 CPTPP 条件的前提下，通过加入 RCEP 适应多边 FTA 规则和提振经济增长的一个重要平台。在此基础上，各国逐渐达成加入 CPTPP 的条件，进而申请加入 CPTPP，最终实现亚太自贸区（FTAAP）建设。日本主流学界认为，RCEP 是 CPTPP 的一种补充，而二者最终目的都是达成 FTAAP，这是亚太地区各国争取的共同目标。问题是在实现路径上，日本国内存在不同观点争论。日本外务省更注重与所谓价值观与日本相似的国家合作，更倾向于直接采用 CPTPP 这样具有强烈排他性的平台作为手段来实现最终目的；而日本经产省则更加务实，能够接受 RCEP 作为最大公约数和重要

平台，积极推动适合目前东亚经济发展的区域经济一体化安排。目前看，日本政府推进中日韩 FTA 动作缓慢，对中国加入 CPTPP 问题含糊其词，表现出对中国加入的消极态度。从中看出，日本外务省理念对日本对外经济政策影响更大，其并不希望中国参与日本主导的高标准区域经济一体化的制度性安排。

二、韩国是推动亚太区域经济整合的重要力量

韩国经济体量虽然与中日无法比拟，但是由于产业链分工和地缘优势，中韩贸易规模与中日贸易规模不相上下，韩国是中国极其重要且不可多得的优质合作伙伴。与日本不同，韩国是中国建设高标准自贸网络的最重要伙伴，一是因为韩国具有与中国相似的自贸区战略和理念，认同渐进式推进区域经济一体化发展，坚持平等协商、互利互惠，不希望通过价值观和制度壁垒排斥其他国家；二是中韩经贸交往较为紧密，中韩 FTA 第二阶段升级版谈判已取得实质性进展，韩国可以作为中国推动更高水平开放型经济新体制建设的最佳合作伙伴；三是韩国在已签署生效的 RCEP 和正在谈判的中日韩 FTA 中都扮演极为重要的角色，可以发挥更加积极作用；四是韩国是中国参与全球治理的枢纽型伙伴，是 G20、OECD 等诸多全球治理机制中的重要一员；五是中韩双边贸易以中间品贸易为主，韩国对华出口产品主要是中国产业链构成中的重要环节产品，深化中韩制造业产业链供应链合作，有助于保障和强化东亚生产网络的产业安全。韩国虽然无法直接主导亚太区域经济合作，但是作为重要的参与者，韩国通过自己的方式将 FTA 覆盖率提升至 70%以上，是中日韩三国中最高的。目前韩国正在积极推进中日韩 FTA，提出加入 CPTPP 谈判，是推动亚太区域一体化合作的重要推动力量之一。

三、中国是推动开放包容区域主义的重要力量

RCEP 是"开放包容的区域主义"的成功示范，是迄今为止中国主导巨型 FTA 的一次最成功的尝试。当前，东亚基于开放包容的区域经济一体化框架已基本搭建完成，RCEP 整合了此前各成员国之间的自贸协定，同时解决了

中日韩之间一直没有 FTA 的问题，避免了"意大利面碗"效应的负面影响。从 RCEP 达成生效的成功案例看出，坚持开放包容的区域主义是建立亚太地区经贸一体化体系的重要基础，也是亚洲国家增进经济相互依存，实现互利互惠自由贸易的重要保障。从这个意义上讲，中国与日本的区域经济一体化理念不同，中国方案不具有任何意义上的排他性，兼顾不同发展阶段和社会制度，不以价值观为前提，是真正体现互利共赢的方案，而且给予最不发达国家特殊与差别待遇，最大限度兼顾了各方诉求。例如，在服务贸易方面，其他国家至少要开放 100 个领域的市场，但柬埔寨、老挝和缅甸三国享有特殊待遇，柬埔寨只需开放 90 个，老挝开放 86 个，缅甸开放 80 个。RCEP 模式更有利于在区域内发展程度不同、经济结构更为复杂的经济体之间取得平衡，更好地扩大覆盖范围，推动区域经济一体化的发展。习近平主席 2020 年 11 月 20 日出席 APEC 第二十七次领导人非正式会议时指出，中方欢迎 RCEP 完成签署，将积极考虑加入 CPTPP。2021 年 9 月 16 日，中国正式申请加入 CPTPP。至此，亚太区域经济一体化的中国方案逐渐形成，中国主张促进 RCEP 和 CPTPP 两条路径相互发展和逐步融合，愿为域内国家提供充分体现包容性发展理念的亚太区域经济整合方案。

第三节　中日韩经贸关系变化趋势与前景分析

受新冠疫情冲击和中美战略博弈影响，中日韩经贸关系虽经历了一定波动，但三国总的经济依赖关系不会改变，而且 RCEP 签署生效后有望进一步得到加强。中日韩经贸合作发展，不仅反映在贸易、投资、产业等方面保持较强的联系，还反映在科技创新、绿色低碳、第三方市场合作等领域呈现新动向。

一、中日、中韩双边贸易创历史新高且依赖加深

新冠疫情对中日、中韩经贸联系产生了较大冲击，很多日韩企业因供应

链中断而被迫停产或减产。日本政府曾试图引导投资中国的日本企业回归国内或搬迁至第三地来实现供应链多元化。随着东亚地区特别是中国率先控制住疫情并恢复经济，中日、中韩贸易增速出现较快反弹。在 2020 年进出口贸易额增速转正后，2021 年中日、中韩双边贸易保持了两位数的高速增长。据中国海关总署数据显示，2021 年中日双边贸易额达到 3714.02 亿美元，同比增长 17.1%；2022 年中日双边贸易额达到 3574.24 亿美元，同比下降 3.7%；2023 年中日双边贸易继续同比下降 10.7%。2021 年中韩双边贸易额达到 3623.51 亿美元，同比增长 26.9%；2022 年中韩双边贸易额为 3622.89 亿美元，同比微降 0.1%；而 2023 年中韩双边贸易额却同比下降 13.5%。受前期基数效应递减影响，中国与日韩贸易增速虽整体呈回落态势，但随着 RCEP 等自贸安排进入实质性实施阶段，中日、中韩双边贸易额有望继续保持在高位。

虽有新冠疫情冲击和美国胁迫拉拢的影响，但中国与日韩互为重要的贸易伙伴这一事实不会改变。在 RCEP 生效后区域经济一体化加速的背景下，中国与日韩的经贸规模仍会稳定在较高水平。近年来，中国更加开放的市场吸引力越来越大，日韩汽车及零部件、半导体及制造设备等产品出口越来越高度依赖中国市场，很多日韩企业因对华出口大幅增长而业绩明显改善。长期以来，日韩政府与日韩企业在与中国"脱钩"问题上存在较大的"温差"，于是出现日韩政治与经济层面的"安美经中"的怪现象。从发展趋势看，只要日韩政府和企业不做出伤害中国人民感情的事情，不挑战中国的政治安全底线，中国与日韩经济联系深度融合趋势就不会发生逆转，日韩经济复苏也将继续受益于中国经济的快速恢复和稳健发展。

二、新形势下日韩企业仍将继续深耕中国市场

亚洲地区是吸收外商直接投资的热点地区，而中日韩和东盟则是吸引外资的热土，特别是中国仍被外国投资者视为全球最具吸引力的投资目的地之一。全球疫情发展仍具有较大的不确定性，跨国企业也在重新调整其全球的产业链供应链布局，但中国经济的发展前景和中国市场的巨大潜力仍是很多

跨国企业继续扎根中国的根本动力。近年来，尽管时而受到外部冲击或政局变化的影响，日韩企业在华投资的热情仍在持续升温。据国家统计局数据显示，2022年美日韩对中国的直接投资额分别为22.15亿美元、46.05亿美元和65.99亿美元，占到中国实际利用外商直接投资比重的1.17%、2.43%和3.49%（图1-3）；而来自中国香港和中国台湾的直接投资分别为1372.41亿美元（72.56%）和6.61亿美元（0.35%）。可以说，日韩对华投资仍对中国优化投资结构发挥着重要作用。

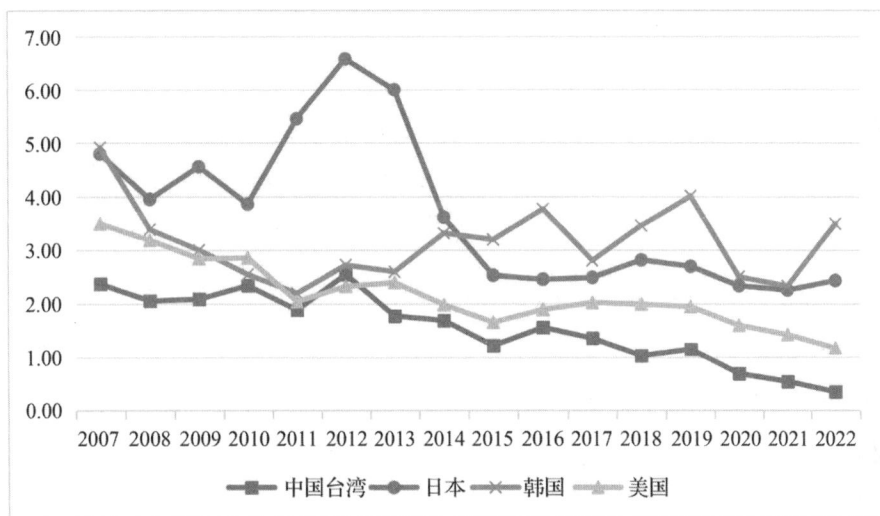

图1-3　中国实际利用美日韩与中国台湾投资占比（%）

数据来源：国家统计局。

日韩对华贸易和投资主要以制造业为主。从贸易来看，世界海关组织（WCO）HS编码中与制造业关联紧密的商品（具体包括第6、7、15、16、17、18类），2020年日韩对华出口分别为1.21万亿元和1.20万亿元，分别占日韩对华出口总额的93%和91.1%。从对华直接投资流量来看，2019年日韩对华制造业实际投资分别为25.8亿美元和44.0亿美元，分别占日韩对华直接投资总额的69.4%和79.4%，这一比例明显高于我国2019年制造业实际利用外资占比25%的平均水平。从我国制造业实际利用外资来看，2019年总额为

353.7 亿美元，其中日韩两国占比近 20%。据中国日本商会发布的《中国经济与日本企业 2020 年白皮书》调查显示，在新冠疫情冲击和中美贸易摩擦影响下，仍有六成以上日资企业看好在华开展业务的前景，有 92.2% 的受访企业表示将在未来 1—2 年扩大或维持在华业务，而且并未出现大规模转移或撤出中国的现象。另据《中国经济与日本企业 2023 年白皮书》调查显示，未来 1—2 年在华日资企业回答业务发展"扩大（规模）"的企业占比 33.4%，回答"缩小"的企业占 4.9%，"转移、撤离到第三国（地区）"的占 1.4%；表明多数在华日资企业选择留在中国经营发展。

从历史来看，日韩两国均是中国重要的外国投资来源地之一，而中国也是日韩两国企业对外直接投资的主要目的地之一。据日本贸易振兴机构数据显示，截至 2022 年，日本对中国和韩国的直接投资存量分别为 1425.65 亿美元和 415.68 亿美元，分别占到其对外直接投资存量的 6.86% 和 2%。据韩国央行数据显示，截至 2022 年，韩国对中国和日本的直接投资存量分别为 1036.87 亿美元和 120.08 亿美元，分别占到其对外直接投资存量的 16.01% 和 1.85%（图 1-4）。从趋势上看，中国持续优化营商环境，加大吸引和使用

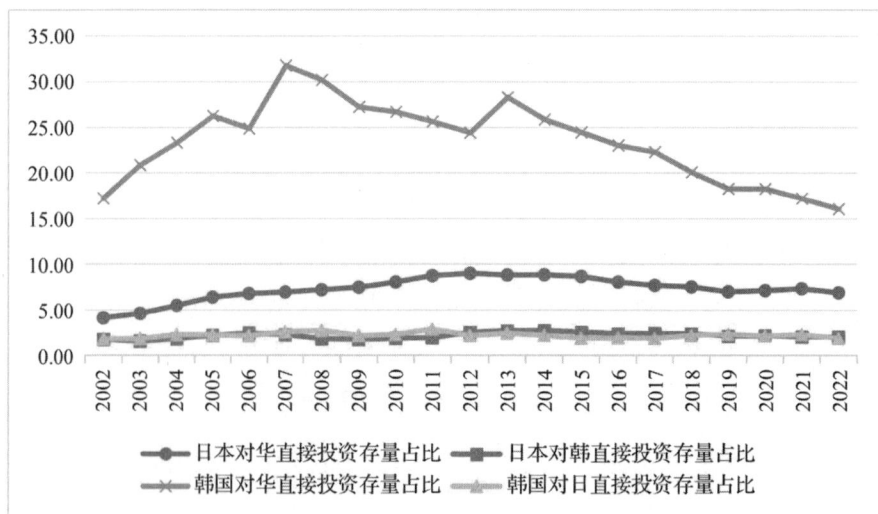

图 1-4　日本和韩国对华直接投资存量占其对外直接投资比重（%）

数据来源：日本贸易振兴机构，韩国央行。

外资力度，预计未来日韩企业仍将会加大对华直接投资力度，特别是高技术制造和服务业领域将成为日韩企业投资的重要选择。随着中国企业实力逐步增强和中日韩经贸关系稳定发展，中国企业对日韩投资额也逐年增加。据中国商务部数据显示，截至2022年底，中国对日韩的直接投资存量分别达到50.75亿美元和66.74亿美元，近十年以10%以上的平均增速增长。

三、中日韩产业链供应链韧性优势得以增强

在新冠疫情冲击影响下，中国境内的产业链供应链曾遭受暂时性断裂，让日韩政府和企业曾担心在中国境内配置产业链供应链的安全性和稳定性。随着中国率先取得疫情防控阶段性成果并恢复生产，中国国内的产业链供应链快速恢复，韧性不断增强，打消了外资企业是否留在中国投资生产的疑虑，而且日韩在产业链上对中国的依存度反而持续上升。然而，持续三年的疫情已严重冲击到日韩企业在东南亚地区的生产供应（东南亚生产基地占全球产量的三成左右）。疫情期间，印度尼西亚和泰国的部分地区采取了行动限制措施，日韩汽车和电子零部件等工厂被迫减产停产，特别是受半导体和车载电线工厂的开工限制，大型汽车企业的零部件供应遭遇严重的断供风险。2021年8月，丰田汽车就宣布受半导体在内的零部件短缺影响，其9月全球产量减少四成。可见，疫情对日韩在全球供应链的冲击是相似的，而在中国的供应链相对受影响较小，展现出了中国供应链快速恢复的韧性。

在地缘政治冲突影响下，全球产业链供应链呈现区域化、近岸化、本地化趋势。由于汽车和家电数字化、5G网络日益普及，特别是高性能计算机和汽车半导体需求旺盛，半导体芯片的使用量快速增加。疫情期间因中美经贸摩擦影响，全球半导体供应曾出现短缺，尤其是汽车电子芯片等零部件采购延迟现象在全球范围内扩大，用于增产的制造设备所需的半导体也出现短缺。受此影响，日韩企业已在着手调整供应链布局，特别是在交货期缩短趋势增强的背景下，更倾向于构建更短的有韧性的互补性供应链。中国虽拥有世界范围内最为完整的工业体系，但大量产业链供应链关键环节仍需要国际

合作，尤其是很多高精尖的精密零部件环节均依赖进口，日本和韩国是这类设备、零部件、原材料的重要提供方。2020 年，中国 HS 编码第 16 类的进口总额为 5.12 万亿元，自日韩进口 1.31 万亿元，占比达 25.6%；HS 编码第 18 类的进口总额为 7190 亿元，自日韩进口 1947 亿元，占比达 27.1%。

围绕产业链供应链安全稳定问题，日韩与中国开展合作仍面临着竞争疑虑和美国掣肘。美国深知日韩在产业链供应链安全稳定中的重要作用，正在不遗余力地拉拢日韩。拜登政府格外关注的"制造业振兴"战略，而构建美日韩"经济同盟"是优先选项，特别是半导体和车载电池等下一代战略物资制造领域。美国积极联合盟友构建稳定可靠的供应链伙伴关系，加紧组建排除中国的产业联盟，诱使日韩脱离中国经贸轨道，降低对中国供应链的依赖。2021 年 5 月，美国拉拢欧洲、日本、韩国、中国台湾地区等，由 64 家全球半导体上下游巨头企业组成了美国半导体联盟（SIAC），为《美国芯片制造法案》向美国国会争取补贴资金，打造以美国为中心、排除中国的全球芯片产业链。尽管如此，日韩企业除受限于长臂管辖牵制被动断链外，并不主动愿意放弃中国市场。随着中国消费市场不断扩大、高素质人才等优势显现，在面向中国市场的产业链合作正成为日韩与中国开展产业链供应链合作的重要动力源。由此预计，中国与日韩虽在一些产业领域竞争增强，但共同维护区域产业链供应链符合三国经济发展共同利益，基于经济利益的合作机遇仍大于分歧和挑战。

四、新冠疫情推动中日韩加深技术创新合作

新冠疫情带来的危机将催生孕育新的技术革命和产业变革，尤其是加速了数字化技术的应用推广，加快生命科学的研发创新，也提升国际科技合作的广度和深度。即便美国有意在科技创新领域加大与中国的"脱钩"力度，并拉拢日韩对中国实施技术封锁和出口管制，但全球科技创新并不会因封锁而停步，相反，因危机倒逼世界各国不得不加快技术创新步伐，也不得不寻求一定程度上的国际合作，以应对人类面临的疾病、灾害、不平等、气候变

化等全球性的共同挑战。

东亚地区已成为开展新一轮创新国际合作的试验场。受疫情冲击，世界各国都更加重视健康防护和数字化转型的重要性，为此增加研发投入和开展有效创新活动。新冠疫情暴发后，中日韩三国分别在检测试剂、疫苗、病毒防护等方面已开展了有效研究，并成为全球抗疫的典范地区，也为全球抗疫贡献力量。数字化转型方面，中日韩三国及早地利用数字工具推进疫情防控和数字化改造，在恢复经济生产方面取得积极成效。疫情虽对经济生产带来一定破坏，但中日韩三国都在积极探索实现"创造性破坏"的新思路。得益于疫情防控中数字化创新探索，中日韩三国能有效利用已重启的消费市场机会，促进技术创新的良性发展，并为新技术应用提供良好的试验场景。新冠疫情危机引致的结构性变化使全球科技创新进入新的活跃期，给中日韩共同开展更广泛创新合作提供了新的空间。

中日韩是东亚地区最具创新力和活力的国家之一，三国科技创新合作有良好的成果基础和市场条件。截至目前，中日韩已形成多个双边级或三方创新合作机制，构建起区域创新合作网络，创新合作范围不断拓展，创新合作水平不断加深，科技人才交流频繁，联合培育了大量科技人才。当前及未来一段时期内，中国已把科技创新摆在更加突出的位置，实施更加开放的创新驱动发展战略，也期待日韩企业在内的外资企业广泛参与，共同构建科技创新国际合作的良好生态。对日韩企业来说，倘若不能把握中国深入推进创新变革的机遇，尤其在高技术领域寻求与中国开展务实合作，很有可能在区域创新发展和市场应用互动中掉队，乃至赶不上新技术迭代发展速度，如日本在数字经济上已落后于中国和美国。今后中日韩三国围绕技术创新的合作仍会持续推进，特别是在应对气候变化、人口老龄化及少子化等共同课题方面有联合创新的机会。

五、中日韩实现碳中和目标仍需通力合作

当前，世界各国不仅要在医疗健康和预防流行病领域寻求合作，在应对

气候变化领域更需要寻求国际合作。当前，全球环境治理面对前所未有的困难，呼唤着国际社会携手推动节能减排绿色发展行动，东亚地区低碳、绿色与可持续增长诉求日益上升。2021 年 4 月，美国总统拜登召开领导人气候峰会，中国领导人应邀参加并提出共同构建人与自然生命共同体的方案。面对全球性气候和生物多样性等风险挑战，国际社会离不开多边主义和广泛合作，更不能撇开中国。2020 年 9 月，中国领导人在联合国大会上作出到 2030 年和 2060 年左右实现"碳达峰碳中和"的政策宣示，并出台了一系列"绿色低碳"的行动方案和政策举措，包括提升新能源汽车的比重、启动绿色发展基金、促进绿色金融发展、加强上市公司和发债企业环境信息强制披露等。

日本和韩国继中国之后宣布要在 2050 年实现碳中和。日本早在 2017 年就发布了氢能源基本战略，加强太阳能、氢能和碳循环等重点技术领域的研发与投资。为了实现到 2030 年度将温室气体比 2013 年度削减 46% 的目标，日本政府还将制定将温室气体减排进度与国内生产总值（GDP）相结合的新指标。[①] 日本认为，在脱碳措施日益受到重视的背景下，利用绿色 GDP 可从经济增长和经济景气方面追踪减排效果。韩国文在寅政府提出的"数字和绿色新政"计划投入 73.4 万亿韩元支持节能住宅和公共建筑、电动汽车和可再生能源发电。作为韩国总统绿色新政计划的重要组成部分，韩国也曾对外公布一项耗资 48.5 万亿韩元（合 432 亿美元）建造世界最大规模风力发电厂的计划。尹锡悦政府则把积极利用核电作为实现碳中和与加强能源安全的手段。2023 年 3 月，韩国环境部和 2050 碳中和绿色发展委员会发布"第一次国家碳中和·绿色发展基本规划"（2023—2042 年）政府方案，力争到 2030 年将碳排放量较 2018 年减少 40%。在此背景下，应对气候变化和生物多样性等方面，中日韩将有较大的合作潜力可挖掘。通过深化区域合作，三国能发挥各自二氧化碳减排和生物多样性保护的建设者和引领者的作用。

在全球净零经济加速推进的趋势下，中日韩三国有很广阔的减碳合作空

---

① 新指标即绿色 GDP 将调查在日本国内排放的温室气体量，比照实际 GDP 增长率后实施增减。如果排放量增加，则下调增长率，如果企业等努力减排，则上调增长率。

间。实现碳中和目标不仅涉及能源结构调整，还涉及产业、经济和社会等结构调整，对任何一个国家都是严峻挑战。作为化石能源消费大国，日本和韩国即便在绿色发展方面走在世界前列，但要如期实现碳中和目标，仍面临较大的节能减排压力，特别是在逐步放弃核能情况下探寻更加低碳的清洁能源任重道远。美欧日等发达经济体大多在 1990 年左右碳达峰，到 2050 年实现碳中和有 60 年以上准备时间，而中国在 2030 年实现碳达峰，到 2060 年实现碳中和，即只用 30 年的时间完成发达经济体 60 年内的任务，这将是极其艰巨的使命。未来中国面向"净零"转型挑战，必然要在能源、交通、建筑和制造业等多个高碳部门"伤筋动骨"，甚至将重塑整个经济发展结构。未来 20 年内，中国将会用不同的零碳技术替换大约 10 亿千瓦的燃煤机组，到 2035 年推动公共汽车领域实现全面电动化。未来较长时期内，中日韩三国可充分把握气候合作的新机遇，共同寻找到低碳转型新途径，重点在减污降碳、节能减排、植树造林等方面开展合作，合作开发清洁能源，包括光伏、海上风电和氢能等项目。

第四节　推动中日韩经贸关系健康发展的建议

在东亚地区，中日韩三国在创新、产业和环境等课题领域负有特殊责任。深化中日韩三国的务实合作，不仅有利于世界经济发展和区域一体化发展进程，也有利于各自实现既定的经济社会发展目标。面向未来，借助 RCEP 签署生效和中日韩 FTA 谈判实质性推进，中日韩三国有望构建区域统一大市场，在应对区域及全球性共同问题上发挥应尽的责任和应有的领导力。中国将充分发挥超大规模市场潜力的优势，加强中日韩企业团结合作，形成创新驱动的东亚生产网络，使中日韩在战略安全和经济利益上更加相互依存。中日韩企业和社会各界要合作，就要处理好中日韩经贸关系，使日韩最大限度上保持某种中立具有全局战略意义。然而，要真正增进与日韩沟通对话联系以稳定周边关系，仅仅依靠经济依赖是不行的，也需要采取多管齐下、综合施策的协同配套措施，构建区域相互依赖的稳固伙伴关系。

一、推动中日中韩关系稳步向前发展

作为搬不走的近邻，中日韩三国曾走过不少弯路，特别是受制于域外势力的羁绊影响，中日韩政治关系时好时坏，但经贸关系仍发挥"压舱石"的作用。中日、中韩、日韩双边关系总体不断发展，各领域友好交流和务实合作日益深化，给三国人民带来实实在在的利益，成为维护地区乃至世界和平、稳定和繁荣的重要力量。在外部环境更趋复杂的形势下，中国应进一步加强与日本、韩国的贸易伙伴关系，推进中日韩经贸关系深入平稳发展。

一是推进中日战略互惠关系纵深发展。在中日四个政治文件的基础上，加强中日高层交往和政治互信，特别是利用高层双边多边会晤的契机，加快推动构建契合新时代要求的中日关系，切实处理好敏感问题，共同推动疫情后世界秩序构建和地区经济的复兴。面向未来，自由的本质是开放，公平的本质是改革，包容的本质是发展。作为全球经济治理有重要影响力的国家，中日两国在推动全球经济治理改革中负有共同责任和使命。中日两国需就共商共建共享东亚未来达成共识，在自由、公平、发展之间搭建合作之桥，在意识形态、发展模式与经贸合作之间探索"和而不同、开放包容"的东亚方式，为构建亚太自由贸易区创造条件。

二是推进中韩战略合作伙伴关系向前发展。2014年7月习近平主席访韩，双方宣布中韩努力成为实现共同发展的伙伴、致力地区和平的伙伴、携手振兴亚洲的伙伴、促进世界繁荣的伙伴。在此伙伴关系的基础上，要加快推动中韩两国政治互信和高层交往，更好地发挥中韩关系未来发展委员会的作用，进一步推动中韩关系向更加成熟、健康的方向迈进，并在地区及国际事务中密切协调和合作。

三是深化中日韩民间沟通交流增进民众好感。中日韩三国具有相似的文化根源、民族文化和习性，但历史、领土与安全等三大问题对中日韩关系产生深层的国民心理影响。中国作为全球负责任大国，应主动从全球、区域和战略角度入手，从微观做起、民间做起、周边做起，改善中日、中韩、中日韩以及日韩之间的关系，这事关世界变局、亚洲转型、中华复兴全局。为消除疫情影响下三国民众特别是青年之间加剧的感知隔阂，要持续深化民间沟通交流，利用亚太地区重要赛事和国际会议活动，增进三国青少年之间的交流认识，持续增进国民感情认知，矫正国民认知偏差，增强国民友好情感认同。

二、进一步推动中日韩经贸高水平发展

从趋势上看，中日韩三国经济产业科技竞争的一面在上升，但同时"强强互补融合"的另一面也在增强，这仍是经济全球化发展和区域一体化发展的主流。作为自由贸易和投资开放的引领者、维护者和践行者，中日韩三国之间的经贸产业联系不仅将更加紧密，而且将不可分割。应顺势而为，借助RCEP签署生效带来的利好，加快构建以东盟＋中日韩（即"10+3"框架）为主体的相互依存的东亚经济共同体。

一是继续提升贸易投资自由化便利化水平。坚持多边主义和自由贸易，充分发挥零关税和零非关税壁垒效应叠加带来的贸易创造效应，切实降低中日韩之间贸易成本和经济一体化障碍，充分发挥好区域累积的原产地规则、海关程序、检验检疫、技术标准等统一规则带来的制度红利优势，提升贸易投资自由化便利化水平。进一步落实准入前国民待遇加负面清单外商投资管理制度，扩大中日韩之间外商投资自由化便利化水平，全面提升中日、中韩、中日韩、日韩之间的贸易和投资规模和质量。优化域内整体营商环境，深挖潜力，发挥优势，便利要素自由流动，推动中日韩经贸合作提质升级，使经贸关系成为稳定中日韩关系的"压舱石"。

二是进一步提升中日韩产业链供应链韧性。充分挖掘中日韩产业链互补性潜力，形成各自比较优势和核心竞争优势，将其转化为中日韩合作新动力。充分发挥日本在技术、研发、智能等领域的竞争优势，加强中日之间生

产设备、高端材料、检测技术、汽车芯片、机器人等领域的产业合作。发挥韩国在工业技术研发等方面的竞争优势，加强中韩在电子信息、汽车制造、高端装备、生物医药、新材料等领域的产业合作。对技术敏感新兴产业，中日韩三国仍可保留相当数量的优势产业集群，尊重三国各自核心技术、核心产业、核心利益，建立强强互补、错位发展的技术、产业和利益合作机制，开展共性技术研发，优化中间品贸易链条和产业配套零部件投资的区域布局，进一步形成面向未来的相互嵌套的安全可靠的产业链供应链生态体系。

三是推动中日韩科技创新及成果应用试验的深度合作。借鉴欧盟技术研发创新合作模式，加快推动中日韩新技术研发合作。积极利用区域内市场潜力形成的正反馈机制，推动技术与市场的融合发展。充分利用三国互补的人力资本，发掘现有存量人才的潜能，以提高劳动生产率为切入点，开展新技术研制应用和推广，打造东亚区域内多层次的原始创新、集成创新、创造性模仿创新的"策源地"和新技术新产品新应用的"示范场"。充分利用中国要素禀赋、要素创造、要素合作的综合优势，吸引日韩及域外企业在中国设立研发中心、技术支持中心等新型研发机构，促进中日韩产业链供应链横向整合、纵向联合，形成相互嵌套、不可分割的利益链条。

四是共同开发基于净零经济的新能源技术、设备和应用场景。作为向净零社会转型的践行者和引领者，中日韩三国已创造巨大的低碳绿色消费市场，正催生出巨大的绿色投资市场，在节能减排、可再生能源开发、绿色经济发展等方面已取得一些可复制可推广的成果。面对各自自主减排承诺和应对气变的压力，中日韩三国应继续加强节能环保和应对气变领域合作，包括可再生资源利用、绿色能效、清洁能源、储能、绿氢、碳捕获和吸收（CCUS）、数字化改造和绿色金融发展等诸多领域，可选择一些部门地方或社区联合开展绿色社会建设试点试验，打造一系列净零社会的示范应用场景，包括建设绿色社区、实施零排放交通、对垃圾进行分类回收和循环再利用、加大对屋顶太阳能的补贴、取消清洁电力税费等。

五是进一步整合东亚区域内供需联动链条。通过CPTPP扩容、中韩FTA

升级版、RCEP 自贸协定生效等机制安排，逐步拓展形成资源优化配置的区域性国际市场，加快推动形成东亚区域统一大市场。韩国在国内消费市场有限的情况下，曾通过发展文化旅游等服务业吸引国外消费者到韩国境内消费；日本为吸引国外消费者采取了离境免税政策，激发国内消费市场的潜力。在此经验基础上，中日韩三国应注重国内扩大内需政策的外溢性，主动增强政策沟通交流，做好扩大内需政策国际协调，激发国内市场开放的外溢效应。借助中日韩三国利用 RCEP 生效形成的区域内需市场的基础上，加快推进中日韩 FTA 谈判的有利时机，推动中国强大的国内市场与中日韩产业链供应链的紧密衔接，进一步增强中国超大规模市场优势的潜力，引导区域内投资和消费市场无障碍联通，吸引区域外消费者更多地融入区域内投资和消费，进一步增强整个东亚内需特别是消费市场的吸引力。

三、共同维护好开放包容的区域主义

随着全球经济治理体系改革深入推进，以 RCEP、CPTPP 等为主的区域贸易协定安排将发挥着更重要的作用，有力地推动了区域一体化和经济治理机制的完善。在现有区域合作机制上，应进一步完善多边框架下区域开放经济治理体系，充分发挥中日韩三国在促进区域经济一体化中的领导力和影响力，加强惠及周边的宏观经济协调机制建设，开展重大关切问题的对话协作和纠纷解决，使其相关经贸规则更加符合区域发展整体利益。

一是加快推进中日韩 FTA 谈判进程。在 RCEP 的规则基础上，加快推进中日韩 FTA 谈判并纳入更多高标准规则，推动东亚区域合作的高水平发展。如关税减让方面，可将货物贸易撤销关税最长期调整为 20 年，可将削减率具体确定为 10%、30%、50% 等；制定与国内法律衔接的更灵活原产地规则。遵照非歧视原则，设定农产品关税削减额度，积极探讨以负面清单管理制度制定服务贸易规则等。

二是探讨中国加入 CPTPP 和 RCEP 扩容的可能性。随着中国和韩国提出积极考虑加入 CPTPP 后，中日韩三国将成为东亚区域经济融合的重要推动力量。在 RCEP 和 CPTPP 两种自贸协定扩围发展前提下，中日韩三国可推动领导人峰会重启并利用领导人会晤的时机，加快研究探讨中韩两国加入 CPTPP 的时间表和路线图，适时推动 RCEP 的扩围，为启动推进亚太自贸区（FTAAP）谈判创造条件，吸引更广泛的北美洲、南美洲、大洋洲等国家参与，以缓解 RCEP 和 CPTPP 等多边自贸协定把美国排除在外的压力。

三是支持韩国参与共建"一带一路"市场合作。继续推动"一带一路"倡议与韩国"新南方""新北方"政策对接，中韩共同提供"一带一路"相关国家公共产品，中韩企业可选择具体国家或地区开展第三方市场合作，积极推动高质量共建"一带一路"科技创新共同体。

四是深入推进中日第三方市场合作。中日双方加快落实《第三方市场合作备忘录》，完善中日第三方市场合作工作机制，加强第三方市场合作话语权建设，遵照公平透明、债务可持续等商业原则，引导企业理性投资，缩小两国在知识产权保护领域的分歧，推动跨境金融业务发展，鼓励支持中日企业落实中日第三方市场合作论坛达成的合作协议，着力推动泰国东部经济走廊等项目走深走实。

四、便利中日韩正常商务和人员往来

一是研究出台中日、中韩双方商务人员入境签证等便利政策。为恢复经济生产并促进区域供应链合作，进一步实施更加积极、更加开放、更加有效的外籍人员出入境政策措施是大势所趋。今后一段时期，要调整外籍人员入境签证、审查、工作许可证和工作类居留许可等政策措施，对于双方商务人员以及随行配偶、未成年子女，签证入境提供更多便利，加强信息共享、优化办理流程、整合申请材料，保障双方人员往来交流畅通，进一步打通外籍人员来华经商、学习、旅游的有关堵点，使其更便利地开展跨境商务活动。

二是开通更多与日韩的直飞航班，增强商务往来频度。此前受疫情影响，航空客运和航空货运大幅下降，严重冲击了各国旅游业及相关行业，严重制约了国际商务活动往来。随着疫情防控得以优化调整，中日或中韩双方可安全恢复并增加直飞航线，开通更多点对点的往返航班，先放宽持工作签证人员、留学访学人员和商务交流团体等人员往来，逐步恢复跨境旅游、民间团队交流等往来频度。

三是全面恢复与美欧等国家商务和人员正常往来。在中日、中韩协作努力下，加快探索创新出一套行之有效的开放商务往来的制度做法，并不断总结实践做法和积累可复制可推广经验，然后推广到美欧、东盟等国家和地区，以更安全、更高效的方式扩大开放合作，为我国稳定外贸外资和稳定宏观经济基本盘，促进国际交流交往合作赢得更大的主动权，也为世界经济复苏和多边主义发展注入新动力。

第二章

中日韩科技创新合作的黏合剂与离心力

在当前全球科技创新活跃的背景下，我国面临的外部风险也在不断增加。全球化逆势使得全球开放创新环境充满了不确定性。此时，深化国际创新合作对于应对各自和共同的发展挑战变得尤为重要。科技创新已成为大国博弈的主战场，而美国的各种手段更是推动了中美科技脱钩，对我国际科技合作造成了巨大负面影响。因此，加强区域内的创新合作成为必然的选择，以"创新区域化"维护"创新全球化"，缓解中美技术脱钩的压力，防止在区域化浪潮中被边缘化。

中日韩是东亚最具创新力的国家，经贸往来密切。因此，加强与日韩的创新合作，构建区域创新合作网络，是我国的最佳选择。自中日、中韩建交以来，长期开放科技合作，经过多年的积累，已逐步形成了全方位、多渠道、多领域、深度融合的创新合作关系，合作成果显著。然而，我们也面临着新的机遇和挑战。当前中日韩都是科技创新大国，各具创新优势和互补格局，叠加区域性创新合作机制和"一带一路"科技创新合作机制，有利于促进中日韩创新资源互联互通，为打造东亚区域创新合作网络提供支撑。然而，我们也必须面对来自美国因素的影响，以及中日韩之间存在一定的技术竞争和创新开放度普遍不高等挑战。为了应对这些挑战，首先，要强化自身的创新能力，弥补创新链的短板；其次，深化与日韩的经贸融合与科技开放，共建区域创新合作网络；再次，加强"一带一路"科技创新合作，共建"一带一路"科技创新共同体；最后，积极落实政府间的国际科技创新合作项目，探索国际科技创新合作的新模式。

第一节　我国科技创新面临的外部风险加大

当前，全球科技创新外部环境面临多种风险，包括逆全球化、中美科技脱钩等外部因素，这些因素加大了科技创新的风险和不确定性。为了减轻逆全球化对中国科技创新的负面影响，加强区域内的创新合作已成为必然选择。维护"创新全球化"，可以缓解中美"技术脱钩"的压力，并避免在区域化进程中被边缘化。中日韩是东亚最具创新力的国家，其地缘优势有利于技术扩散，因此加强与日韩的创新合作是最佳选择。当前，中日韩已经具备较好的创新合作基础，并面临良好的合作机制与合作契机，具有巨大的合作潜力。然而，同时也面临着一些挑战，如中日韩创新开放度普遍不高、投资关联较弱，以及存在一定的技术竞争等。

一、逆全球化对我国科技创新的负面影响

随着全球科技创新进入新的活跃期，科技创新已成为大国博弈的主要战场。新一轮科技革命和产业革命蓬勃发展，推动全球创新版图的重构和全球经济结构的重塑。科技创新已经成为国际战略博弈的主要关切点。然而，逆全球化趋势的加剧给我国科技创新的外部环境带来了较大的负面影响。中美科技脱钩对我国国际科技合作产生负面影响。随着中美博弈的加剧，美国采取了一系列措施推动中美科技脱钩，导致当前中美在科技领域的对立格局已经形成。美国及其西方盟友采取了贸易保护主义、民粹主义逆全球化措施，包括高关税、国家安全、供应链安全等方面的限制，提高投资门槛，实施新规则排除孤立，以及切断高端人才交流途径等手段遏制中国科技发展。[①] 这

---

① 徐占忱，逯新红，等 . 2021 年前三季度世界经济形势分析与研判［J］. 全球化，2021（6）.

些措施严重影响了我国国际科技合作，对我国科技创新带来了巨大的负面影响。中日韩科技创新合作面临着美国压力，美国将控制半导体产业关键核心技术作为对华战略竞争的关键，禁止中国企业使用包含美国技术的芯片，导致全球半导体产业中居主导地位的日韩半导体企业不得不停止与中国合作。这种压力对中日韩科技创新合作造成了直接的影响。

二、加强区域内创新合作成为必然选择

深化国际创新合作，才能更好地应对各自和共同的发展挑战。科学技术是世界性的、时代性的，应广泛开展国际经济交流合作，努力构建国际伙伴关系，共同应对未来的发展挑战，包括粮食安全、能源安全、公共卫生、气候变化等全球性问题，推动全球可持续、平衡发展。在当前的全球创新环境面临较大不确定性的情况下，加强区域创新合作成为必然选择。以"创新区域化"维护"创新全球化"，借助区域内合作联系，降低中美"技术脱钩"风险，在区域化浪潮中防止被边缘化风险。通过区域创新合作各成员国之间的差异化联系，避免外部国家"技术脱钩"风险。通过区域内各国的创新互补性，增强各自的创新能力。通过构建区域创新链，增强区域整体创新水平，以区域化对冲逆全球化。

三、加强与日韩的创新合作是构建东亚创新合作网络的最佳选择

区域经贸合作是区域创新合作的基石，而东亚生产网络具备形成东亚创新合作网络的天然优势。当前全球三大生产网络——北美、欧洲和东亚，同时也是全球最密集的创新合作区域，最有潜力形成全球区域创新合作网络。东亚生产网络以中日韩为核心，因此具备以中日韩为核心的东亚区域创新合作网络的天然优势。然而，全球创新能力的地区差距较大，东亚区域的创新合作潜力巨大。根据世界知识产权组织（WIPO）2020年全球创新指数（GII），北美和欧洲的创新能力强于其他地区，其次是东南亚、东亚和大洋洲，然后分别是北非和西亚、拉丁美洲和加勒比、中亚和南亚以及撒哈拉

以南非洲。此外，全球科学技术集群的排名也存在差距，排名前100位的集群主要位于北美和欧洲，而亚洲的集群相对较少。由于中日韩是东亚最具创新力的国家，因此加强与日韩的创新合作是构建东亚创新合作网络的最佳选择。中日韩都是创新大国，中国的"创新驱动发展""互联网+"，韩国的"革新成长"以及日本的"超智能社会5.0"战略都为三国的技术创新和产业转型升级作出了贡献。2020年的WIPO的全球创新指数显示，中日韩创新指数全球排名位居前列，分别为第14、16、10位。因此，中日韩最具创新合作潜力，共同构建东亚区域创新合作网络，可以增强区域创新能力，对全球经济创新发展作出贡献。

第二节　中日韩创新合作现状

中日韩三国的创新合作基础坚实。自中日、中韩建交以来，三方长期进行科技合作，经过多年的积累，已经形成了全方位、多渠道、多领域、深度融合的创新合作关系，取得了显著的合作成果。近年来，中日关系和中韩关系整体稳定向好，这种良好的关系为三国的创新合作创造了良好的环境。

一、双边和多边创新合作机制完善，创新合作历史悠久

政府间科技合作源远流长，科技创新合作基础坚实。中日、中韩在建交初期就签署了科技合作协定，并组建了相应的政府间科技合作联委会机制。中日政府间的科技合作主要包括：1980年两国签署《中日政府间科技合作协定》，并设置政府间科技合作联委会，开始推动科技创新合作。目前，双方通过日本国际协力机构（JICA）、《中华人民共和国政府和日本国政府和平利用核能合作协定》等渠道开展技术合作。1994年签署《中华人民共和国政府和日本国政府环境保护合作协定》，2007年签署《中华人民共和国政府和日本国政府关于进一步加强气候变化科学技术合作的联合声明》。此外，科技部先后

与日本科技振兴机构（JST）和日本理化学研究所（RIKEN）开展务实的联合资助计划。2018 年签署《关于建立中日创新合作机制的备忘录》，在中日经济高层对话框架下，建立"中日创新对话机制"。中韩政府间的科技合作主要包括：1992 年中韩建交之年签订《中韩政府间科技合作协定》并设置政府间科技合作联委会，开始推动科技创新合作，目前已经建立起 13 个部长级政府间科创合作机制。1999 年启动中日韩三方合作进程，中日韩领导人会议已举行 8 次，成为中日韩三国领导人定期会晤机制。在这一机制推动下，三国建立了科技、知识产权等部长级会议机制和交流合作平台。民间创新合作在中日韩三国间蓬勃发展，科技产业呈现出互补格局。1983 年至 2018 年，通过中国科技交流中心与日本花甲志愿者协会的技术交流合作协议，在专家引进、新技术、新资源引进与合作中发挥了重要作用，多名日本专家为中国多领域的发展贡献了智慧，荣获"中国政府友谊奖""国际科技合作奖"。[①] 在中韩方面，双方积极推进产学研合作，推进两国科技创新发展。企业合作愈加紧密，中韩在半导体、汽车、互联网、高端机器人等领域的合作不断深化拓展，两国具有代表性的企业如华为、吉利、三星、SK、LG 等，通过长远布局与调整，拓展企业发展战略空间。

二、创新合作范围不断拓展，创新合作水平不断加深

20 世纪 80 年代以来，中日创新合作已涵盖机械、能源、汽车等多个领域。20 世纪 90 年代以来，中韩创新合作涵盖信息通信、核能、环保等领域。[②]2010 年，第三次中日韩领导人会议达成了《中日韩加强科技与创新合作联合声明》，强调应加强传染病防控和临床研究、污染防治、危险废物处理技术和管理、电子废物处理技术和管理、作物科学研究、水资源管理、信息通信、应对自然灾害等领域的科技合作，提高三国的科技创新能力，共同应

---

① 陈超 . 官民并举　中日科创合作与人文交流交相辉映［N］. 科技日报，2021-06-24.
② 邰举 . 中韩科创合作"2.0 时代"呼之欲出——访中国驻韩国大使馆科技处参赞富贵［N］. 科技日报，2021-06-25.

对区域性和全球性问题。2019 年，第八次中日韩领导人会议上，中日韩三国一致同意推进科技创新合作，鼓励在数字经济和电信领域开展合作。同年，第七届中日韩工商峰会提出，中日韩三国工商界应以科技引领合作，以创新促进发展。应抓住新一轮科技革命和产业变革机遇，推动中日韩开展 5G、人工智能、大数据、云计算等领域的合作，实现创新联动、互利共赢。重视知识产权保护，加强知识产权合作。营造更加国际化、市场化、法制化的营商环境，推动创新要素自由流动，实现创新资源和成果共享，带动本地区和世界创新发展，实现经济的可持续和平衡增长。[1][2] 2020 年为中日韩科技创新合作年，为进一步推进三国科技创新合作带来了新的契机。

三、建立联合科研创新平台，实现强强联合和互利双赢

为了实现强强联合和互利双赢，中日韩共同建立了联合科研创新平台。通过这一平台，可以有机结合各国的资源和技术优势，开展前沿研究和成果转化。其中，中日方面在 2018 年签署《中国科技部和日本文科省关于共建联合科研平台合作的谅解备忘录》，研究范围包括生物技术、信息通信、可再生能源、医疗医学、航空航天等领域。而中韩方面，则在 2014 年签署了《中国科技部与韩国科技信息部关于实施产学研联合研究项目的谅解备忘录》，研究范围包括生物技术、信息通信、可再生能源等领域。

四、加强科技人文交流，培育科技创新人才

在中日人才交流和专家引进方面，我国于 1991 年设立"中国政府友谊奖"，2017 年实施外国人来华工作许可制度，目前已有 200 余名日本专家、3 万多日籍人才获批许可。2010 年启动的由中国科学技术部（国家外国专家局）和日本科学技术振兴机构（JST）联合主办的"中日大学展暨校长高层论

---

① 李慧颖．第七届中日韩工商峰会联合声明发布 推动三国互利共赢［N/OL］．四川新闻网，2019-12-24.

② 高燕．携手开启新时代中日韩经贸合作新征程［N］．人民论坛，2020-01-25.

坛"、2014 年启动的"中日青少年科技交流计划"（樱花科技计划）、2016 年启动的"中日青年科技人员交流计划"，为促进中日科技交流作出了巨大贡献。中韩方面，自建交以来，双方通过互派访问团、青年科学家、科技考察团以及开展联合研究等形式，推动中韩科技交流与合作。[①]

第三节　中日韩创新合作面临新机遇和新挑战

中日韩三国的科技创新合作有着悠久的历史，合作机制完善。当前，中日韩都是科技创新大国，各自具有独特的创新优势，且呈现出互补的格局。这种区域性的创新合作机制与"一带一路"科技创新合作机制相叠加，有利于促进中日韩创新资源的互联互通，为打造东亚区域创新合作网络提供支撑。然而，这也面临着一些挑战，包括美国因素的影响、中日韩之间一定程度的技术竞争以及普遍不高的创新开放度。总体来看，机遇大于挑战，中日韩创新合作在未来有着广阔的发展空间和重要的使命。

一、区域性创新合作机制叠加，促进创新资源互联互通

近年来，随着 CPTPP、DEPA、RCEP、日欧 EPA 等协定的签署，中韩 FTA 升级版和中日韩 FTA 的推进，区域内的技术、资本、服务、商品、投资和人员跨境流动的壁垒正在逐渐消减。中国积极申请加入 CPTPP 和 DEPA，以国际高标准推动国内改革，积极对接、融入全球更高标准贸易规则和数字治理体系，积极融入更高水平的国际循环体系。以国际高标准推动知识产权保护、技术标准互认和创新资源互联互通，提高高技术产品关税减让、贸易投资自由化便利化程度。[②]

① 邬扬. 中韩科创合作"2.0 时代"呼之欲出——访中国驻韩国大使馆科技处参赞富贵 [N]. 科技日报，2021-06-25.
② 黄宁，吕越，王革."逆全球化"形势下我国构建中日韩创新合作网络的必要性与策略建议 [J]. 全球科技经济瞭望，2020（12）.

二、"一带一路"科技创新合作持续推进，初步形成"一带一路"技术转移网络

我国积极推进国际创新合作，融入全球创新网络。截至 2020 年，与我国建立科技合作关系的国家和地区 160 余个，签订政府间协定的 110 余个，涉及 200 多个国际组织和多边机制。同时，我国深入实施"一带一路"科技创新行动计划，通过支持青年科学家来华工作、培训学员、建设联合实验室、建立科技园区、技术转移平台等方式推动与"一带一路"沿线国家和地区的科技创新合作，初步形成了"一带一路"技术转移网络。在疫情期间，我国通过搭建全球科学共享服务平台，为广大受疫情影响的国家和地区提供技术服务，大大提升了中国的美誉度。①

三、拥有高新技术产能和储备，为构建东亚创新链提供支持

随着全球技术革命与产业革命的发展，新一代信息技术推动全球产业链供应链加速重构，新能源、人工智能、生物制药、工业物联网等新兴产业蓬勃发展，新商业合作模式不断涌现，为各国加快开放创新发展提供了更多机遇。根据联合国贸易和发展会议的统计，中国的数字经济规模占 GDP 的 30%，是世界平均水平的一倍，并且在互联网应用和 5G 通信等领域处于全球领先地位。日本在半导体、动力锂电池、氢能产业等领域占据全球产业链供应链主导地位，日本拥有全球 70% 的半导体原材料和部分关键器件，六大人工智能专利公司跻身全球前 10，韩国三星、SK 等企业在半导体、人工智能等领域具有绝对优势。②③中日韩具备这些高技术产能和储备，为东亚共建科技创新链提供了支撑。因此，中日韩应加强科技创新合作，突破技术封锁，

---

① 佘惠敏. 我国与 161 个国家和地区建立科技合作关系 基本形成"一带一路"技术转移网络［N］. 经济日报，2020-10-28.
② 余南平. 中日韩三国将深度合作，共建区域产业价值链和科技创新链［N］. 文汇报，2019-12-27.
③ 张二震. 推动东亚强循环 促进国际大循环［N］. 国际商报，2020-09-15.

实现创新要素自由流动。围绕产业链布局创新链，推动产业链与创新链双向融合，实现科技创新和产业优化良性互动，推动东亚区域内部产业链、供应链、创新链融合发展，共筑东亚创新合作网络，提升东亚和全球福祉。

四、中日韩创新合作中的美国因素影响加大，日韩的防范竞争意识加强

中日韩创新合作中美国因素的影响不断加大，同时日韩的防范竞争意识有所加强。首先，美国通过亚太再平衡战略、印太构想和经济繁荣网络计划等围堵中国，以盟友体系、价值观同盟和国家安全为由，阻碍日韩与中国的科技创新合作。其次，美国通过"毒丸条款"等新规则孤立中国。最后，日韩对华防范、竞争意识加强，出台尖端技术相关法律，强化尖端技术出口管制，建立技术输出管制部门，避免技术外流。这些挑战对中日韩的科技创新合作带来了不小的影响。

五、中日韩存在一定技术竞争，总体创新开放度不高

日韩两国希望通过科技创新保持在全球产业链、供应链和创新链中的领先地位，随着中国科技的进步和消费者需求的转变，日韩的一些商品在中国市场受到冲击，形成竞争，制约了日韩与华高技术领域的合作。此外，在中美战略博弈过程中，美国对日韩施加压力要求其选边站队，这不仅对中日韩的经贸合作产生了影响，同时也给科技创新合作带来了阻碍。日韩两国的科技创新经历了技术引进、模仿、研发、创新、引领的过程，逐步成为世界科技强国，在全球产供链中占据主导地位。然而，当前中国的创新能力相对较弱，美日韩的科技封锁对中国的技术赶超和创新能力提升造成了不利影响，导致中国被迫陷入"低端锁定"的境地。2019 年，中国的研发经费支出占GDP 比重从 2010 年的 1.71% 提升至 2.23%，但与美国的 2.8% 左右、德国的2.8% 左右、日本的 3% 左右、韩国的 4.8% 左右相比，仍存在一定的差距。此外，中国研发经费中用于基础研究的比重升至 6%，但这一比例在韩国为

12%，在美国和日本高达 17%。在发明专利方面，中国的高价值发明专利万
人拥有量仅为 4.2 件，大约是美国的 1/10、日本的 1/20。目前，中国的科技成
果转化率在 18% 左右，而主要发达国家维持在 40% 左右。[①] 另外，中日韩之
间的创新关联度相对较低。从 PCT 专利合作的情况来看，中国发明专利比重
较低，仅为 0.8% 左右，远低于北美和欧洲，这表明中日韩相互间的技术依赖
程度偏低。此外，三国在创新生态系统方面也存在一定差异。中国的创新体
系主要由大型企业和研究机构主导，而日韩则更注重小型企业和创业公司的
发展。这种差异可能会影响三国在技术创新方面的合作方式和成果。为了促
进中日韩的科技创新合作，需要进一步加强政策沟通、技术交流和创新链的
协同发展，以实现共同发展和互利共赢。（表 2-1）

表 2-1　2018 年 PCT 专利合作的区域内份额　　　　　（单位：%）

PCT 专利合作	中日韩	英法德	美加墨
外国拥有本国发明的专利权	0.8	3.2	1.7
本国拥有外国发明的专利权	0.8	3.5	1.8
本国与外国的合作发明	0.7	3.5	2.3

　　资料来源：黄宁、吕越、王革：《"逆全球化"形势下我国构建中日韩创新合
作网络的必要性与策略建议》，《全球科技经济瞭望》，2020 年第 12 期。

第四节　中日韩创新合作政策建议

　　为了解决中日韩创新合作中遇到的问题，加强创新合作已成为必然选
择。深化国际创新合作，不仅可以促进各自的发展，还可以共同应对全球性
挑战。加强创新合作，首先是我国应补齐创新链的短板，全力提升自身创新

---

① 张晓强.学习党的十九届五中全会关于坚持创新驱动发展的体会［OL］.中国国际经济交流中心网
　站，2020-11-13.

能力。其次，深化与日韩的经贸融合与科技开放，共同构建区域创新合作网络，促进创新要素跨境流动，加强科技创新合作，提升区域整体竞争力，共同应对逆全球化中的全球开放创新风险。再次，加强"一带一路"科技创新合作，共建"一带一路"科技创新共同体。最后，探索科技创新合作新模式，推动项目落地，推动中日韩创新合作向前发展。

一、强化自主创新，补齐我国创新链的短板

第二次世界大战后的美国布什报告《科学——无尽前沿》指出，基础研究是经济增长的最终源泉，奠定了战后美国科学技术发展的基石。我国应借鉴美国的经验，高度重视基础研究和应用基础研究，加快关键核心技术的研发和市场应用。在投入高、系统复杂、外部性大的领域，政府应加大支持力度，帮助我国在科学、技术、工程等方面突破最薄弱的环节，全面塑造经济发展新优势。为了实现自主创新，我国需要在以下四个方面做好工作：一是构建自主创新体制，加强科研投入，提高研发质量。二是形成政府、市场、社会和谐发力的体制机制，促进科技资源的共享和优化配置。三是利用危机驱动、需求牵引、竞争推进的倒逼机制，激发企业创新活力。四是重视新生代的科学教育，培养更多的科技创新人才。

二、深化与日韩的经贸融合与科技开放，共同构建区域创新合作网络

充分利用 RCEP 即将生效的机遇，结合中日韩长期的科技创新合作机制和成果，共同构建东亚区域创新合作网络。进一步扩大创新开放程度，增强研发合作，建立紧密的创新关联和技术依赖。进一步提升贸易投资合作中的高技术含量，深化在半导体、汽车、机械等领域的合作，推动形成区域性创新网络体系。进一步放宽对国际直接投资的限制，提高双边 FDI 中的高技术含量。借鉴 CPTPP、日欧 EPA 等高标准要求，提升科技创新能力与水平。整合已有合作机制，共建中日韩创新合作机制，推动科技创新合作深化发展、

创新成果共享，实现互利共赢。加强知识产权保护领域的合作，打造公平开放的营商环境，支持企业开展技术交流合作。加强与国际创新城市的合作，如东京、首尔、新加坡等，以及与泰国、印尼、越南等东盟国家的数字经济合作，打造区域创新网络和世界科技创新中心。

三、加强"一带一路"科技创新合作，共建"一带一路"科技创新共同体

中日韩在"一带一路"的合作中，不仅涉及第三方、第四方市场的创新合作，也包括增强沿线国家的创新能力建设，推动科技人文交流、共建联合实验室、科技园区合作和技术转移。加强"一带一路"基础设施、先进制造、信息技术、防灾减灾等领域的科技创新合作与交流，推动"一带一路"沿线国家和地区的科技水平和科技创新能力，构建创新之路，实现多方共赢。[①]

四、落实合作项目，探索合作新模式

整合中日韩和全球的创新资源，共同推动重大旗舰型政府间国际科技创新合作项目。聚焦政府间关注的重大议题，针对科学、技术和工程问题、抗病毒药物及疫苗研发合作问题以及通过科技创新合作应对全球性挑战等问题，共同资助，联合研发。同时，推动研究基础设施共享，鼓励国际大科学工程合作，开展创新要素跨境便利流动试点。[②]促进创新领域的多边合作，提升共同应对全球性或区域性重大共性问题的能力。

---

① 曲如晓，杨修.《人民日报》评论：全方位加强国际科技创新合作［OL］.中国科协网站，2019-05-16.

② 新华社.中共中央　国务院关于构建更加完善的要素市场化配置体制机制的意见［OL］.国务院网站，2020-04-09.

第三章
切实维护中日韩产业链供应链安全稳定

近年来，全球政治经济环境发生剧烈变化，逆全球化愈演愈烈，传统全球经贸体系面临严峻挑战，全球产业链供应链呈现区域化、近岸化、本地化趋势。新冠疫情严重冲击全球生产网络，进一步加快了全球产业链布局调整。美国拜登政府上台以来，遏制中国的态度丝毫未变，并且更注重联合盟友，极力推动产业链"排除中国"，日韩成为美国重要拉拢对象。在当前复杂形势下，维护中日韩产业链供应链稳定对我国尤为重要。

第一节　中日韩生产网络是我国全球
产业链的重要组成部分

经过数十年发展，中日韩生产网络已经成为全球三大生产网络之一。中日韩三国国内生产总值和货物进出口总值全球占比均达到20%，三国间双边进出口约占三国进出口总值的10%。中日韩生产网络不仅规模大，还存在很强的产业优势互补，日本和韩国是技术和高端元器件的主要提供方，中国则是产品成本优势的主要创造者。

一、日韩对华贸易投资规模大

从贸易规模看，日韩是我国最重要的贸易伙伴，数据如表 3-1 所示。疫情发生前的 2019 年，日韩分别为我国第四和第六大贸易伙伴，以人民币计价的进出口总额占比分别为 6.9% 和 6.2%，合计达到 13.1%；韩国和日本作为我进口市场的地位更加突出，分别排在第三位和第五位，以人民币计价的总额占比分别为 8.4% 和 8.3%，合计达到 16.7%。疫情并没有影响日韩对华贸易地位，2020 年，日韩分别为我国第四和第五大贸易伙伴，以人民币计价的进出口总额占比合计 13%；分别是我国第四和第五大进口市场，以人民币计价的总额占比合计约 16.91%。

从投资规模看，日韩是对华投资重要来源地，截至 2020 年底，日韩对华累计实际投资金额分别为 1190.7 亿美元和 861.9 亿美元，占比分别为 4.9% 和 3.5%。除中国香港地区、英属维尔京群岛等自由港外，日韩分别是对华投资第一和第四大经济体。

表 3-1　我国主要贸易伙伴的进出口规模及占比

	进出口总额（亿元）	进出口占比（%）	出口总额（亿元）	出口占比（%）	进口总额（亿元）	进口占比（%）
2019 年						
欧盟	48626	15.41	29564	17.15	19063	13.32
东盟	44252	14.03	24797	14.39	19456	13.59
美国	37319	11.83	28865	16.75	8454	5.91
日本	21712	6.88	9875	5.73	11837	8.27
中国香港	19869	6.30	19243	11.17	626	0.44
韩国	19608	6.21	7648	4.44	11960	8.35
中国台湾	15733	4.99	3799	2.20	11934	8.34
德国	12741	4.04	5499	3.19	7242	5.06
澳大利亚	11689	3.70	3328	1.93	8362	5.84
越南	11183	3.54	6750	3.92	4433	3.10

续表

	进出口总额（亿元）	进出口占比（%）	出口总额（亿元）	出口占比（%）	进口总额（亿元）	进口占比（%）
2020 年						
东盟	47357	14.73	26550	14.81	20807	14.63
欧盟	44958	13.98	27084	15.10	17874	12.57
美国	40598	12.63	31279	17.44	9319	6.55
日本	21973	6.83	9883	5.51	12090	8.50
韩国	19745	6.14	7787	4.34	11957	8.41
中国香港	19312	6.01	18830	10.50	482	0.34
中国台湾	18036	5.61	4163	2.32	13873	9.75
德国	13292	4.13	6014	3.35	7278	5.12
越南	13283	4.13	7869	4.39	5414	3.81
澳大利亚	11666	3.63	3702	2.06	7963	5.60

数据来源：中国海关总署网站。

二、日韩对华贸易投资以制造业为主

制造业是全球产业链供应链体系的主要组成部分，日韩对华贸易投资中，制造业占比很大。从贸易方面来看，我们选择世界海关组织（WCO）HS 编码中与制造业关联紧密的商品，包括第 6、7、15、16、17、18 等 6 类，具体如表 3-2 所示。2020 年，日韩上述商品对华出口分别为 1.21 万亿人民币和 1.20 万亿人民币，分别占日韩对华出口总额的 93% 和 91.1%。

从对华直接投资来看，2019 年，日韩对华制造业实际投资分别为 25.8 亿美元和 44.0 亿美元，分别占日韩对华投资总额的 69.4% 和 79.4%，这一比例明显高于我国 2019 年制造业外资占比 25% 的平均水平。从我国制造业实际利用外资来看，2019 年总额为 353.7 亿美元，其中日韩两国占比近 20%。

表 3-2　我国 2020 年主要制造业产品的进口情况　　（单位：亿元）

	日本	韩国
第 6 类 化学工业及其相关工业的产品	1416.36	1176.22
第 7 类 塑料及其制品；橡胶及其制品	790.89	836.34
第 15 类 贱金属及其制品	961.22	648.54
第 16 类 机电、音像设备及其零件、附件	5749.24	7339.69
第 17 类 车辆、航空器、船舶及运输设备	1177.49	99.61
第 18 类 光学、医疗等仪器；钟表；乐器	1153.75	793.33
以上 6 类商品进口合计	11248.94	10893.71
对华出口所有商品总额	12090.08	11957.19
以上 6 类商品进口合计 / 对华出口所有商品总额	93%	91.1%

数据来源：中国海关总署网站。

三、日韩是我国产业链非自主环节的重要填补者

当前，全球产业分工细化，全球产业链紧密交织，任何国家都无法生产全部所需产品。虽然我国有世界范围内最为完整的工业体系，但大量环节仍然需要国际合作，尤其是存在很多高精尖环节依赖进口，日本和韩国是这类设备、零部件、原材料的重要提供方。从我国非自主环节较为集中的机电类产品、仪器部件来看，2020 年我国 HS 编码 16 类[①]的进口总额为 5.12 万亿人民币，其中，自日韩进口 1.31 万亿人民币，占比达 25.6%；我国 HS 编码 18 类[②]的进口总额为 7190 亿元人民币，自日韩进口 1947 亿元人民币，占比达 27.1%。

以目前各国博弈激烈的半导体产业为例，日本企业在材料生产方面具有

[①]HS 编码 16 类包括：机器、机械器具、电气设备及其零件；录音机及放声机、电视图像、声音的录制和重放设备及其零件、附件。

[②]HS 编码 18 类包括：光学、照相、电影、计量、检验、医疗或外科用仪器及设备、精密仪器及设备；钟表；乐器；上述物品的零件、附件。

明显优势，根据英国 Omdia 的调查数据，光刻胶、硅晶圆、半导体键合金线、CMP 浆料（研磨液）、引线框架、光掩膜的全球占比分别为 90%、50%、50%、40%、40%、20%；日本企业在半导体制造设备生产方面同样具有优势，根据日本 GlobalNet 公司调查，涂布显像设备上东京电子占比近九成，清洗设备上 SCREEN 控股和东京电子占比超六成，划片机迪思科占比七成。

第二节　全球化遭遇逆流与日韩对我产业链重要性的提升

当前全球化遭遇逆流，区域经济一体化渐成趋势，全球生产网络也面临区块化风险，在此背景下，日韩对我产业链重要性更加突出。

一、从历史看，经济全球化是全球产业链扩张的推动力

20 世纪八九十年代，世界经历了一轮大规模经济全球化，跨境投资迅猛发展，全球产业链不断细分、延长，跨国企业成为全球经济的主角。联合国贸发会议（UNCTAD）数据显示，1980 年全球跨境直接投资流量为 532 亿美元，2000 年已经达到 1.26 万亿美元，20 年间增长 22.7 倍。与之相比，新世纪以来，全球跨境直接投资规模徘徊不前，2019 年投资流量为 1.37 万亿，仅比 2000 年增长 9.2%，2020 年受新冠疫情和美国单边主义等影响，投资流量更是大幅下滑 36.8%，至 8694 亿美元，跌破万亿美元。

二、区域经济一体化带动全球生产网络区块化

2008 年全球金融危机之后，作为曾经全球化推手的发达国家开始转向，区域自由贸易协定逐步侵蚀多边主义成果，经济全球化显现逆流。2020 年 1 月，美墨加三国协议（USMCA）签署，替代 1992 年签署的北美自由贸易协议（NAFTA），新协议具有较为明显的区域化特点，例如，进一步提升原产地规

则，汽车零部件零关税的门槛由 62.5% 提升至 75%。截至 2021 年 4 月底，向WTO 报告的处于生效状态的区域贸易协定已达 346 个，2007 年底仅有 165个，十几年间增长一倍多。近年来，世界经济更是经历了美国单边主义、英国脱欧、新冠疫情等冲击，可以预见，未来经济全球化将不可避免地转向区域经济一体化，全球生产网络将呈现区块化特点。

三、全球生产网络区块化背景下，日韩对我国重要性提升

中日韩地理相近、文化相通、产业互补，在全球生产网络面临区块化风险的背景下，日韩自然成为我国打造区域产业链的首选合作伙伴。经过数十年发展，中日韩三国之间的贸易投资不断扩大，经贸往来联系愈加紧密，中日韩生产网络成长为全球三大生产网络之一，已经具有一定全球竞争力。因此，无论从战略性还是从可行性角度看，日韩都是我国当前对冲外部不利影响、维护国际产业链供应链稳定的重点。

第三节　我国在中日韩生产网络中的地位还需进一步巩固

改革开放以来中国经济取得了突飞猛进的发展，在全球产业链中的重要性日益突出，与此相伴的是以我国为核心的东亚生产网络的形成和崛起，成为并肩北美、欧洲的全球三大生产网络之一。近年来，随着区域经济一体化进程加快，美国和德国不断巩固和强化自身在区域生产网络的核心地位。日韩是东亚生产网络的重要节点，是我国需要进一步拉紧的重点对象，但是，与美国和德国相比，我国在中日韩生产网络中核心地位仍有待加强。

一、日韩对我国贸易依赖度偏低

贸易是跨境产业链的连通基础，贸易的被依赖程度是生产网络中核心国家核心地位的重要体现。从北美生产网络来看，加拿大和墨西哥对美贸易依

赖程度非常高。2020 年，加拿大和墨西哥对美进出口总额分别为 4836 亿美元和 4990 亿美元，分别占两国全部进出口总额的 60.8% 和 62.3%，其中两国对美出口依赖更强，分别占全部出口总额的 73.4% 和 79.1%。在疫情发生前的2019 年，情况大体类似。加拿大和墨西哥对美进出口总额分别为 5662 亿美元和 5648 亿美元，分别占两国全部进出口总额的 63% 和 61.7%，其中两国对美出口分别占全部出口总额的 75.4% 和 77.9%。

与北美生产网络相比，日韩对我国贸易依赖程度则低得多。2020 年，日韩对华进出口总额分别为 3053 亿美元和 2414 亿美元，分别占两国全部进出口总额的 23.9% 和 24.6%，其中，日韩对华出口分别占两国全部出口总额的22% 和 25.9%。总体上看，不仅规模上低于加拿大和墨西哥对美贸易，占比更是仅有前者的 1/3 左右。疫情使得日韩对我国贸易依赖程度略有上升，但幅度不是很大。2019 年，日韩对华进出口总额分别为 3039 亿美元和 2434 亿美元，分别占两国全部进出口总额的 21.3% 和 23.3%，其中两国对华出口分别占全部出口总额的 19.1% 和 25.1%。

二、我国对日韩投资规模较小

"走出去"是核心国家构建国际生产网络的重要手段。从北美生产网络来看，美国是加拿大和墨西哥的重要投资来源国。2020 年，美国对加拿大和墨西哥的直接投资流量分别为 119.8 亿美元[①]和 103 亿美元[②]，占两国外商直接投资总流量的比例均为 37.1%。疫情前，美国对加拿大和墨西哥的直接投资规模更大。2019 年，美国对加拿大和墨西哥的直接投资流量分别为 276.6 亿美元和 128.8 亿美元，分别占两国外商直接投资总流量的 43.6% 和 37.6%。从跨境直接投资存量看，2020 年末美国对加拿大直接投资存量为 4567.8 亿美元，占加拿大外商直接投资存量的 43.7%。

与北美生产网络相比，我国对日韩的投资规模和占比小得多。从日韩两

---

① 数据来自加拿大统计局，本段下同。

② 数据来自墨西哥经济部和墨西哥银行，本段下同。

国统计看，2020 年，我国对日本和韩国的直接投资流量分别为 417 亿日元（约 3.8 亿美元）[①] 和 2.8 亿美元 [②]，分别占两国外商直接投资总流量的 3.8% 和 3%，占比仅为美国对加拿大和墨西哥投资占比的 1/10。我国对日韩投资，不仅占日韩吸引外资的比例很低，占我国对外投资的比例也非常低。根据我国商务部统计，2020 年我国对日本和韩国的直接投资流量分别为 4.87 亿美元和 1.39 亿美元，分别占我国对外直接投资总流量的 0.32% 和 0.09%。从存量来看，2020 年我国对日本和韩国的直接投资存量分别为 41.97 亿美元和 70.55 亿美元，分别占我国对外直接投资总存量的 0.16% 和 0.27%。

三、中日韩区域经济一体化程度不高

2015 年 6 月，中韩签署自由贸易协定。2020 年 11 月，《区域全面经济伙伴关系协定》（RCEP）签署，中日之间有了首份自由贸易协定。中日韩自贸区 2012 年 11 月启动，虽然经过 9 年努力，举行了 16 轮谈判，但距离具体达成仍然有很长路要走。到目前为止，RCEP 是中日韩之间开放水平最高的自由贸易协定，但与目前国际高水平自由贸易协定相比，仍然存在较大提升空间。与之相比，1992 年美国主导下的北美自由贸易协议（NAFTA）签署，关税大幅降低，提出了准入前国民待遇加负面清单投资管理模式等高水平经贸规则，成为引领国际经贸规则发展的风向标。2020 年 1 月，美国主导的美墨加三国协议（USMCA）签署，替代了北美自由贸易协议，进一步强化了区域经济一体化。欧盟一体化更是走在了世界前列，从 1951 年的欧洲煤钢共同体和 1957 年的欧洲经济共同体（EEC），到 1990 年的《申根公约》和 1992 年的《马斯特里赫特条约》，再到 1999 年的欧元，欧盟一体化持续升级，不仅实现了经贸一体化，更实现了人员自由流动和统一货币，并从经济实体向经济政治实体转变。德国作为欧盟最大经济体，是欧盟的推动者和主导者，欧盟则是德国推动区域经济一体化的重要平台。

---

① 数据来自日本财务省，本段下同。
② 数据来自韩国银行，本段下同。

第四节　当前稳定中日韩产业链面临诸多挑战

美国的保护主义政策和加紧对我国遏制，更加凸现了日韩在我国维护产业链供应链稳定中的重要作用。美国也深知其中利害，正不遗余力地拉拢日韩，为中日韩产业合作增加障碍。而且，日韩本身也非常重视自身产业竞争力，特别在与我国存在竞争关系的高科技领域相对保守，对深化与我国合作心存顾虑。

一、美国通过外交经济手段拉拢日韩

拜登政府上台以来，明确更多通过联合盟友共同对抗中国，继承美日印澳"四国联盟"战略并委以重任，极力撮合美日韩"三国联盟"。2021年3月，美日印澳四国举行首次领导人线上峰会，宣布在新冠疫苗生产、关键科技、基建投资、应对气候变化等方面开展合作，针对中国意图明显。2021年3月，美国国务卿布林肯的首访便选择了日本和韩国。随后的《美日"2+2"联合声明》以及4月菅义伟访美的《美日领袖联合声明》，美国对日本作出了巨大妥协，包括钓鱼岛、朝核问题与日本人质、普天间军事基地、核污水排放等问题，作为回报，日本在涉华的国际秩序问题上追随美国。2021年6月，美英力邀韩国参与七国峰会，试图缓和日韩关系。

同时，在拜登政府格外关注的"制造业振兴"战略中，形成美日韩"经济同盟"也是优先选项，特别是半导体和车载电池等下一代战略物资制造领域。目前，美国积极联合盟友构建稳定可靠的供应链伙伴关系，加紧组建排除中国的产业联盟，诱使日韩脱离中国经贸轨道，降低对中国供应链的依赖。2021年5月，美国拉拢欧洲、日本、韩国、中国台湾地区等，由64家全球半导体上下游巨头企业组成了美国半导体联盟（SIAC），为《美国芯片制造法案》向美国国会争取补贴资金，打造以美国为中心、排除中国的全球芯片产业链。

2021年9月，美日澳印四国举行首脑会谈，强化在半导体供应链领域合作，推进建立安全通信网，试图进一步阻滞对我国半导体材料和制造装置的供应。

拜登政府目前受国内问题羁绊，还没有更多精力推动重塑全球经贸规则。但未来，美国将可能重新介入并主导亚太经贸规则，包括重返TPP或者重新构建符合自身利益的新规则体系，无论采取何种形式，中国问题必将更突出地反映在美国新亚太经贸规则之中。美国加大对日本和韩国的政治干预、外交拉拢、经济引诱，必定对中日韩经贸合作造成影响，中日韩生产网络首当其冲。

二、美国长臂管辖制约我国与日韩产业合作

美国除了对日韩进行政治外交方面的"软"拉拢，同时也利用自身全球霸权地位对包括日韩企业在内的全球企业进行"硬"制约。近年来，美国陆续提出加征中国商品关税、中美"脱钩"、供应链排除中国、加强涉华技术出口管制、涉华企业长臂管辖等，其影响波及包括日韩企业在内的全球跨国公司，特别是高技术企业的对华投资。以美国对中国华为公司的打压为例，制裁措施逐步升级：从施压各国禁止使用华为设备、禁止美国企业为华为供货、限制华为使用美国的技术和软件，到限制外国芯片代工厂利用美国设备为华为生产芯片、限制外国制造商使用美国技术为华为供货芯片，通过层层加码，制裁手段越伸越长，牵扯了包括日韩在内的大量其他国家和企业。早在2019年初，日本电信公司NTT因为担心失去与美国政府及大企业的合作关系，表示不使用华为5G产品。目前，华为与日韩企业合作受到更严重制约，已经无法从日本和韩国企业获得芯片，原本在中日韩之间的产业链遭受重创。

美国这种长臂管辖并没有停止，正有越来越多的中国企业被美国拉入各种各样的清单。例如，2023年6月初，美国总统刚刚签署新的禁止美国实体投资的中国企业名单，使得这份"黑名单"企业增至59家，禁令要求美国实体未来12个月内剥离所持相关资产。2023年2月，拜登政府开展本国半导体制造、电动汽车电池、医疗用品、稀土元素等的供应链安全评估，针对中国

竞争力所在领域的评估，预示着美国未来可能采取的进一步措施。美国这种干预对中日韩产业合作提出了很大挑战。从目前情况来看，三星等日韩企业都在评估与中国相关的产业链受美国政策的影响。

三、日韩与中国高技术领域合作面临障碍

日本和韩国都是《瓦森纳协定》成员国，对中国出口受到军民两用商品和技术清单限制，该清单涵盖了先进材料、材料处理、电子器件、计算机、电信与信息安全、传感与激光、导航与航空电子仪器、船舶与海事设备、推进系统等九大类，很多领域都是中日韩产业合作的重点。美国是《瓦森纳协定》的主要推动者，虽然协定明确成员国可以自行决定发放出口许可证、自愿通报出口信息，但美国具有事实上的控制力，并有直接出面干涉的诸多先例。在美国极力打压中国高技术发展的当下，中日韩产业合作将面临美国更为强力的阻挠。

从日韩自身来看，对加强与中国高技术合作也心存顾虑。改革开放40多年来，中国制造业发展突飞猛进，随着产业转型升级步伐加快，正逐步向中高端迈进，在全球价值链分工中的地位发生着变化，部分产业与日韩存在正面竞争。例如，中日在电子设备、电气设备、机械设备等领域存在竞争关系；韩国在全球价值链地位低于日本，更容易感受中国产业升级的影响，中韩产业竞争性更强，包括半导体、液晶屏面板、光伏、动力电池、造船、汽车等韩国传统优势产业。日本和韩国都存在很强的危机意识，极力寻求对华保持产业优势，担心对华技术出口影响自身技术优势，存在限制高技术对华出口的内在动力。同时，在通信设备等我国拥有技术优势的领域，日本和韩国也都具有一定产业基础，希望培育自身竞争优势，存在限制我国产品进口、保护本国企业的动力，这也对中日韩产业合作造成不利影响。

四、日韩更加关注产业链自主可控

除了美国因素外，日本和韩国自身对全球产业链的态度也在发生一些变

化。近年来，我国产业转型升级步伐加快，在全球价值链分工中的地位发生着变化，部分产业与日韩存在正面竞争。

受中美经贸摩擦和新冠疫情影响，世界各国普遍更加重视产业链供应链安全。日韩作为全球重要中高端产品的制造国和出口国，在产业链中低端环节非常依赖中国，同样开始更加重视产业链的自主可控、分散化、本地化。例如，2020年，日本多次出台补贴政策，支持在华日资企业将医疗物资、汽车零部件等关键产业链转回日本国内或者转移至东南亚国家。再以目前全球竞争激烈的半导体产业为例，在美国、欧洲纷纷强调组建本地产业链后，韩国也于2021年5月宣布"K半导体"战略，通过税收优惠等手段支持三星电子、SK海力士等企业，在2030年前建成全球最大半导体供应链，使韩国成为存储芯片和系统芯片全球领导者。再以药品生产为例，日本厚生劳动省统计，日本仿制药原材料六成依赖进口，其中对我国依赖度最高，占比约14%，自印度进口约12%。疫情以来，多国限制医疗品出口，日本的药品供给风险增加，促使日本减少抗生素、血栓预防等重要药品的海外依赖。盐野义于2021年底前在金崎工厂建成"头孢烯类"抗生素原料37吨年产能；明治控股于2021财年在岐阜工厂开始"青霉素类"抗生素原料的试生产。

第五节 稳定和发展中日韩产业链存在新机遇

中日韩是目前全球经济最为活跃、最有增长潜力的地区之一，未来，随着中国消费市场不断扩大、高素质人才优势显现、新兴产业蓬勃发展，中日韩产业合作具有很大发展空间。

一、构建新发展格局为中日韩产业合作提供中国动力

2008年全球金融危机以来，美国储蓄率进一步下降，由20世纪90年代的35%左右降至目前的31%左右，2020年为31.5%。美国依靠财政赤字、超

发货币、贸易赤字支持消费的老路越来越走不通，美国市场作为曾经的全球需求引擎，动力越来越不足。我国是全球人口大国，随着居民收入水平不断提高，中产阶级崛起，超大规模市场优势正在加快形成。中国是目前全球最有希望替代美国、为全球提供新需求的潜在市场，被全球跨国公司寄予厚望。

2020 年 4 月，我国提出要建立以国内大循环为主体、国内国际双循环相互促进的新发展格局。构建新发展格局是我国目前阶段着力推动的重大事项，是激发我国超大规模市场的活力、更好融入全球经济体系的重大举措，是重塑全球产业链的中国变量。我国适时提出构建新发展格局，顺应了世界发展大势，为追逐全球经济亮点、追随全球需求脉搏的跨国公司提供了历史性机遇。我国构建新发展格局这一战略选择，为中日韩产业合作提供了新的强劲动力，是维护中日韩产业链供应链稳定的基础力量。

二、新兴产业为中日韩产业链合作孕育新机遇

当今世界，科技发展突飞猛进，信息、通信、新能源、新材料等众多新产业蓬勃兴起。中日韩三国在诸多领域都具有抢占产业变革制高点的基础和意愿，特别在芯片制造、动力电池、新能源汽车等领域存在正面竞争。但是，竞争中也孕育着合作机遇。新兴产业与传统产业相比，各个环节的技术含量显著提高，对设计、原材料、设备、耗材等要求更高。总体上看，中日韩三国竞争主要在制成品环节，例如芯片的晶圆制造和封装测试、动力电池制造等，但三国在上游环节的竞争要弱得多，甚至存在一定的依赖关系，例如日本在芯片制造所需的涂布显像设备、清洗设备、划片机、光刻胶、硅晶圆、半导体键合金线、CMP 浆料（研磨液）、引线框架、光掩膜等领域具有全球主导地位，韩国在显示器制造设备、激光设备、显像设备、封装材料等领域具有很强的竞争力。因此，中日韩三国的新兴产业合作仍然具有广阔空间。中国工业体系完善、消费市场广阔、金融资本供给充足，可以为新技术产业化提供空间，日韩技术积累丰富和创新能力强，中日韩可以建立起从创新到产业化，再到规模化的新兴产业合作模式，打造面向新兴产业的中日韩

产业链供应链体系。

三、中国高技术人才优势为中日韩产业合作打下基础

新兴产业与传统产业相比，需要更大规模的高技术人才。近年来，我国人口红利在消退，但受益于高等教育的长足发展，我国高技术人才特别是理工科背景高学历人才规模已经非常庞大。2021年，我国普通高校毕业生达到了909万人，工科毕业生占比达到1/3，不仅高校毕业生规模远超世界其他国家，理工科毕业生占比也位居前列。大量高技术人才供给为新兴产业发展提供了人力基础，这是我国融入全球新一轮新兴产业浪潮的竞争优势。近年来，越来越多的跨国公司在华设立研发中心，不仅数量快速增加，规模也不断扩大。日本和韩国都是全球新一轮科技革命和新兴产业竞争的重要参与者，中国高技术人才优势对日韩企业具有巨大吸引力，中国活跃的创新创业氛围也是日韩企业的关注点，这都为中日韩产业合作提供了重要基础。

四、中国新一轮设备更新为中日合作提供新空间

随着我国人口红利消退、工资上涨，企业一方面出现了强烈的自动化和智能制造转型需求，借助先进设备改造生产方式、提升生产效率；另一方面也在谋求从产业链低端环节向高端环节迈进，出现了新趋势。这种转型升级需要更大规模、更先进的设备，近年来，中国企业设备更新换代的市场规模逐步扩大，2020年城镇固定资产投资中，制造业设备工器具购置投资完成额已经达到7.25万亿规模，特别是战略性新兴产业投资快速增长，例如计算机、通信和其他电子设备制造业的工器具购置投资完成额，全球金融危机以来的2010—2020年平均增速达到16%，2020年完成额达到8902亿元。

日本是全球先进设备制造大国，尤其是在先进机床、自动化设备、机器人等领域具有很强的竞争优势。同时，日本也是我国传统的设备进口国，已经形成了一定的市场优势。以机床行业为例，我国一直是日本最大的机床进口国，2021年，我国自日本机床进口更是出现爆发式增长，根据日本工作机

械工业会统计，前4个月，日本对我国机床出口共计1311亿日元（约77亿元人民币），同比增长了2.2倍。在中国产业升级带来的新一轮设备更新下，中日相关产业合作面临巨大机遇。

五、RCEP 为中日韩进一步密切产业合作创新条件

《区域全面经济伙伴关系协定》（RCEP）2020年11月成功签署，于2022年1月正式生效。RCEP是日本与中国和韩国签署的首个自由贸易协定，中日韩三国间首次形成了自由贸易伙伴关系，提高了三国政治互信与经济互惠水平，具有里程碑意义。RCEP规则对促进中日韩形成更加紧密的产业合作关系具有积极意义。首先，关税成本大幅降低有利于促进贸易创造，提升产业链效率和紧密度。根据RCEP三国关税承诺，中国对日本和韩国的进口商品免税税目占比将分别达到86%和91%，日本和韩国对中国进口商品的免税税目占比将分别达到88%和92%。其次，RCEP采用原产地区域累积规则，产品原产地价值成分可在15个成员国构成的区域内进行累积，显著提高协定优惠税率的利用率。这将有助于跨国公司更加灵活地进行产业布局，建立更加精细化的产业链分工体系，促进产业链深度融合。最后，RCEP提升了投资保护、投资促进、投资便利化水平，有利于提高跨境投资的可预测性和安全性，为中日韩产业合作创造了更好的营商环境。

第六节　共同维护中日韩产业链供应链稳定的建议

把握全球产业链供应链重塑的发展趋势，勇于迎接挑战，主动把握机遇，积极寻找中日韩各方利益共同点，拉紧利益纽带，构建优势互补、协同高效、开拓创新、利益绑定的中日韩产业链供应链，确保产业链供应链稳定。

一、发挥好中日韩之间仍然存在的产业互补性

虽然近年来我国产业从价值链低端向高端迈进，与日韩之间的价值链差距在缩小，但是，整体上看，我国生产要素成本仍然明显低于日韩，特别是我国高素质劳动力资源优势突出，日韩对我国在技术和创新领域仍然具有比较优势，因此，我国与日韩在产业上仍然存在互补性。要充分利用我国与日韩之间的比较优势，将其转化为中日韩合作动力。发挥日本在技术、研发、智能等领域的优势，加强中日之间生产设备、高端材料、计测技术、汽车、机器人等领域的产业合作。发挥韩国在工业技术研发等方面的优势，加强中韩在电子信息、汽车制造、高端装备、生物医药、新材料等领域的产业合作。充分利用我国高素质劳动力资源优势，吸引日韩企业在中国设立研发中心、技术支持中心等，促进中日韩产业链纵向联合。

二、发挥我国超大规模市场的吸引力

日本人口老龄化严重，国内消费市场长期不振，韩国国内市场规模小，国内消费不足，因此，日韩都极度依赖外部市场，都是典型的外向型经济。近年来，我国市场潜力不断发挥，有望成为带动世界经济增长的新引擎。我国超大规模的国内市场，是我国拉紧中日韩关系纽带、保障中日韩产业链供应链稳定的重要可凭借力量。接下来，要将我国国内市场与中日韩产业链紧密结合起来，吸引更多的日韩企业通过贸易和投资参与我国市场，增强我国市场对中日韩产业链黏性。增加中日韩产业链面向服务的产品的生产，重点发展医疗器械、养老设施、家庭用机器人、医疗用机器人、人工智能、计算机软件等领域合作，满足我国蓬勃发展的服务业对设备设施软件等的需求，创造中日韩产业链合作新亮点。

三、加强贸易投资一体化，提升中日韩产业链协同效率

利用好 RCEP 为中日韩带来的自由贸易区环境。发挥关税和非关税壁垒

效应的叠加带来的贸易创造效应，切实降低中日韩之间贸易成本和产品价格。发挥好原产地规则、海关程序、检验检疫、技术标准等统一规则带来的制度优势，提升贸易便利化水平。落实准入前国民待遇加负面清单外商投资管理制度，扩大中日韩之间外商投资自由化便利化水平。发挥 RCEP 提升中日韩贸易投资一体化水平效应，优化域内整体营商环境，便利要素自由流动，促进区域产业链、供应链和价值链的融合，提升地区产品竞争力。在 RCEP 基础上，加快中日韩自贸区谈判，尽早建成更高水平的自贸区，进一步深化中日韩经贸合作，完善地区供应链。我国要积极考虑加入 CPTPP，加快制度型开放，对接国际高标准经贸规则。

四、拓展新合作领域，共同做大产业链增量

当前，科技创新的突飞猛进、网络化和数字化的快速发展、各国对气候变化等环境问题越来越关注，这都为未来产业的发展提供了巨大空间，中日韩产业合作增量广阔。要以面向未来的眼光，寻找中日韩产业合作新机遇，创造更多产业合作增量。重点加强中日韩在新一代信息技术、网络通信技术、清洁能源、能源开发储备、污染防治、海洋经济等领域合作，选择中日韩具有合作前景的重点产业，推动组建中日韩产业联盟，打造面向世界的新产业链。同时，信息网络的发展也正在改变世界消费者的习惯和偏好，绿色、普惠、小批量定制等产品需求不断涌现，中日韩可以发挥产业链高效优势，打造更具弹性的地区产业链，共同满足世界消费需求。

五、加大面向日韩招商引资，拉紧利益共同体

发挥外商投资在稳固中日韩产业链中的积极重要作用，加大吸引日韩企业来华投资力度。严格落实准入前国民待遇加负面清单外商投资管理制度，做好外商投资保护工作，维护外资合法权益。加快放管服改革，降低企业经营成本，改善外商投资环境，为外资企业提供更好的经营环境。加大产业链招商力度，创新招商引资方式，积极吸引战略投资，形成上中下游产业链的

优化配置、利益融合、集聚发展，推动日韩产业链与我国产业链对接融合。发挥地方政府在招商引资工作中的主动性，特别是调动山东、辽宁等毗邻日韩、具有合作基础的省份的积极性，利用好自贸试验区先行先试优势，探索招商新思路新方法，解决日韩外资关切问题。开展形式多样的投资促进活动，充分发挥各类展会的作用。

六、掌握重点环节主导权，打好开放合作基础

自立自强是确保我国产业链供应链安全的根本，是我国提升国际产业链供应链合作话语权的前提，因此，维护中日韩产业链供应链稳定绝对离不开我国产业链自身的自立自强。加快推动我国产业转型升级，探索适合不同类型企业产业链提升路径，积极培育新支柱产业，塑造我国产业竞争新优势。发挥竞争政策的基础性作用，构建有利于提升产业链供应链现代化水平的创新生态。稳定制造业基本盘，保持制造业增加值占 GDP 比重的 28% 左右，保持制造业内部高中低产业比例合理。增强产业链供应链自主可控能力，推进补齐短板和锻造长板，实施关键核心技术攻关工程，尽快解决重点领域"卡脖子"问题。实施产业基础再造工程，打好产业基础高级化和产业链现代化的攻坚战。

第四章

深入推进中日韩开展"零碳革命"合作

第一节　中日韩深入开展"零碳革命"合作面临的全球大势

一、碳中和将重构全球经济和产业版图，绿色低碳领域竞争与合作并存

碳中和驱动的"零碳革命"被誉为继农业革命、工业革命、信息革命之后的第四场革命。碳中和是经济社会一场系统性变革，将给各国经济发展模式、产业结构、能源结构、消费结构等带来系统性、革命性影响。在碳中和目标牵引下，各国将逐步走上绿色、低碳、循环可持续发展之路，传统能源资源国面临经济多元化转型发展的严峻挑战，传统高碳产业和后发工业化国家面临转型的巨大压力。同时，在碳中和驱动下，一方面，将推动包括新能源在内的全球科技革命和产业变革加速，进而催生新技术、新产品、新业态、新模式，依托新技术、新应用将对传统产业低碳化、无碳化转型升级带来新机遇和新助力；另一方面，一些碳排放强度高、附加值低的产业和产品或将被加速替代淘汰。在此背景下，全球产业链、价值链、供应链的国际分

工将面临新的重大调整，全球产业格局和经济版图将深度重塑。可以预料，迈向碳中和，与化石能源时代的"资源为王"不同，绿色低碳技术发展将重塑国家竞争优势，先进深度脱碳技术和应用能力将成为一个国家核心竞争力的体现。各国为了实现碳中和目标，同时也为争夺绿色竞争制高点，绿色低碳领域的竞争恐将激化加剧。与此同时，实现碳中和目标面临诸多共性挑战，更需要国际社会携手合作，寻求绿色低碳技术等诸多方面的革命性突破。也就意味着碳中和背景下绿色低碳领域的竞合格局或将深度裂变。

二、全球碳中和推动能源转型加速，可再生能源将成为能源供需主体

目前，全球 150 多个国家和地区以不同方式作出了碳中和承诺。在碳中和大潮驱动下，能源领域作为最主要的碳排放部门，能源领域的低碳无碳转型将加速推进，未来的能源系统将以电力和可再生能源为核心，可再生能源将成为能源供需主体，化石能源将逐渐退出主体能源地位。IEA 预测，到 2050 年，风能、太阳能、生物能、地热能和水能将占全球能源供应总量的三分之二，太阳能与风能将成为主要的能源来源。到 2050 年，太阳能光伏装机将是现在的 20 倍，风电装机将是现在的 11 倍，而化石燃料消费将大幅减少，化石燃料在能源供应总量中的占比，将由目前的近五分之四减少到 2050 年的略高于五分之一。2050 年，全球范围仍在使用的化石燃料的用途主要包括：含碳商品（如塑料）、配有 CCUS 装置的生产设施，以及缺乏低排放技术的部门。从主要国家推进碳中和路径上的能源战略目标看，美国提出 2035 年实现电力部门无碳化目标，德国提出 2035 年可再生能源发电比重达到 65%，日本提出 2030 年可再生能源发电占比达到 36%—38%。毫无疑问，碳中和推动能源转型加速，化石能源的使用将大幅减量收缩，以风能、太阳能等为代表的可再生能源将成为能源供需主体。受能源供需主体变化牵引，能源国际合作的重点领域也将发生重大变化。

三、能源转型引致能源格局重大调整，能源地缘政治格局将深度嬗变

全球能源转型将对地缘政治带来明显冲击，将成为重塑地缘政治版图的重要驱动力之一。影响世界近百年的传统能源地缘政治图景将由此发生根本性变化。两个世纪以来，地理分布集中的化石能源，特别是极具战略属性的石油和天然气资源促成了传统能源地缘格局的形成，对油气生产和贸易的把控是 20 世纪强权政治的一个重要特征。碳中和驱动能源转型加速，从化石燃料时代到以可再生能源为主体的非化石能源时代转变，将深刻改变全球地缘格局，某种程度上，不亚于甚至超过前两次能源革命的影响。由碳中和和可再生能源发展驱动的全球能源转型将从三个方面重塑地缘政治版图：一是全球权利分配或重新洗牌。化石能源时代依托油气等化石能源出口而获得独特地缘政治影响力的传统资源型国家的全球影响力将显著下降，而新能源和可再生能源技术创新和应用能力强大的国家将从全球能源转型中获得更大收益，并提升自身全球影响力。二是国家间的关系将发生重大变化。可再生能源快速发展不仅影响全球权利分配，还将改变合作或联盟关系，以及国家间贸易往来，并围绕新的能源商品、技术服务应用建立新的国家间合作关系。一方面，随着碳中和驱动非化石能源时代加速来临，建立在依托化石能源基础上的合作关系或联盟将会被削弱或动摇。尽管出于其他战略考量需要，过去的合作或联盟关系仍可能延续，但面临失去传统化石能源提供的原有战略支撑力。另一方面，全球将形成新的贸易投资版图，碳中和驱动下，国家间的关系将从过去以化石能源为重心的全球市场，转移到区域电网、新能源技术、产品、装备、服务为重心的新维度。三是能源外交将出现重大变化。长期以来，油气等化石能源出口国和进口国之间，将能源贸易和投资作为外交政策的重要着力点，通过能源外交服务对外战略和助力保障能源安全。碳中和驱动能源转型加速，将显著降低油气大宗商品的战略属性，传统的油气出

口国面临加速资源变现和加快经济转型的压力，油气进口国的"买方"优势和主动权将显著增加，碳约束下的发展中国家则面临经济发展和能源转型的双重挑战，能源外交将出现重大变化。对我国而言，全球能源转型引致能源地缘政治格局深度嬗变，将是我国赢得战略主动权的历史性机遇，我国可以将能源国际合作中拥有的主动权优势，转化为提升我国在全球能源治理与国际合作中的话语权、影响力和担当。

四、碳中和驱动能源绿色低碳转型，能源安全将面临全新的课题

碳中和推进能源转型，当前的油气资源进口国将摆脱对油气进口依赖的束缚，但可能对其他能源商品和技术的依赖性增强，特别是对新能源发展所需的锂、钴、稀土金属等关键材料的对外依赖，可能形成新的脆弱性和能源安全风险，进而衍生出新的能源安全问题。比如，区域大国争夺电力一体化的主导权，在出现国际冲突时，跨国电网存在被"武器化"利用的风险，而"掐断"能源产业链上的关键原材料、核心环节的产品和技术供应也可能成为新的地缘政治武器。目前，全球风能和太阳能的发电量仅占总发电量的 7% 左右，电动汽车的占比还极低。当下的关键矿物资源的产量大致能够满足全球相关新能源产业发展的需求。随着碳中和驱动能源转型加速，围绕新能源产业链的"大新能源"快速发展，对所需的关键矿物资源需求将飙升，全球产量和有效供给能否跟上将事关能源安全。据 IEA 研究报告，能源转型需要大量的关键矿物，在净零排放路径中，2020 年至 2030 年期间，铜、钴、锰和各种稀土等关键矿物的总市场规模增加近 6 倍，2050 年全球关键矿物需求将超过 40 兆吨（图 4-1）。IEA 预测，如果全球范围快速推进电动汽车取代燃油汽车，到 2040 年，全球锂金属的需求可能是当前需求的 50 倍，钴和石墨的需求为当前需求的 30 倍。据世界银行报告，全球温升控制在 2℃的情景中，仅电动汽车的电池对钴、锂、锰和铟、钼和钕等相关稀土矿物的需求将增长超过 10 倍。从区域层面需求看，欧盟为实现其绿色战略目标，到 2030 年，

欧盟对锂和钴的需求将增长 18 倍和 5 倍。总体上，按照当前的技术路线，关键矿产资源的需求将呈现井喷式增长态势，资源的稀缺程度恐持续攀升。然而，当前锂、钴、稀土等关键矿产资源的生产和供应却高度集中于少数国家。据 IEA 数据，阿根廷和智利两国共提供了全球近 80% 的锂产量，刚果民主共和国供应了全球超过 80% 的钴，中国则供应了全球 70% 的稀土产成品，而全球铜主要由阿根廷、智利、秘鲁、刚果民主共和国供应。综合来看，由于碳中和驱动可再生能源产业大发展所需的关键矿产资源稀缺，且供应高度集中于少数国家，从而可能引发新的能源安全关切和风险，特别是存在供应跟不上激增需求的显性风险，确保新能源产业链供应链安全将成为能源安全新的课题。近期，美国战略与国际问题研究中心（CSIS）发布题为《关键矿产供应链的地缘政治》的报告称，随着清洁能源成为地缘经济竞争的最新"热地"，相关技术所需的矿产和材料供应链安全已成为战略问题。因此，包括美国、欧盟、日本等全球主要经济体正重新审查评估其关键矿产供应状况，并完善相关战略以保障供应链安全，包括海外资源供应安全。

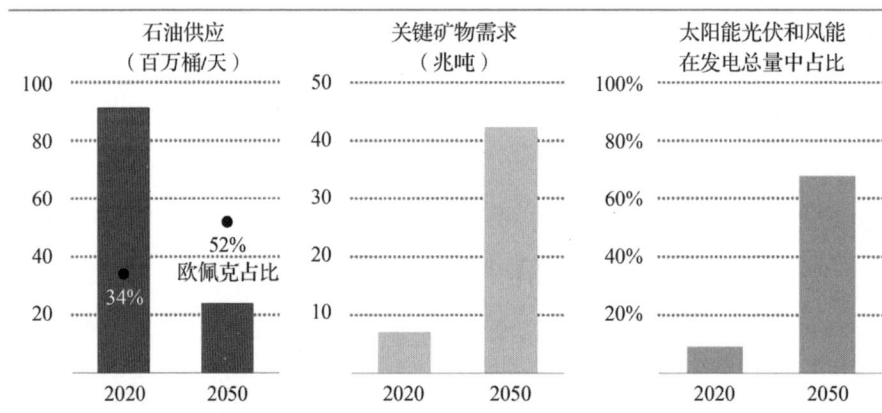

图 4-1 净零路径中的全球能源安全指标

资料来源：IEA。

第二节　中日韩深入开展"零碳革命"合作迎来新机遇

一、三国均已承诺碳中和目标并致力于加快推进能源绿色低碳转型

2020 年 9 月，习近平主席向世界庄严宣布了我国 2030 年前实现碳达峰、2060 年前实现碳中和的宏伟目标，之后，日本和韩国也相继宣布了各自的碳中和目标，日韩两国均瞄准 2050 年实现碳中和。围绕各自的碳排放目标承诺，中日韩三国积极制定战略路线图或行动方案。中国方面，制定碳达峰、碳中和"1+N"政策体系，在《中共中央 国务院关于完整准确全面贯彻新发展理念做好碳达峰碳中和工作的意见》中明确，从推进经济社会发展全面绿色转型、深度调整产业结构、加快构建清洁低碳安全高效能源体系、加快推进低碳交通运输体系建设、提升城乡建设绿色低碳发展质量、加强绿色低碳重大科技攻关和推广应用、持续巩固提升碳汇能力、提高对外开放绿色低碳发展水平等方面统筹推进，国务院发布的《2030 年前碳达峰行动方案》中明确，重点实施能源绿色低碳转型行动、节能降碳增效行动、工业领域碳达峰行动、城乡建设碳达峰行动、交通运输绿色低碳行动、循环经济助力降碳行动、绿色低碳科技创新行动、碳汇能力巩固提升行动、绿色低碳全民行动、各地区梯次有序碳达峰行动等"碳达峰十大行动"。

日本方面，2020 年 12 月，日本经济产业省发布了《绿色增长战略》，瞄准 2050 年实现碳中和，构建"零碳社会"目标，制定了 14 个产业的绿色发展路线图，并明确强调加强国际合作，助力绿色发展。之后，日本经济产业省宣布将之前发布的《绿色增长战略》更新为《2050 碳中和绿色增长战略》（简称"新版战略"）。新版战略主要将 2020 年版中的海上风电产业扩展为海上风电、太阳能、地热产业，将氨燃料产业和氢能产业合并，并新增了新一

代热能产业。新版战略还指出，日本将大力加快能源和工业部门的结构转型，通过调整预算、税收优惠、建立金融体系、进行监管改革、制定标准以及参与国际合作等措施助力实现碳中和。

韩国方面，据直接对韩国总统负责的"2050碳中和委员会"发布的《韩国2050年碳中和实施方案（草案）》，韩国推出"碳中和3+1战略"。其中，"3+1"指的是经济结构低碳化、构建新兴低碳产业生态圈、建成公平公正的低碳社会三大举措，外加强化碳中和的制度基础。

综上，鉴于中日韩三国都已承诺了各自的碳中和目标，实现碳中和是一场深刻的系统性革命，需要能源转型提供强大支撑，同时也需要寻求高水平的能源国际合作提供助力，这也为三国相向而行深化能源合作迎来历史性新机遇。

二、三国共同面临加速高碳化石能源减量替代的现实诉求

能源领域是全球碳排放的绝对主体，能源领域不转型脱碳，全球应对气候变化就难以根本改观。以最大的碳排放源能源领域为例，据BP能源统计年鉴数据，2022年日本、韩国能源领域碳排放量分别占全球能源领域碳排放总量的3.1%和1.7%，而中国这一占比则高达30.7%，虽然日本和韩国绝对碳排放量远低于中国（见图4-2），但受制于高碳化石能源结构，日本和韩国实现碳中和的难度同样不小。从一次能源消费结构看（见表4-1），中日韩三国化石能源在一次能源消费中的占比均超过80%，所不同的是，中国一次能源消费中以煤炭为主，日本和韩国则以油气为主。此外，在一次能源消费结构中，中国的水电和非水可再生能源占比高，而韩国的可再生能源占比不足5%，在中日韩三国中指标占比最低。综合来看，碳中和背景下中日韩共同面临高碳化石能源减量替代、大力推进非化石能源尤其是可再生能源发展的现实诉求，能源转型的共性需求牵引，为中日韩加强能源合作、推进"零碳革命"合作迎来契机。

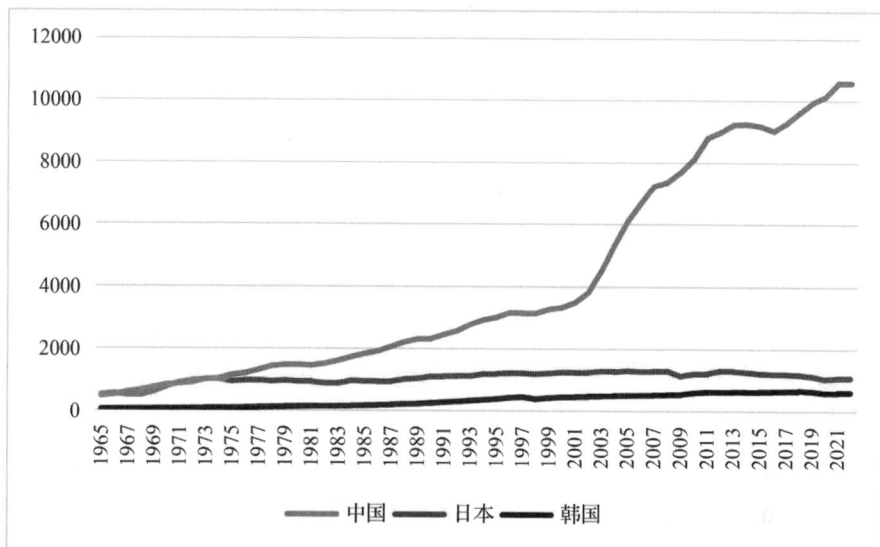

图 4-2 1965—2022 年中日韩能源领域二氧化碳排放情况（百万吨）

数据来源：BP 能源统计年鉴（2023）。

表 4-1 2022 年中日韩一次能源消费结构 （单位：%）

	石油	天然气	煤炭	核能	水电	其他可再生能源
中国	17.7	8.5	55.5	2.4	7.7	8.3
日本	37.1	20.3	27.6	2.6	3.9	8.6
韩国	43.0	17.5	22．6	12.5	0.2	4.1

数据来源：基于 BP 能源统计年鉴（2023）计算。

三、三国均战略性高度重视和发展氢能

目前，中国、日本和韩国均已制定了国家层面的氢能战略，从战略层面高度重视和推动氢能产业发展。其中，日本以《氢能基本战略》和《2050 碳中和绿色战略》为引领，瞄准构建"氢社会"。日本于 2017 年底发布《氢能基本战略》，提出率先在全球实现"氢社会"目标，提出到 2030 年依托国内可再生能源制氢技术，构建国际氢能供应链，长期目标是利用碳捕获（CCS）

技术实现平价化石燃料（如褐煤）的脱碳制氢和可再生能源制氢结合，氢能成为日本实现碳减排目标的重要途径。此外，在《2050 碳中和绿色增长战略》中，日本再次明确了氢能发展目标和具体路线图。2023 年 6 月，日本政府又对其 2017 年制定的《氢基本战略》进行了修订，大幅提高了中长期发展目标，并明确今后 15 年间，日本政府和民间将合计投资 15 万亿日元（约合1076.7 亿美元），推进完善氢能供应链。韩国方面，制定了国家氢能战略，打造氢能经济。韩国政府于 2019 年发布《氢能经济发展路线图》，从制氢、氢气存储和运输、氢动力汽车和船舶制造、氢能发电等维度联合发力，通过发展氢能经济减少温室气体和细颗粒物排放，帮助实现能源多元化，把韩国打造成世界最高水平的氢能经济领先国家。我国于 2022 年 3 月发布了《氢能产业发展中长期规划（2021—2035 年）》，明确了氢能的战略定位和目标，从战略上将氢能定位为未来国家能源体系的重要组成部分，氢能是用能终端实现绿色低碳转型的重要载体，氢能产业是战略性新兴产业和未来产业重点发展方向，同时氢能中长期规划了不同时间节点的发展目标，这无疑将有助于驱动我国氢能产业持续快速健康发展。总体上，在碳中和背景下，中日韩三国战略性高度重视和发展氢能产业，这为三国在氢能领域加强互补性合作创造了新契机。

第三节　中日韩深入开展"零碳革命"合作面临的挑战

一、如何有效淡化竞争色彩的挑战

不同于化石能源时代的"资源为王"，面向碳中和的"零碳革命"，各国围绕碳中和展开的竞合根本上是各国科技实力的比拼，拥有强大科技实力和绿色发展能力的国家才能在竞争中赢得先机，并因此重塑国家综合竞争优势。对中日韩而言，虽然实现碳中和具有共性挑战，但中日韩三国实现碳中和目标的难度不同，在推进碳中和"零碳革命"过程中，各自绿色创新基础和条件也不同，在选择合作伙伴的战略取向抑或不同。因此，在推进前沿创新方面的合作中，或夹杂着顾虑因素。特别是，碳中和驱动的能源革命与之前的以煤炭、油气为代表的能源革命不同，新的能源革命不仅是能源技术革命，同时也是与信息技术、智能技术深度耦合的综合性革命。通过以新一代信息技术、人工智能等为代表的科技创新来改进能源技术，与能源融合渗透发展，推动能源数字化、智能化和提升能源效率，是本次能源革命的突出特点。也就意味着，本次能源革命的渗透性更强、颠覆性更大、影响更深远。此背景下，中日韩在能源产业链、供应链、价值链、创新链高端环节的深度合作或受到竞争因素的掣肘，如何有效淡化竞争色彩，是新形势下中日韩深化能源合作面临的潜在挑战。

二、如何深入巩固和创新合作机制的挑战

务实有效的合作机制是推进、巩固和深化双多边合作的砝码。只有建立切实有效的合作机制，才能保障合作的稳定和持久。长期以来，中日韩之间在双边层面的经贸合作往来紧密，但在三方多边层面，特别是在一些竞争性较强的领域，因缺乏务实有效的合作机制或合作平台支撑，致使合作层次与合作水平受到影响。面向碳中和新形势，虽然中日韩在绿色低碳领域具有广阔的合作空间，但并不意味着就能转化为现实的合作，关键是要通过合作机制与合作平台建设，才能有助于深化合作，进而实现互利共赢。值得一提的是，过去就"东北亚超级电网"、共同消除石油市场"亚洲溢价"等问题，中日韩不同层面不乏讨论和呼吁合作，但始终停留在"只议未作"状态，某种程度也与未能探索和形成务实有效的合作机制不无关系。此外，中日韩 FTA 谈判已启动近十年，但目前还未能达成共识和谈判完成，一定程度上也影响了中日韩三国经贸投资层面的深入合作。考虑到合作机制建设不可能一蹴而就，需要各方相向而行才能促成。面向碳中和新形势，深入推进中日韩能源合作，需要着力加快推动补上合作机制不足的"短板"，唯此才能避免类似过去在一些潜在重大合作方面陷入"只议未作"和"雷声大雨点小"的困局。

三、如何持续增进政治互信去除外部干扰的挑战

中日韩深入推进面向碳中和的能源合作，共同推进"零碳革命"合作，需要破解互信赤字、情感隔阂等合作瓶颈或难题。过去，中日韩多边能源合作潜力远没有充分挖掘出来，或许与政治互信和外部环境干扰有关。譬如，长期以来中日韩是亚太地区原油主要进口国，本可以"抱团取暖"建立互利共赢的合作机制，共同争取更合理的价格，保障更稳定、更优惠的原油供应，但现实是三国各行其道，导致中日韩不得不被动接受国际石油市场上的"亚洲溢价"。另外，碳中和驱动全球能源转型将重塑能源地缘政治格局，此背景下中日韩深入推进能源合作，恐将面临新的地缘政治因素滋扰。再者，中日韩三国之间存在一些敏感的历史遗留问题，若不能妥善有效解决，时不时地反复恐成为政治互信的掣肘。因此，如何持续增进政治互信和去除域外因素干扰，将是碳中和背景下中日韩深入推进能源合作的一大挑战。

第四节　中日韩开展"零碳革命"合作的现实路径

一、大力推进新能源和可再生能源合作

发展新能源和可再生能源是实现能源转型的重要支撑，也是实现能源领域碳中和以及助力各产业领域深度脱碳的关键。面向碳中和，中日韩大力推进新能源和可再生能源领域的合作具有现实可行性，在风能、太阳能、潮汐能、生物质能、氢能等领域具有广阔的合作空间。当前，我国可再生能源全产业链优势明显，未来将进一步致力于巩固和拓展形成新的更大优势。日本方面，虽然拥有先进的可再生能源技术，但受制于国土面积小、人口密度高、投资成本昂贵等诸多因素，对外寻求合作将是日本实现可再生能源大规模快速发展的现实选择。事实上，日本在《2050碳中和绿色增长战略》中

已明确强调，将以海上风电等为重点，并加强国际合作，推进新型浮动式海上风电技术研发，参与国际标准的制定工作，通过创造具有发展潜力的国内市场来吸引国内外投资，在日本形成具有竞争力且相对可靠的供应链。此外，中日韩在氢能发展方面各具优势，具有互利合作的条件。日本布局氢能较早，技术研发实力强，在部分氢能关键技术领域拥有强大的研发团队，且在氢能应用方面积累了较丰富的实践经验。韩国方面，将大力发展工业副产氢、高效电解水制氢，以及开展氢气国际贸易。目前，中国已经是世界上最大的产氢国，未来随着可再生能源制氢、储氢和用氢成本逐渐降低，以及化石能源制氢 +CCS 的综合应用，我国无论是氢能供应，还是氢能应用都将具有广阔的市场空间。除了氢能技术领域的合作外，中日韩在氢能贸易等方面也具有广阔的合作空间。

二、协同推进绿色低碳能源技术创新和国际标准制定

绿色低碳技术和能源科技创新是实现绿色发展和碳中和的战略支撑，是经济社会低碳跨越发展的重要保障。面向碳中和，中日韩在推进绿色低碳能源技术创新领域合作潜力大，中日韩三国可重点协同推进能效提升、新能源、新能源材料、储能、氢能、小型堆、CCS、CCUS、负排放或脱碳等关键共性技术、前沿革命性技术方面的创新合作，推进零碳工业流程再造、零碳建筑、零碳交通运输工具、新能源大规模友好并网技术、先进生物液体燃料等技术创新方面的合作。考虑到航运领域深度脱碳和零碳能源替代难度大，中日韩可重点推进绿色船舶领域的技术创新合作，围绕氢燃料船、氨燃料船、CO_2 捕集船、超高效 LNG 燃料船，推进零排放船舶技术在散货船、集装箱船、油船、客船、滚装客船中的示范应用。再者，可将能源数字化领域的合作打造成中日韩能源合作新增长点，发挥我国在数字领域的优势，推动中日韩在信息技术与能源结合方面的深入合作。此外，在协同推进绿色低碳技术创新基础上，中日韩共同参与绿色低碳国际标准的制定，加强绿色低碳领域标准化方面的合作，包括相互认证、标准统一制定等。中日韩三国相关领

域的企业、专家可在国际标准化组织（ISO）、国际电工委员会（IEC）等权威的标准化机构每年召开的专家会上加强交流探讨与合作，共同推进相关标准的制定。

三、深入开展节能环保以及绿色低碳产业链供应链合作

节能被誉为"第一能源"，节能和能效提升只有进行时，没有完成时。日本和韩国在节能环保和提高能效领域拥有先进的技术、管理经验和人才队伍，尤其是日本在节能领域已经积累了丰富的技术和经验优势，日本也是发达国家中单位 GDP 能源消耗率最低的国家之一。中国在节能和能效提升领域具有广阔的市场空间，中日韩三国在节能和能效提升方面的合作具有较强的互补性。事实上，能效和能源消费侧的合作也是中日韩，特别是中日两国之间的传统合作领域，在推进能源转型和实现碳中和目标驱动下，中日韩在建筑、交通、工业领域用能方面具有广阔的合作潜力。其中，建筑领域，可重点推进零能耗建筑/零排放建筑的技术集成与示范、清洁供暖等方面的合作；交通领域，推进氢能货车、电动汽车、生物航油产业链供应链合作；工业领域，推进零碳钢铁、零碳水泥等零碳工艺和技术服务方面的合作，推进绿色制造、智能制造、先进制造等方面的产业链供应链合作，从而提高能源效率和降低能源消耗。

四、稳妥推进电网基础设施互联互通合作

实现碳中和目标，电力系统将是整个能源系统的核心，构建以新能源和可再生能源为核心的新型电力系统更是关键。碳中和背景下，中日韩可重点在智能电网、能源互联网、储能等方面深入开展合作。电网联通方面，可战略上分步骤有序推进东北亚超级电网互联。发挥区域内资源互补优势，推动中日韩区域电网互联，将可以提高整个东北亚区域电力系统的供需消纳能力。双边层面，中韩海底电网联通具有较强的可行性。多边层面，蒙古国、俄罗斯远东电力资源具有巨大的供应潜力，而日本、韩国以及我国华北地区

则是主要的区域负荷中心，推进东北亚超级电网互联有现实的需求支撑，有利于推动东北亚区域内清洁电力供需优化配置，实现互利共赢。总体上，无论是双边层面电网互联，还是未来推进多边层面电网联通，电网互联可成为从中、日、韩辐射到整个东北亚能源合作的重要内容。尤其是若未来半岛形势向好，多边电网互联互通将改变整个东北亚电网格局。

五、携手推进区域和全球能源气候治理合作

一是依托既有的东亚峰会、东盟 10+3 能源部长会议、中日韩环境部长会议等平台机制，推进区域能源与气候治理合作，在相关平台机制下推进"零碳革命"相关议题的合作。分阶段制定面向碳中和的《中日韩能源合作行动计划》，推动《中日韩环境合作联合行动计划》展期，充分借鉴以往经验，结合新形势新问题新挑战，挖掘合作资源，充分调动政府、企业、教育与科研机构的积极性，制定新的行动计划。巩固和提升每年一次的"中日环保综合论坛"，在该平台下推进中日双方不同层面的政策沟通、业务洽谈、信息共享、科技创新等方面的深度合作。二是在既有的全球功能性能源治理多边框架机制下推进能源治理合作，共同参与国际能源署（IEA）、国际能源论坛（IEF）、国际能效合作伙伴关系组织（IPEEC）、国际可再生能源署（IRENA）、国际能源宪章组织等功能性能源治理机制改革与合作，积极协调能源治理机制改革进程，携手推动建立面向碳中和的能源与气候治理治理新体系，为区域和全球能源合作创造更多便利化安排。三是中日韩在联合国、二十国集团（G20）、亚太经合组织等综合性多边框架机制下推进能源与气候治理合作，结合碳中和驱动的全球能源转型进程，推进和加强 G20 框架下的全球能源与气候治理顶层设计，推动 G20 框架下面向碳中和与能源转型相关的全球能源治理议程议题设置，将 G20 打造成为全球能源与气候治理的核心机制。携手推进联合国框架下的气候治理国际合作，推动和优化"自下而上"的气候治理机制改革，增强气候治理的约束力和碳减排的透明度，形成与碳中和相适应的全球能源与气候治理新秩序。

第五节　中日韩开展"零碳革命"合作的建议

一、巩固和创新双多边合作机制与合作方式

一是在既有合作平台机制下深化合作，重点在中日韩、东盟 10+3、RCEP 等框架机制下推进能源领域的合作，加快推进中日韩 FTA 谈判，提升多边层面的贸易与投资自由化、便利化水平。二是探索建立面向碳中和的区域性能源合作组织，设立常态化的能源工作组，建立一个公正透明的协调机制、能源转型政策沟通协调机制，形成定期举行中日韩能源部长会议、领导人会议的固化合作机制，为增强影响力，时机成熟时可扩大到整个东北亚地区，探索推动制定具有约束的《东北亚能源共同体宪章》，为深化多边能源合作提供制度性保障。三是推进面向第三方、第四方的合作。按照"政府引导、企业主体、市场运作、国际惯例"的原则，在政府层面，加强政策对接，搭建合作平台，推动中日韩企业在绿色低碳能源领域深入务实合作，推动双边之间面向第三方市场的合作深入，探索推动三国联合开展面向第四方的市场合作，为中日韩绿色低碳能源产品、技术、服务与第四国的发展需求高效对接搭建桥梁。依托能源领域的合作，打造"中日韩 +X"合作新模式、新样板，"X"可以是蒙古国、俄罗斯、中亚地区经济体等，也可以是全球范围内的其他经济体。

二、多维度多渠道增进交流与合作

从政府层面、工商企业层面、智库和学术层面"三轨"深化中日韩能源、应对气候变化和低碳等领域的多维合作。"三轨"即：一是加强能源与应对气候变化主管部门间的对话合作，用好现有合作机制，推进碳中和"零碳革命"能源合作战略对话作为中日韩领导人会议、中日韩环境部长会议的重

点议题，强化政府间的合作，打造中日韩绿色伙伴关系。二是加强中日韩能源领域工商领袖和前高官对话与合作，充分发挥二轨的桥梁纽带作用，增信释疑增进中日韩面向碳中和在能源与应对气候变化领域的务实合作。三是加强中日韩能源和绿色低碳领域智库、高校、学术机构间的交流与合作，继续推进中国国家发展改革委员会能源研究所、日本能源经济研究所、韩国能源经济研究院每年一次的常态化研讨交流与合作。建议我国智库牵头，创设常态化的"中日韩碳中和高层论坛"，并在中日韩三国轮流举办。

三、加强绿色金融和知识产权保护合作

随着国际社会对气候变化和生态环境问题的讨论越来越深入，金融在支持绿色发展中的资源配置、风险管理、市场定价等功能日益受到重视。中日韩联合推动形成更广范围的绿色金融国际共识，推动绿色金融的理念、政策、标准和良好实践的交流共享。推动完善绿色金融国际合作平台，探索联合成立绿色能源投资基金，加强绿色金融领域的投融资合作，为推动绿色低碳能源合作提供助力。同时，注重加强知识产权保护方面的合作，继续强化中日韩知识产权局长会议的机制化延伸，通过知识产权保护合作，助力中日韩深入推进包括能源绿色低碳技术创新等领域的高水平合作。

第五章

稳步推动中日韩自由贸易协定谈判进程

《中华人民共和国国民经济和社会发展第十四个五年规划和 2035 年远景目标纲要》明确提出"加快中日韩自由贸易协定谈判进程，稳步推进亚太自贸区建设"的目标。2021 年，国务院政府工作报告也提到："要深化多双边和区域经济合作，加快中日韩自贸协定谈判进程。"《中日韩自由贸易协定》（FTA）的签署不仅有利于东北亚经济圈在《区域全面经济伙伴关系协定》（RCEP）基础上进一步提升全球竞争力，还能对东亚经济一体化发挥引领作用。但现实情况是，中日韩 FTA 谈判推进相当迟缓，至今尚未出现实质性进展。更需引起重视的是，谈判的焦点已从危机时期对市场的争夺转为现在对规则的争夺。以下从规则的角度剖析推动中日韩 FTA 谈判尽快达成的思路及建议。

第一节　中日韩 FTA 谈判规则方面进展回顾

2002 年 11 月中日韩三国领导人峰会上首次提出建设中日韩 FTA 的设想，经过近 11 年的酝酿，于 2013 年 3 月展开首轮中日韩 FTA 谈判，截至 2019 年 12 月底共完成 16 轮谈判、20 余次部长级会议。其中，货物贸易、服务贸易、投资议题、自然人移动、知识产权等规则议题取得诸多积极进展。2020 年，受疫情影响，中日韩 FTA 谈判暂缓推进。2020 年 6 月，在东盟与中日韩

（10+3）召开的抗击新冠疫情经贸部长特别会议上，中日韩三国部长重申要在 RCEP 已取得共识的基础上，进一步打造基于"RCEP+"的高水平的中日韩 FTA。历次中日韩 FTA 谈判规则方面主要议题见表 5-1。

表 5-1　历次中日韩 FTA 谈判规则方面主要议题

轮次	时间、地点	主要规则议题
第一轮	2013/3/26—3/28 韩国首尔	商品、服务、投资、技术性贸易壁垒、知识产权和环境等规则
第二轮	2013/7/30—8/2 中国上海	货物贸易、服务贸易、原产地、海关程序和便利化、贸易救济、技术性贸易壁垒、卫生及植物检疫、竞争政策、知识产权、电子商务等规则
第三轮	2013/11/26—11/29 日本东京	商品贸易、服务贸易、投资、竞争、知识产权等规则
第四轮	2014/3/4—3/7 韩国首尔	撤销关税的税目选择、商品、服务、投资、竞争和知识产权、环境、政府采购、电子商务以及食品等规则
第五轮	2014/9/1—9/5 中国北京	货物贸易、服务贸易、投资、知识产权和卫生检疫等 18 个领域规则
第六轮	2014/11/24—11/28（工作会谈）2015/1/16—1/17（首席代表谈判）日本东京	商品特许协商方针、服务和投资自由化等规则
第七轮	2015/4/13—4/17（工作会谈）2015/5/12—5/13（首席代表谈判）韩国首尔	货物、服务、投资、原产地、知识产权和电子商务等规则
第八轮	2015/7/20—7/24（工作会谈）2015/9/23—9/24（首席代表谈判）中国北京	知识产权、货物贸易、服务贸易、法律条款、贸易救济、技术贸易壁垒、电子商务、海关程序、金融服务、投资等规则
第九轮	2015/12/14—12/18（工作会谈）日本箱根 2016/1/18—1/19（首席代表谈判）日本东京	货物贸易关税减让的谈判方针和服务投资自由化方式等 20 个领域规则

续表

轮次	时间地点	主要规则议题
第十轮	2016/4/5—4/7 （工作会谈） 2015/6/26—6/28 （首席代表谈判） 韩国首尔	讨论谈判基本方针、服务投资自由化方式等核心议题，围绕原产地、通关、卫生与植物卫生措施等20多个领域规则
第十一轮	2017/1/9—1/11 中国北京	货物贸易关税、货物贸易基本方针、原产地、服务贸易自由化方式等规则
第十二轮	2017/4/13 日本东京	如何推动货物贸易、服务贸易、投资等重要议题规则取得更大进展，其中涉及电信、金融服务、自然人移动、竞争政策、知识产权、电子商务等方面
第十三轮	2018/3/23 韩国首尔	就如何推动货物贸易、服务贸易及投资等重要议题规则领域交换意见，举行服务贸易、电信、金融服务等工作组会议
第十四轮	2018/12/7 中国北京	探讨进一步提高贸易投资自由化水平的规则
第十五轮	2019/4/12 日本东京	就货物贸易、服务贸易、投资等议题规则展开实质性磋商
第十六轮	2019/11/28—11/29 韩国首尔	以RCEP更高水平的贸易自由化为目标，全面讨论货物和服务市场开放、投资、原产地、通关、竞争、电子商务等方面规则问题

资料来源：根据商务部网站和人民网新闻整理。

一、中日韩FTA谈判规则重点

货物贸易。主要包括：（1）削减农林水产品和工矿业产品关税。在充分考虑三国敏感产品的基础上，削减关税和非关税壁垒，扩大市场准入。（2）与货物贸易相关的问题。制定中日韩FTA贸易规则，包括原产地规则、关税手续、贸易便利化、贸易救济措施等。

服务贸易。主要包括：（1）制定高水平的服务贸易规则，推进服务贸易自由化；（2）扩大服务业开放领域，消除服务贸易壁垒，促进三国间服务贸易的发展。

投资议题。在中日韩投资保护协定的基础上，制定三国间的投资规制，采取切实有效的措施，进一步消除对外资的投资限制，使中日韩 FTA 成为促进区域内投资的有效手段。

电子商务。主要为促进缔约方之间的电子商务，以及全球范围内电子商务的广泛使用，致力于为电子商务使用创造一个公平可信的环境，加强三国在电子商务领域的合作。主要包括贸易便利化、透明度、监管及争端解决等方面规则设置。

竞争政策。主要包括技术合作和能力建设、消费者保护、信息保密等方面规则设置。

知识产权保护。主要包括著作权、商标、地理标志、专利、工业设计以及遗传资源等相关议题。

二、中日韩 FTA 谈判规则难点

货物贸易。第一，三国在货物贸易关税撤销减免存在分歧。日本相比中韩希望有更高的自由化率，韩国主张的自由化率基于中日之间，中国主张的自由化率最低，但同意经过几年过渡期后，自由化率再提升。第二，农产品市场准入成为谈判"拦路虎"。日韩担心农产品进口会冲击国内农业发展，在外贸政策中对农业一贯采取特殊保护，而这有损我国农业出口商的正当利益，所以三国围绕农产品关税比例和特殊保障措施等存在较大分歧。

服务贸易。三国对于服务贸易市场开放程度和进展方面存在分歧。我国希望服务市场开放有一个渐进过程，而日韩则期待中国加大服务贸易开放的力度和速度，特别在金融领域，希望开展深层次的合作。但由于涉及法律、会计核算、税收等全方位制度安排尚不完善，三国在服务贸易领域合作仍停留在较浅层面。

第二节　RCEP 规则对中日韩 FTA 高标准规则建设的借鉴

《区域全面经济伙伴关系协定》（RCEP）于 2020 年 11 月 15 日正式签署，覆盖全球约 30% 的人口总量、经济体量和贸易总额，是目前全球规模最大的自由贸易区。其协定文本由序言、20 个章节、4 类市场准入承诺表附件组成。RCEP 的签署表明中日韩在 RCEP 框架下已达成自由贸易协定，对中日韩 FTA 谈判达成有较大推动作用。

一、RCEP 重点规则简介

货物贸易。主要包括货物市场准入、原产地规则和原产地实施程序、关税减让、非关税措施、货物临时准入、农业出口补贴等方面，旨在便利成员国之间的货物贸易，提升货物贸易自由化和便利度。

服务贸易。基本规则和整体原则与世贸组织框架下的 GATS（General Agreement on Trade in Services）规定一致，以各成员在 GATS 以及"东盟 10+1"中所作的承诺为基础，进一步推动服务贸易自由化。主要包括最惠国待遇、市场准入承诺表、国民待遇、当地存在、国内法规等方面，还包括金融服务、电信服务、专业服务三项附件。

投资议题。主要包括投资范围界定、国民待遇、最惠国待遇、透明度、投资促进和便利化等方面议题，章节除正文外，还包括习惯国际法、征收两项附件。RCEP 规则从多方面促进了区域性投资，包括简化投资申请及批准流程；设定业绩禁止性要求；对非服务业投资采取负面清单模式，对服务业投资采取立刻采用或承诺在协议六年内采用负面清单模式，大幅降低跨境投资和跨境产业布局的成本。RCEP 还完善了对投资的保护，明确了保护范围，完善了保护措施。

电子商务。主要包含 17 个条款，其中包含四个方面：一是基本规则介绍，包括定义、目标、原则、合作范围的介绍；二是促进电子商务使用和合作，包括线上消费者保护、线上个人信息保护、国内监管框架、网络安全维护等；三是通过电子商务改善贸易管理与进程，包括无纸化贸易、海关关税、电子方式跨境传输信息等；四是通过电子商务对话进行争端解决，包括电子认证和电子签名、透明度、在线消费者保护机制、设立争端解决政策空间等。

竞争政策。RCEP 竞争议题的主要目标是在明确各方须共同遵循的竞争原则基础上，为促进各方加强贸易、信息、技术等的交流合作，规定多种竞争合作形式，促进各方透明、公平、公正地进行贸易合作，合力制止损害多边贸易和投资的垄断行为，营造自由化、便利化的贸易投资环境。

知识产权保护。RCEP 协定在此章节篇幅最长，涵盖内容最多，是我国迄今已签署自贸协定中最全面的知识产权保护内容。除涵盖著作权、商标、地理标志、专利、外观设计等常见知识产权保护内容外，还包括遗传资源、民间文艺、反不正当竞争、技术援助等广泛领域，体现了知识产权的传承、保护、发展的新趋势。并考虑到协定签署成员不同的发展水平和能力差异，设立过渡期安排和技术援助两个附件，体现原则性和灵活性的较好结合。

二、RCEP 规则可借鉴之处

中日韩 FTA 与 RCEP 有天然的联系，中日韩三国同属东亚经济圈，也是东盟主导的区域全面经济伙伴关系协定的重要谈判对象国。RCEP 的签署表明中日韩在 RCEP 框架下达成了自由贸易协定，在货物贸易、服务贸易、电子商务、原产地规则等方面，RCEP 与中日韩 FTA 有诸多重叠和可借鉴之处，RCEP 的签署能有效推动中日韩自贸区加速建立。

货物贸易。RCEP 的货物贸易规则充分体现了"灵活、务实"的原则，根据不同国家国情制定不同关税减让政策，设定不同调整期。这为解决中日韩三国在关税减让方面的分歧提供了解决思路。可以在充分考虑三国产业结构不同而引发基本诉求不同的基础上，制定适合三国的不同的关税减让政策，不同产业设定不同过渡期，最后逐步达到实现货物贸易自由化的目的。

服务贸易。在中日韩FTA谈判中，服务贸易一直是三国关注的焦点，三国在金融、教育、医疗等专业服务领域也一直存在诸多分歧，建议可借鉴RCEP的做法，制定针对这些服务领域规则的专门附件，最大程度地实现三国诉求的最大公约数，加快中日韩FTA协议达成。

电子商务。RCEP的电子商务内容为中日韩FTA电子商务规则的制定也提供了思路，可以结合三国电子商务产业的具体特色，在贸易、物流、生产端、消费端制定更加详尽具体的规则，力促三国电子商务加速发展。

原产地规则。无论双边贸易协定还是区域贸易协定，原产地规则都是核心内容和各方谈判的焦点。RCEP的原产地规则相比其他自贸协定更为灵活，如其"原产地自主声明"制度[1]和"背对背原产地证明"[2]制度，都是RCEP在原产地规则方面的特色。这些特色规则也为中日韩FTA原产地规则的制定提供了很好的借鉴。

第三节　CPTPP规则对中日韩FTA高标准规则建设的借鉴

《全面与进步跨太平洋伙伴关系协定》（CPTPP）源自2016年2月签署的《跨太平洋伙伴关系协定》（TPP）。2017年1月美国退出TPP后，日本主导推动加拿大、澳大利亚、新加坡、文莱、智利、马来西亚、墨西哥、新西兰、秘鲁和越南11个国家修改协定，搁置了包括知识产权在内5%左右的条

---

[1] RCEP的"原产地自主声明"制度将原产地声明制度由官方核准的签发模式逐步转为企业信用担保的普遍适用模式，推动了区域贸易的便利化发展。

[2] "背对背原产地证明"指在不破坏货物原始原产地资格的前提下，由中间缔约方的原产地签证机构或"经核准出口商"签发的原产地证明文件。

款，将 TPP 更名为 CPTPP，于 2018 年 3 月 8 日签署，同年 12 月 30 日生效。CPTPP 在地域分布上横跨太平洋两岸，是目前跨度最大的区域性自贸组织，根据世界银行数据，2020 年，覆盖人口、经济总量和贸易总量分别占全球的 6.9%、13.2% 和 15%。协定文本由序言、30 个章节和附录组成，是高标准的、全面的区域贸易协定，意在引领 21 世纪经贸规则。

一、CPTPP 规则简介

货物贸易。CPTPP 的货物贸易规则与其他贸易协定规则既有相同也有不同。章节设置上虽都包含关税、原产地规则、技术性贸易壁垒、贸易便利化和贸易救济等内容，但从关税减让水平看，CPTPP 各成员在协定生效 10 年后，绝大多数产品要实现零关税；原产地规则标准也较高，还具有较强排他性，如对纺织品和服装采取"从纱开始"的原产地规则；技术性贸易壁垒规则要求缔约国承诺以透明、非歧视的原则拟定技术法规、标准和合格评定程序，便于各成员国的评估机构对合格评定结果进行互认；CPTPP 协定的贸易救济措施与 WTO 规则类似，不同点在于增设了过渡性保障措施。

服务贸易。CPTPP 在服务贸易领域标准很高。首先，就非歧视原则的适用范围来看，CPTPP 直接采取负面清单模式，并同时规定棘轮原则；规定发展中国家与发达国家受同等约束，使非歧视原则覆盖面更广、约束力更强。其次，CPTPP 设立具体章节或条款规范金融服务、商务人员临时入境、电信服务、电子商务等，促进各成员国提高开放程度，为各方的优势服务产业构建更自由的国际市场。

投资议题。CPTPP 中投资章节下设 2 节共 29 款。主体内容由两大部分构成，第一部分规定了关于投资的基本原则和实体内容等核心章节，第二部分规定了 CPTPP 下的投资者——国家争端解决机制。CPTPP 中的投资规则的制定在很大程度上参照了美国 2012 年《双边投资协定范本》，因此，投资章节中关于非歧视待遇的规定采取美国惯常主张的"市场准入前待遇加负面清单"模式，对于凡是未列入负面清单的措施，一律适用准入前非歧视待遇原则，极大地推动了投资自由化。

电子商务。CPTPP 电子商务章继承了《韩国—美国自由贸易协定》电子商务章中的电子传输免关税永久化、数字产品非歧视待遇、在线消费者保护、互联网访问与使用原则等规则,并且首次确立了个人信息保护、跨境数据自由流动、禁止数据本地化、保护源代码等高标准规则。

竞争政策。CPTPP 对反竞争行为并未采取实体性规定,而是侧重通过程序规定对反竞争行为进行规制。在争端解决方面,CPTPP 规定竞争政策章节中的争议不适用一般争端解决机制,产生的争议通过磋商方式解决,偏向于软法规定解决争端。

知识产权保护。CPTPP 中关于知识产权保护的条例具有三个特点:一是保护范围大,允许声音、气味注册商标,还将地理标识作为商标提供保护,并对物品及组成部分给予工业品外观设计保护;二是保护时间长,CPTPP 文本规定版权保护期为 70 年,生物制剂专利保护期为 10 年,比 RCEP 要求的保护期均长;三是处罚严厉,CPTPP 对侵害商业秘密行为、故意在影院偷拍影视作品等行为不考虑损失程度、不考虑是否具有商业规模等条件,一律用刑法处罚。

二、CPTPP 规则可借鉴之处

CPTPP 是美国版自贸协定的扩展和深化,其广度和深度普遍超越现有亚太已签署的自贸协定,规则覆盖领域广,议题与时俱进。不仅包含实体内容还包含程序性规定,协定中约 70% 的议题都是边界内议题,规制的问题已远远超出传统贸易协定涉及的关税减让、海关措施、争端解决等边界议题,旨在重塑全球贸易规则治理体系。

贸易便利化规则。CPTPP 深化扩展成员国海关部门的合作,减少利益冲突,制定具体承诺,防止逃税、走私和其他犯罪行为。尤其在预裁定方面,CPTPP 制定了比较完善的风险管理系统,为中日韩 FTA 该方面的规则制定提供了很好的借鉴。

技术性贸易壁垒规则。CPTPP 的技术性贸易壁垒规则相比其他多边和双边自贸协定更为详尽具体。如：对于"透明度"条款的规定，要求给予贸易合作成员参与技术法规、标准和合格评定程序权力，并享有国民待遇；如果技术法规或合格评定程序对其他成员贸易有重要影响，应及时告知，还以附件形式对七类产品提出技术性壁垒要求，涉及对具体产品的配方权、添加剂等规定，值得中日韩 FTA 相关条款借鉴。

原产地规则。CPTPP 的原产地规则较中韩 FTA 和中澳 FTA 都更加具体详尽，对于区域价值含量测度采用了增值法、扣减法和价格法三种方式，体现了一定的灵活性，值得中日韩 FTA 借鉴。

第四节　推动中日韩 FTA 达成规则方面建议

货物贸易。受 RCEP 和 CPTPP 相应规则的启发，针对中日韩三国在关税减让方面的分歧，建议三国可采取渐进方式，避免一刀切，将撤销关税的最长期调整限定为 20 年。对于各个项目的关税操作也协调为：立即撤销、10 年以内撤销、20 年以内撤销、削减、除外等 5 种类型。若有必要还可进一步细分，如对 20 年以内的情况可再划分为 13 年、17 年等。对于削减的情况，也可进一步制定详细规定，将削减率具体确定为 10%、30%、50% 等，总之，可针对三国不同国情，力图妥善解决三方关税减让方面的分歧。

而对于中日韩三国在实现农产品市场准入方面，建议充分考虑中日韩三国农业的具体发展情况和敏感度，制定相关的关税配额和特殊保障措施，遵守非歧视原则，具体问题具体分析。如：首先，可通过设定"早期收获计划"先行安排三方并无重大分歧和不涉及重大利益的农产品，进行交易；对于大米和小麦等敏感产品，可附加依据实际情况进行调整的灵活条款。其次，关于农产品保障措施的适用，可根据三国谈判对于引发其适用的"数量触发"和"价格触发"标准进行规范。最后，对于特殊保障措施实施的期限也可有所突破，可在实际谈判中有一定的弹性。

服务贸易。建议我国在参与中日韩 FTA 服务贸易条款拟定时，将国家利益需求作为基本的逻辑起点，不盲目对标"高标准"自由贸易协定，根据国家实际情况，渐次向日韩两国扩大服务贸易开放领域。具体而言：第一，进一步放宽日韩投资的养老企护、文化娱乐、金融服务、节能环保等领域的准入限制，可以专门制定相应附件，在外资投资持股比例、承揽业务、试点范围等方面作具体规定。第二，制定规则对服务贸易领域资金、数据、人员的双向流动进行具体规范，扩大服务业生产要素双向开放合作力度。第三，加强服务业合作纠纷解决机制建设，进一步完善仲裁前后财产、证据纠纷等规则，构建三国服务贸易纠纷解决的公共服务体系。

原产地规则。建议中日韩 FTA 原产地规则制定能吸取 RCEP 和 CPTPP 中原产地规则的优点，相比中韩 FTA 的原产地规则条款更加灵活、具体，同时注重与中日韩三国国内法律的衔接。如可规定：如生产商品能适用多种实质性改变标准，货物生产商自由选择适用标准；再有，原产地声明文件不仅可由官方核准签发，也可由有资质的企业进行信用担保；最后，三国间进行贸易可制定条款规定，只需一份原产地证书，三国通认等，这样可以大幅提升缔约方企业经营转口贸易的灵活性和便利度，提高货物贸易的效率。

第六章
美日韩扩大内需的政策举措及对中国的启示

当遭受外部危机时，扩大内需往往成为提振经济的主要政策选项。当经济增长陷入低迷时，无论发达国家还是发展中国家都曾推行过扩大内需的政策措施，只是发达国家宏观调控政策往往聚焦于刺激总需求，促进消费回升；而发展中国家往往聚焦于提高总供给，引导投资扩大。政策举措无非是扩张的财政政策和宽松的货币政策，不同国家不同时期使用的财政或货币政策组合方式不同而已，其目的都是推动供给和需求加快恢复，依靠扩大内需摆脱对外需的依赖，增强国内经济增长的内生性和自主性，依靠注入货币流动性尽快给市场主体纾难解困，快速恢复市场正常秩序。当前，我国坚持扩大内需这一战略基点，利用好积极的财政政策和灵活的货币政策，加快形成强大内需市场，培育完整的内需体系。在此背景下，借鉴美日韩等国家扩大内需的政策举措，将对我国应对外部冲击和构建新发展格局具有重要的启示。

第一节　战后美国扩大内需政策举措

第二次世界大战之后，世界各国努力把扩大总需求作为走出危机、恢复经济和驱动增长的主要动力。当经济陷入萧条困境时，美国都实施扩大内需的政策措施，尤其是扩大居民消费和激发私人投资，以此带动经济复苏正常化。具体来说，第二次世界大战至今，美国经历经济危机时采取了不同的扩大内需政策手段，逐步摆脱危机的困扰，并引导进入新一轮的经济周期。概括讲，我们将美国推行扩大内需政策划分为五个阶段，分别对应战后美国经历的几次经济危机。

一、第二次世界大战后美国对扩大内需政策的调整（1946—1992 年）

美国战时采用了计划型经济体制，包括建立联邦官僚机构管理资源分配，增加公共支出，采取价格管制等，第二次世界大战结束后，由公共支出支撑的国防开支需求缩减，美国采取放松管制，制定扩大居民消费和私人投资的政策举措。1946 年底，美国政府取消了价格控制和集中分配资源的做法，同时也削减政府开支和降低税赋，以提振居民消费和私人投资。这一阶段经济现象表明，高度管制的经济体有可能减少政府开支（包括购买军火和雇佣士兵），但不会进一步抑制消费支出和私人投资支出，使经济陷入萧条。[1] 由于放松了价格管制等因素，1944 年至 1947 年期间，实际消费增长了 22%，耐用品的支出按实际价值计算增加了一倍多。私人投资总额按实际价值计算增加了 223%，其中住宅支出的实际增长高达 6 倍。战后美国 GDP 确实有所下降，失业率依然保持高位，但是问题出现在核算过程，并不代表私人经济停滞和经济困难。美国经济学家罗伯特·希格斯（Robert Higgs）指出："战争期间，把 1200 万男人赶进军队并吸引数百万男人和女人在军工厂工作并不是什么奇迹。真正的奇迹是在短短两年内将总劳动力的三分之一重新分配为私人消费者和投资者服务。"

按照凯恩斯主义的观点，财政刺激是促进国内经济活动的最有效手段，但美国这种刺激措施将随着战争的结束而减少。由于战时公共开支大幅增加，美国出现巨大财政赤字，货币政策不得不依附于财政政策要求，基础货

---

①Cecil Bohanon. Economic Recovery：Lessons from the Post-World War II Period, September 10, 2012. https://www.mercatus.org/publications/economic-history/economic-recovery-lessons-post-world-war-ii-period.

币和货币供应量也大幅扩张，造成通货膨胀率大幅上升。当时，美联储根据财政部的要求，不能放弃政府债券支持计划，不能通过公开市场操作或贴现窗口控制基础货币增长，在支持政府债券价格计划的限制下，美联储只能使用其他工具遏制通货膨胀。美联储对消费信贷也进行了直接控制，对通过分期付款贷款提供的消费信贷实行最低首付和最高期限，增加了商业银行准备金要求。但是美联储的这种操作并不奏效，这个阶段限制信贷增长和银行负债扩张的措施对货币供应量和价格水平趋势的影响很小。于是，1951年美联储和财政部通过《财政部—美联储协议》确定美联储政策独立于财政部，货币政策重新成为影响总需求和价格的重要政策工具。[1]

二、20世纪90年代经济繁荣时期内需政策（1993—2000年）

20世纪90年代克林顿任美国总统期间，美国经济经历超长的繁荣期。克林顿政府主要采取了合理的财政政策和货币政策，极大地支持了美国经济的强劲表现。在克林顿第二个任期内美国经济平均增长为4.5%，失业率下降至4%。此轮较长时期繁荣主要是居民消费和私人投资带动的，同时也带动生产率的显著提升。克林顿时期有三项关键的财政政策，即1990年的预算协议、1993年的预算协议和1998—2000年为减少债务而保留新兴的统一预算盈余。1993年，美国的财政预算采取对高收入群体增税的举措，同时还采取大幅扩大低收入者个人所得税减免、启蒙教育补贴等措施。值得说明的是，这一时期财政政策施策重点转向公共投资。转变原因是，财政政策通常被认为是以短期成本换取长期利益，但往往不具政治上的吸引力。[2]财政预算方案受到了政党利益的限制，长期财政赤字和宽松货币政策短期作用是为低收入群体带来好处，而高收入群体却不希望增税扩支。受经济保持强劲、失业率持续下

①Daniel Sanches. The Second World War and Its Aftermath. November 22, 2013. https : //www. federalreservehistory.org/essays/wwii-and-its-aftermath.

②https : //www.brookings.edu/research/retrospective-on-american-economic-policy-in-the-1990s/.

降等利好，低收入家庭工作时间和收入迅速增长，财政赤字逐步消除并转化为财政盈余，而美联储在实施宽松货币政策时保持了足够的独立性，因而能有效保持较低而稳定的通货膨胀，从而为经济持续繁荣营造良好环境。[1]

三、互联网泡沫危机后美国扩大内需政策（2000—2007 年）

2000 年以后，美国经济长时期扩张遭遇"9·11"事件和互联网泡沫破裂危机。2001 年，布什政府推出了税收改革，实施对高收入者的减税计划。如2001 年 6 月布什总统签署《经济增长和税收调节救济法》（EGTRRA），降低了所得税等级，对遗产税设置了新的限制，允许向个人退休账户（IRA）提供更多的捐款，并建立了新的雇主赞助的退休计划。[2]2003 年 5 月 23 日，美国国会通过《就业与增长税收减免协调法案》（JGTRRA），实施了至少 3500 亿美元的减税计划，延长 2001 年到期的一些减税措施，并扩大其他减税措施，包括把公司股息最高个人所得税率降低到 15%，不再将资本收益作为常规收入，而是作为长期资本收益。[3] 在联邦预算赤字增加的情况下，美国通过减少投资者对股息和资本收益的纳税额，鼓励上市公司支付投资者股息等政策举措，有效刺激国内居民消费和私人投资，有效推动经济复苏发展。

2001 年和 2003 年减税政策包括三个部分。一些减税政策针对美国的"中产阶级"，如把以前征收 15% 的所得税税率设立了 10% 的最低所得税率；增加儿童税收抵免，从每个孩子 500 美元增加到 1000 美元，并使许多低收入的工作家庭有资格获得该抵免。[4] 大多数减税措施都使最富有的美国人受益。股

[1]Josh Bivens. Look to the 1990s, not the 1970s, for the right lessons to guide today's monetary policy. August 23, 2016. https：//www.epi.org/blog/look-to-the-1990s-not-the-1970s-for-the-right-lessons-to-guide-todays-monetary-policy/.

[2]Economic Growth and Tax Relief Reconciliation Act of 2001, 107th Congress（2001—2002）.

[3]2003 Jobs and Growth Tax Relief Reconciliation Act. https：//bancroft.berkeley.edu/ROHO/projects/debt/jobsandgrowthtaxact.html.

[4]Emily Horton. The Legacy of the 2001 and 2003 "Bush" Tax Cuts. October 23, 2017, https：//www.cbpp.org/research/federal-tax/the-legacy-of-the-2001-and-2003-bush-tax-cuts.

息和资本收益税被大幅降低，降低了个人最高边际税率（对超过门槛的每一美元收入征收的税），也降低了所有收入超过这些门槛纳税人的平均税率（总税负占总收入的比例），最高等级税率比2001年税收立法最初设定的更快降低；逐步取消了遗产税（于2010年完全废除），一些高收入已婚夫妇也从"婚姻惩罚减免"条款中受益。然而，减税，尤其是针对高收入家庭的减税，并没有改善经济增长或为自己买单，反而使赤字和债务膨胀，并导致了收入不平等的加剧。

四、国际金融危机后美国扩大内需政策（2008—2019年）

2007年美国发生次贷危机及国际金融危机后，2008年10月布什总统签署《紧急经济稳定法案》，设立了问题资产救助计划（TARP），授权美国财政部花费高达7000亿美元，从机构投资者手中购买"问题资产"。[1][2] 随着金融危机和经济衰退的加深，美联储应对危机采取了一些非传统途径。一是将联邦基金利率从2007年9月的5.25%降至2008年12月的0—0.25%的范围。二是利用其政策声明为联邦基金利率提供前瞻性指导（forward guidance），其措施提到将利率保持在超低水平并延长一段时间。这种措施通过降低利率的期限结构，增加通货膨胀预期并提供货币刺激。三是实施信贷宽松计划，旨在促进信贷流动和降低信贷成本。四是大规模的资产购买（LSAP）计划。[3][4] 随着联邦基金利率接近0，资产购买的实施有助于推低公共和私人长期借款利率。

2009年2月，美国奥巴马政府颁布了财政刺激计划《美国复苏和再投资法》，支持清洁能源的重大投资和税收优惠，扩大助学金推进教育改革，加大创新基础设施投资，提供商业优惠和小企业税收抵免，投资于电子病历以改

①https：//ypfs.som.yale.edu/us-government-crisis-response.

②https：//bancroft.berkeley.edu/ROHO/projects/debt/economicstabilizationact.html.

③https：//www.federalreservehistory.org/essays/great-recession-of-200709.

④https：//www.vox.com/2014/6/20/18079946/fed-vs-crisis.

善医疗保健，以及减税以提高工作和中产阶级家庭的收入。[1][2]2010 年，奥巴马政府推出《税收减免、失业保险重新授权和创造就业法案》，延长劳动所得税抵免（EITC）和儿童税收抵免，获得超过 2100 美元的减税，体现了针对低收入家庭的政策往往具有更大的刺激作用。这些扩大投资和促进消费的举措，创造了数百万的就业机会，有效降低了两位数的就业率，是几十年来失业率降低的最快速度，大幅度提升了经济产出和生产率，有效支持经济中长期增长。

为了延长 2001 年至 2010 年间颁布的大多数到期的主要减税措施，2012 年美国发布《美国纳税人救济法》（ATRA），使 2001 年《经济增长和税收减免协调法》和 2003 年《就业和增长税收减免协调法》中包括的税收减免成为永久性的，同时将 2009 年《美国复苏和再投资法案》中的减税措施延长至 2017 年。该法案是一个削减开支和增加税收的组合，旨在限制国家债务的上升压力，并打算通过随后的扣押程序解决支出削减问题。[3] 在延长减税期的同时，ATRA 提高了许多美国人工资税，并推翻了在乔治·布什政府支持下通过对最高收入者的减税。

加大减税是美国扩大内需的主要政策举措。2017 年，特朗普政府发布了《减税和就业法案》旨在降低商业和公司税率，新的国内投资激励措施，以及对国际利润转移的防范措施，将增加投资，使工人更有生产力，并最终提高产出和工资。TCJA 降低了新投资的边际有效税率，并减少了不同资产类型、融资方式和组织形式的边际有效税率的差异。该税收法案对于整体投资增长的影响力较弱。设备、结构和知识产权等资产类型的投资增长与法律规定的 METR 变化没有关联。[4] 税率削减幅度最大的资本类型，其投资增幅也最小。另外，只有少数企业进行了 TCJA 引发的投资。2018 年到 2019 年的就业和工

---

[1]https : //obamawhitehouse.archives.gov/the-press-office/2016/02/25/fact-sheet-seven-years-ago-american-recovery-and-reinvestment-act-helped.

[2]https : //www.congress.gov/bill/111th-congress/house-bill/1/text.

[3]https : //www.congress.gov/bill/112th-congress/house-bill/8/text.

[4]https : //www.brookings.edu/research/searching-for-supply-side-effects-of-the-tax-cuts-and-jobs-act/.

资增长放缓。(专栏 6-1、专栏 6-2)

专栏 6-1　《税收减免、失业保险重新授权和创造就业法案》主要政策

失业保险　确保将失业保险再延长 13 个月,为美国家庭提供了经济保障。

劳动所得税抵免　劳动所得税抵免(EITC)补充了低收入工人的工资,特别是有工作的母亲,比其他任何单一项目或项目类别都能使更多的儿童脱离贫困。扩大了 EITC,以减少婚姻惩罚,大约 600 万妇女将获得扩大的 EITC 税收抵免,大约 100 万个以单身母亲为户主的家庭将获得扩大的 EITC 税收抵免。为有 3 个或更多孩子的家庭设立了 EITC 的"第三层",更大的家庭现在比他们在旧制度下获得的收入多出 1040 美元。

儿童税收优惠　允许低收入和中产家庭为其每个符合条件的 17 岁以下的孩子减少一定数额的联邦所得税。

资料来源:https : //obamawhitehouse.archives.gov/the-press-office/2010/12/10/tax-relief-unemployment-insurance-reauthorization-and-job-creation-act-2 ; https : //www.congress.gov/bill/111th-congress/house-bill/4853.

专栏 6-2　《美国纳税人救济法》和《减税和就业法案》主要政策

《美国纳税人救济法》(2012)

● 保持了基本的边际税率结构,即应税收入低于 40 万美元(已婚联合申报的纳税人为 45 万美元)的,边际税率为 10%、15%、25%、28%、33% 和 35%;2013 年后,这些门槛与通货膨胀挂钩。应税收入高于该阈值的纳税人面临 39.6% 的边际税率。

● 对逐项扣除的限制(Pease)和个人免税额的淘汰(PEP)只适用于调整后总收入为 25 万美元或以上的纳税人(已婚联合申报的纳税人为 30 万美元);这些门槛在 2013 年后按通货膨胀率计算。

● 儿童信贷。儿童税收抵免相当于每个孩子 1000 美元,超过 10000 美元的收入的 15% 可以退税(2001 年后按通货膨胀指数计算)。另一项 ATRA 条款将可退税的门槛暂时降低到 3000 美元。儿童和受扶养人税收抵免率从每个孩子 3000 美元以下的合格费用的 35% 开始(最高为 6000 美元),在调整后的总收入为 15000 美元和 43000 美元之间,逐步降至 20%。

● 婚姻惩罚。联合申报者的标准扣除额以及 10% 和 15% 的档次相当于单身申报者的两倍。(ATRA 还暂时延长了联合申报者较高的劳动所得税抵免淘汰门槛)

● 教育税。ATRA 维持了 Coverdell 教育储蓄账户较高的年度缴费限额和学生贷款利息扣除的较高淘汰范围。

● 资本收益和股息。ATRA 保留了长期资本收益和合格红利的 15% 的税率(对于那些本来属于最底层的两个税级的人来说是 0%),适用于除最高收入税级以外的所有纳税人;法律还为最高税级的人设定了 20% 的税率。

● 替代性最低税。ATRA 将 2012 年替代性最低税的免税额定为 50600 美元(已婚联合申报的纳税人为 78750 美元),并将免税额、免税淘汰门槛和未来的税级与通货膨胀率挂钩。

● "劳动报酬"税收抵免。 从 2009 年和 2010 年开始,"工作报酬"(MWP)税收抵免占个人减税的一半。该抵免相当于收入的 6.2%,最高为 400 美元(每对夫妇为 800 美元),超过 75000 美元(夫妇为 150000 美元)的收入的 2% 就会被淘汰。因此,收入在 6450 美元至 75000 美元之间(夫妻双方在 12900 美元至 150000 美元之间)的个人可以获得最大的信贷。那些收入超过 95000 美元(夫妇为 190000 美元)的人没有得到信贷。

《减税和就业法案》(2017)

● 降低个人所得税税率(最高税率从 39.6% 降至 37%)。

● 已婚夫妇共同申报的标准扣除额度从 12700 提高到 24000 美元,单身申报者从 6350 美元提升到 12000 美元,户主从 9350 美元提升为 18000 美元。

● 取消个人免税额(4150 美元)和《平价医疗法案》(ACA)中的医疗保健缴费任务,这项措施预计会在 2018 到 2028 年减少 3380 亿美元的联邦赤字。

● 儿童税收抵免提高到 2000 美元,其中前 1400 美元可以退还,并为非儿童受抚养人设立了一个不可退还的 500 美元抵免。

● 废除对学生贷款利息支出的扣除,以及从总收入和工资中排除合格的学费减免的规定。新的法律保留了这些优惠,并允许 529 计划用于资助幼儿园至 12 年级的私立学校学费,每个孩子每年最多 10000 美元。

资料来源:https://www.taxpolicycenter.org/briefing-book/what-did-american-taxpayer-relief-act-2012-do;https://fas.org/sgp/crs/misc/R42894.pdf; https://www.congress.gov/115/bills/hr1/BILLS-115hr1enr.pdf; https://www.brookings.edu/wp-content/uploads/2018/06/es_20180608_tcja_summary_paper_final.pdf.

五、新冠疫情危机后美国扩大内需政策(2020 至今)

2020 年初,全球新冠疫情大流行。为抗击疫情和恢复经济,美国实施了大规模的经济刺激计划,特朗普政府和拜登政府两年内投放近 10 万亿美元,其做法是直接向受灾群众发放救济金,进一步减税和增加基金投资,以引领经济逐步复苏。2021 年初,拜登政府制定出台《美国救援计划》(专栏 6-3),包括提供经济补贴、弥补州及地方政府预算缺口、加速疫苗部署以及支持学校安全开放。2022 年 3 月,拜登政府签署了 1.9 万亿美元的经济救助计划,主要内容包括:为每周失业救济金增加 300 美元额外福利,扩大失业救济范围并将适用时间延长;为州和地方政府注入约 3500 亿美元资金;为学校重新开放提供约 1700 亿美元;等等。拜登政府的经济刺激计划直接向民众提供现金已经刺激了消费活动,支持了零售业和服务业的复苏;同时启动大规模基础设施建设和转型计划，其中涉及绿色能源、交通和水利设施等领域，不仅带来了可持续的经济增长，还为长期增长和经济稳定奠定了基础。

专栏6-3　《美国救援计划》(2021)

●有家属的人将获得每人1400美元，包括被称为家属的大学生和老年人。

●增加儿童税收抵免、收入税收抵免以及儿童和家属护理税收抵免：美国救援计划还增加和扩大了儿童和受抚养人税收抵免，使更多的人有资格，并将一个符合条件的人的总抵免额提高到4000美元，两个或更多的人的抵免额提高到8000美元。

●延长失业保险：美国救援计划将失业救济金延长至9月6日，在常规的400美元救济金之外，每周还有300美元的补充救济金；收入低于150000美元的人，前10200美元的失业救济金将被免税。

●小企业支持：美国救援计划将向受重创的小企业提供紧急拨款、贷款和投资，以便它们能够重新雇用和保留工人，并购买保证工人安全所需的健康和卫生设备。美国救援计划还包括一个小企业机会基金，为经济落后地区的主要街道小企业，包括少数民族拥有的企业，提供发展资金。

●降低健康保险费并提供100%的联邦COBRA补贴：美国救援计划将降低或取消数百万加入医疗保险市场的中低收入家庭的医疗保险费。这将帮助远远超过100万没有保险的美国人获得保险。

●降低月保费：一个收入为90000美元的四口之家可以看到他们的月保费下降了200美元。

●美国救援计划提供100%的联邦继续医疗保险（COBRA）补贴，直到9月1日，确保那些失去工作或因减少工作时间而失去医疗保健的人不会失去他们的医疗保健。

资料来源：https://home.treasury.gov/news/featured-stories/fact-sheet-the-american-rescue-plan-will-deliver-immediate-economic-relief-to-families; https://www.congress.gov/117/bills/hr1319/BILLS-117hr1319enr.pdf.

第二节　战后日本扩大内需政策举措

第二次世界大战后日本扩大内需政策经历了不同阶段变化。完成工业化转型之前（20世纪70年代中期为界），日本主要侧重于供给端的发展，即更多使用扩张性财政政策，优化供给结构，扶持重点产业，通过出口贸易支撑经济高速增长。在完成工业化转型后，特别是广场协议后日本依托出口导向的增长遭遇压力，扩大内需施策重点转向需求侧。与美国的总需求管理不同，日本扩大内需政策有长期化的特点[1]，即更注重结构调整而不是总量调节。

一、战后高增长期实施以提高有效供给为主的内需政策（1945—20 世纪 70 年代）

第二次世界大战战败后，日本复兴政策主要依靠美国援助下财政补贴、银团贷款等方式加快战后重建，直到 1951 年日本废除财政补贴和价格控制，逐步恢复市场机制。这一阶段主要是通过对新机器和技术投资以及重组生产和管理流程，进一步提高生产力水平。在扩大有效供给政策的作用下，20 世纪 50 年代至 70 年代初，日本经济保持了年均 10% 左右的高增长。日本是如何为支撑经济高速增长的大规模投资筹资的呢？高增长时期，日本几乎完全依靠国内储蓄为其扩大投资提供资金。1952 年日本加入世界银行后，日本自 1953 年至 1969 年连续向世界银行借款，主要支持其基础设施建设。世界银行的贷款被提供给日本开发银行，后者将其转借给工业界，但世界银行的贷款只占日本国内投资总额的不到 1%。期间，面对 1964 年东京奥运会后经济的滑坡，日本政府启动了财政刺激措施，发行了政府债券；而日本央行也将政府债券加入到其购买业务的清单中，从而提供增长资金。[2] 这一时期，日本货币政策的特点在保持固定利率和对美元汇率的情况下，为促进经济发展提供长期资本和短期流动性，也确保国际收支的可持续性。当国际收支恶化、外汇储备下降到一定水平时，日本央行就会提高利率以抑制需求。因此，当时日本利率被设定为低于均衡水平，过剩的需求总是存在，但整个金融系统受到严格监管，银行信贷融资是主要融资方式，央行货币政策工具主要是官方贴现率（ODR），并辅以"窗口指导"，使得经济增长有充裕的流动性。[3]

---

① 莽景石."扩大内需"政策的长期化：基于日本经验的解释［J］.现代日本经济，2021（4）：1-13.
② https：//www.grips.ac.jp/teacher/oono/hp/lecture_J/lec11.html.
③ https：//www.waseda.jp/fpse/winpec/assets/uploads/2014/05/No.E1803.pdf.

二、广场协议后日本首次提出"扩大内需"政策举措（20 世纪 80 年代）

1971 年 8 月布雷顿森林体系崩溃后，日本经济经历了一个动荡时期，在年底设定了 308 日元兑 1 美元的新汇率。由于担心日元升值带来通货紧缩影响，1973 年日本央行保持了宽松的货币政策。因为经济过热和货币政策调整延迟，第一次石油危机中日本受到的冲击很大。东京消费者价格在 1973 年飙升了 12%，在 1974 年飙升了 23%。日本央行将 ODR 从 1973 年 4 月的 4.25% 提高到该年 12 月的 9%。自第二次世界大战结束以来，1974 年日本首次出现了产出负增长，两位数的通货膨胀到 1976 年才被控制住。1985 年"广场协议"的签订导致日元急剧升值，对日本经济造成冲击。1986 年"前川报告"提供了日本政府实施扩大内需为主导的一系列政策，采取扩张性财政政策和宽松的货币政策，不幸的是催生了资产价格泡沫。中曾根内阁时期，日本针对中长期发展，从出口导向转向了内需主导，加强政府干预，并从供需两个方面进行调整，对内扩大内需和提高居民生活质量，对外消除贸易赤字。这一时期，日本扩大内需的做法包括增加"住宅金融公库"的贷款额度，扩大住宅、教育、医疗等社会公共投资，缩短劳动时间和改善劳动条件，以及引入公私合营模式（PPP），加强基础设施建设，但受制于资金和技术的支持，以基础设施建设为主要内容的财政投入未能有效带动社会投资扩大。值得警惕的是，该时期日本扩大内需政策未能平衡和化解高度累积的泡沫经济成分，而 1989 年日本为应对老龄化社会到来和改善财政状况而开征的消费税，在很大程度上抵消了扩大内需的政策效果。

三、泡沫经济破裂后日本扩大内需政策举措（20 世纪 90 年代）

20 世纪 90 年代初，日本资产泡沫破灭，进入较长时期的缓慢增长乃至停滞状态。日本经济年增长率从 1990 年的 5.6% 急剧下滑到 1993 年的 0.2%。1996 年，桥本内阁政府实施了大规模的经济体制改革，更加注重出口、投资、消费的联动链条，积极参与全球化竞争。日本扩大内需的政策经历了严重失误到被纠正的反复过程。1992 年，日本建立公司合作整备研究会，颁布了民间融资社会资本整备法，通过民间资金促进公共设施的建设。为降低亚洲金融危机影响，日本政府冻结了《财政结构改造法》，重返"积极的财政政策"。1998 年底前已落实的扩大内需预算达到 40 万亿日元。20 世纪 80 年代，日本政府还进行了税制改革、利率调整等政策，包括削减税收、降低利率以及发展消费信贷，增加社保支出、提高老龄人口和低收入人群的收入水平等政策措施（专栏 6-4）。这些举措对扩大内需产生较大的影响，促进了居民储蓄转化为投资，鼓励有子女家庭的消费，刺激餐饮和休闲娱乐业的消费，激发居民消费潜力，拉动了国内需求。

专栏 6-4　20 世纪 80 年代日本的财政政策与货币政策主要举措

税制改革	个人所得税从 70% 降低到 50%，减免 15 万日元新设配偶者，法人税基本税率降低到 37.5%； 废除原来的小额储蓄和邮政储蓄的免税制度； 金融债国债的贴现税率从 16% 上升到 18%。
利率调整	将贴现率从 6% 下调到"零利率"； 完善消费信贷业务，增加住房贷款的扣除额，扣除期延长到 15 年；住房金融贷款年限也扩大到了 35 年。
休假制度	修改了"节日法"，加长节假日，增加法定节日。
社会保障	增加社保支出，扣除拥有 17 岁以下子女家庭的抚养费，增加公共卫生医疗、保险、年金保险和失业保险提供资金援助，给低收入家庭提供 7000 亿日元的购物券。日本各级财政社会保障支出在 10 年内一共增加了 5.2 万亿日元，年平均增长率为 3.8%。

资料来源：https：//www.piie.com/publications/chapters_preview/319/6iie289X.pdf.

日本经济从 2002 年初开始的内需复苏基本得益于企业设备投资和民间消费。改革后的日本企业通过积极引进外资，改变股本结构，成功实现了企业治理创新。对外投资和出口收益的增加，提高了企业利润和资金。在通货紧缩过程中，日本政府压缩财政支出，实行超宽松金融政策，认为金融政策覆盖面广，并且可以通过金融资本市场取得持续性政策结果，实现内需主导型复苏。但是在这个阶段阻碍日本主导型增长的最大原因是劳动力市场工资低迷。由于人口老龄化对扩大内需政策起到抑制作用，非制造业劳动生产率的工资持续低迷。然而，从 2000 年 3 月开始，日本制定活用社会资本促进公共设施完善项目基本方针，并发布了公共服务改革的政策框架推动 PPP 模式的实施。至 2015 年，PPP 项目的实施集中在教育、文化、健康、环境、城市建设领域，日本的 PPP 模式进行稳步发展。从 1990 年之后，PPP 的引入使日本公共服务的供给主体从政府转向市场，并且实现了小型公共设施向大型基础设施的发展，通过投资基础设施扩大内需。[1][2][3]

四、国际金融危机前后扩大内需政策举措（21 世纪）

为抗击通货紧缩，2005 年日本适时放松信贷管制和宽松的货币政策，包括存款保险公司取消对银行存款的全面担保，暂停了资产支持证券（ABS）的购买。国际金融危机爆发之前几年里（2004—2007 年）日本经济平均增速约为 2%。国际金融危机爆发后，日本及时采取经济刺激措施，制定扩张性财政政策和宽松的货币政策，以应对通货紧缩压力和出口的急剧下降，日本政府扩大了财政赤字规模，加大基建项目投资。在扩张性财政政策刺激下，日本实际 GDP 在 2009 年第三季度就出现了正增长。[4] 鉴于国际金融危机之前，日本的利率就已接近零界线，货币政策操作空间不大，但 2009 年初日本央行还是把政策利率目标从 0.5% 降至 0.1%。[5] 由于住房投资影响到一系列与住房有关的行业并对消费产生广泛的影响，刺激资金流动以扩大对住房的投资是日本实现有国内需求主导的经济增长的重要任务。劳动力资源将为日本增加国

[1]http：//zys.mofcom.gov.cn/aarticle/d/200607/20060702717619.html.

[2]http：//www.ccgp.gov.cn/ppp/gj/201704/t20170425_8157268.html.

[3]https：//www.piie.com/publications/chapters_preview/319/6iie289X.pdf.

[4]https：//hermes-ir.lib.hit-u.ac.jp/hermes/ir/re/25325/0101210301.pdf.

[5]https：//www.spfusa.org/wp-content/uploads/2015/01/Paper_Monetary-Policy-during-Japan%E2%80%99s-Great-Recession_Kuttner-20140530.pdf.

内的需求提供支持。日本为此制定措施解决出生率下降的问题，提升经济增长的潜能。（专栏 6-5）

专栏 6-5　日本财政政策的基本方针（2010 年《新增长战略》）

住房投资	到 2020 年对原有住房改造市场规模扩大一倍，将抗震能力不足的住房比例减少到 5%，保证对建筑的检查和保修。 增加节能型住房供给，扩大住房融资和住房补贴，改善市场环境和监管改革，实现净零能耗住宅，推广节能、抗震等长期高质量住宅。 审查《建筑标准法》，促进反向抵押贷款的使用。
稳定就业	提供就业机会，增加劳动力供给，鼓励年轻人、妇女、老年人和其他有潜力的人进入就业市场，培养职业技能，提高就业质量。 提高最低工资标准，并将其纳入国家预算；引入可退还税收抵免。 通过促进利用每年的带薪休假时间和鼓励缩短工作时间，利用育儿假，以及其他此类福利，提升工作质量。

资料来源：https：//www.cas.go.jp/jp/seisaku/npu/policy04/pdf/20100706/20100706_newgrowstrategy.pdf。

五、安倍经济学背景下的扩大内需政策举措

2013 年开始，为摆脱通货紧缩压力，安倍内阁宣布了一项积极的经济改革政策，即实施三管齐下的增长战略，以扩大内需并支撑经济增长。一是实施价值数千亿美元的财政刺激措施；二是非常规的货币宽松政策，包括质化量化宽松货币政策和引入负利率；三是促进私人投资的结构性改革。起初，这些政策促使日元疲软和推动股市上涨，也增加了企业利润和投资积极性，但这种势头并不长久，不仅没能如愿达成设定的 2% 的通胀目标，而且债务水平屡创历史新高（超过国内生产总值的 250%），特别是在工资增长乏力的情况下，刺激政策的好处并未被居民家庭分享，国内需求增长缓慢。[1]

---

[1]https：//www.dw.com/en/japan-shinzo-abe-abenomics-covid-19-japanese-economy/a-54729730.

六、应对疫情危机采取的扩大内需政策举措

新冠疫情甫一爆发，日本安倍内阁就采取积极的财政政策和更宽松的货币政策应对。2019 年 12 月 5 日，安倍内阁批准了"创造安全和增长的未来的综合经济措施"，包括 13 万亿日元的财政支出，短期加快灾后恢复和重建，促进促进旅游业、刺激消费和帮助企业维持就业[1]，克服经济下行风险；中长期提高生产力和增长潜力，实现内需主导的持续经济增长，保持财政的可持续性。

而且，安倍政府向日本所有 1.26 亿居民每人发放了 10 万日元（约合 960 美元）的现金。[2]2020 年，日本把提高消费税带来的税收拨出约 1.67 万亿日元用于加强社会保障，包括推进学前教育和护理的免费化、高等教育的免费化，以及促进医疗从业人员的工作方式改革，利用消费税率上调带来的税收增长，建立面向所有世代的社会保障体系。此外，作为实施综合经济措施的"临时和特别措施"的一部分，拨出约 1.78 万亿日元将被分配给无现金支付的奖励点计划、个人的刺激消费措施、"防灾、减灾和建设国家复原力的三年应急计划"等在《推进经济和财政振兴新计划》中提出的相关目标。[3]

受日本疫苗推广缓慢等影响，日本资本支出下降，出口增长放缓。日本央行延长现有宽松的货币政策措施，继续注入流动性购买资产，并承诺暂时继续实行低利率政策，促使自然利率下降，但没有新的刺激想法[4]。新的政策工具将成为必要，政策的重点应该是帮助受疫情影响的相关部门度过危机。在采取公共卫生措施控制感染风险的前提下，提供补贴和其他援助，以保持企

---

[1]https：//apnews.com/article/business-tokyo-coronavirus-pandemic-japan-economy-e580d3 22d39c91454129394851245e19.

[2]https：//www.aa.com.tr/en/asia-pacific/japan-announces-707b-economic-stimulus-amid-pandemic/2069651.

[3]https：//www.mof.go.jp/english/public_relations/statement/fiscal_policy_speech/20200120e. html.

[4]https：//www.reuters.com/world/asia-pacific/japans-economy-contracts-more-than-expected-covid-19-hits-consumption-2021-05-18/.

业的运作，使其在防疫政策和需求低迷的环境中不至于破产 ①。

日本针对疫情影响的政策措施分为两个阶段：一是疫情结束之前的紧急支持阶段；二是疫情得到控制后，刺激需求（保障就业、刺激商业和私人消费）和推进社会结构改革，实现经济复苏的阶段。为了使国家走出疫情导致的经济危机，2020 年 11 月菅义伟政府推出了一项 7070 亿美元的经济方案，目标维持就业，保持企业运转，重振经济，推进数字技术发展。比如，采取扩大就业调整措施，避免大规模裁员，并为持续经营提供补贴和租金援助补贴，争取世界银行和其他金融机构的融资支持。在私人消费支出和汽车零部件出口推动下，2020 年第四季度日本经济增速达到 21.4%。其中，私人消费尤其服务消费是经济增长主要驱动力。（专栏 6-6）

专栏 6-6　日本应对新冠疫情危机的扩大内需政策举措

紧急阶段

● 2020 年 2 月 13 日，日本政府宣布了第一套应急方案，主要措施包括支持在国外的日本游客回国，加强移民管制，以及对中小企业的贷款支持等。

● 3 月 10 日，政府宣布了第二套应急方案，主要措施包括为感染者扩大医院床位，为企业提供额外的贷款支持和加强就业支持措施等。就业措施包括政府要求远程工作，通过国家补偿和培训扩大就业调整补贴计划并放宽其资格标准。作为一项特别措施，从 4 月 1 日至 12 月 31 日，厚生省为中小企业提供最高 100% 的休假津贴，为大型企业提供最高 80% 的休假津贴。补贴的上限是每名雇员每天 15000 日元的假期。另外，还向中小企业和独资企业支付现金，为中小企业提供无息无抵押贷款，减少或免除地方财产税等。

● 4 月 7 日，政府宣布了第三套新兴经济方案，以刺激经济。该方案的总规模为 117 万亿日元（约合 1.1 万亿美元），相当于该国 GDP 的 22%。大约 3/4 的预算被分配给就业和商业支持，其余被分配给医疗系统、消费促进运动和公共投资等。

● 5 月 27 日，政府宣布了额外的经济刺激计划。该方案的总规模为 117 万亿日元（与第三套新兴经济方案的规模相同）。主要措施包括为中小企业设立租金支持福利和为大公司提供次级贷款等。

经济复苏阶段

● 11 月 10 日，菅义伟政府制定补充预算，以进一步刺激经济。

● 日本央行同意与美国联邦储备局协调国外互换线，以降低国际上借入美元的成本将交易所交易基金的净购买目标翻倍至 12 万亿日元（约合 1120 亿美元）建立一个新的一年

①https://www.piie.com/blogs/realtime-economic-issues-watch/japans-economic-challenges-mirror-those-other-advanced.

期贷款机制，以 0% 的利率提供以公司债务为抵押的贷款，将其购买商业票据和公司债券的上限提高 20 亿日元。

●刺激受影响部门的消费扩大内需，以及对未来的投资，比如，数字化和远程技术的部署。

●支持受影响的行业，如旅游和运输、餐饮和娱乐业：以价格折扣、优惠券或积分奖励等形式激励相关领域的消费支出；振兴区域经济：支持农业、林业和渔业，振兴入境旅游。

资料来源：https：//home.kpmg/xx/en/home/insights/2020/04/japan-government-and-institution-measures-in-response-to-covid.html.

第三节　韩国扩大内需的政策举措

相比于美国和日本，韩国国内资源和市场规模都比较有限，从朝鲜战争停战到 20 世纪 60 年代初经历经济恢复后，从 20 世纪 60 年代至 70 年代末进入经济高速增长期，20 世纪 80 年代以来进入稳步增长时期，韩国通过先后实施"贸易立国""出口导向型工业化""重化学工业化""技术立国"等工业化发展战略，以扩大国际市场合作为目标，通过培育在国际上有竞争力和影响力的跨国企业集团，把有竞争力的商品出口视为韩国经济增长主要动力。长时间内，韩国国内消费增长都低于出口增长。然而，外部需求波动对韩国的外向型经济影响较大。韩国的外向型经济特征虽很明显，但并非完全意义上的"内需小国"，人均 GDP 超过 3 万美元，整体消费水平较高。为规避外部冲击带来的不确定性风险，韩国在促进出口的同时也会采取扩大内需的政策举措，使其成为支撑韩国经济增长的另一支柱。如 1997 年亚洲金融风暴后，韩国深刻体会到主要依赖外需市场面临的风险，为此也采取多种政策和措施扩大内需特别是居民消费需求。

一、应对亚洲金融危机启动扩大内需政策

受亚洲金融危机冲击，韩国出口大幅减少，严重拖累经济增长。因为出口对韩国 GDP 的贡献率超过 70%。为了使韩国经济基本面不受到破坏，韩

国政府实施"振兴内需"政策和低利率政策，通过促进企业投资、扩大就业、增加居民收入，从而促使消费增加，逐步摆脱过度依赖外需的影响。金大中总统时期提出在不损害宏观经济稳定的范围内维持适当水平内需，并提出"健全的消费是经济复苏之路"的口号，鼓励国内居民消费。为了扩大内需，韩国政府扩大财政预算规模，主要用于公路、铁路、港口、机场等基础设施建设、改造农村水利设施，支援出口和风险企业，扩大石油储备，同时向使经济景气早日回升的项目和受到危机影响的项目转移。针对首都人口、产业过度集中，韩国政府通过规划产业园区、修建机场、铁路、港口等基础设施，加大农业农村农民的扶持力度，大力推动中部、西部地区发展，缩小城乡收入差距。[①] 在货币政策方面，韩国银行持续降低商业银行间隔夜拆借利率和向金融机构提供的资金调节贷款利率，而且还制定了《项目金融投资公司法》，由金融机构和建设企业共同出资设立法人，以推动住宅建设。为促进企业投资，韩国政府还放宽大企业投资总额的限制，促进企业投资心理恢复和增加民间投资，还支持传统产业与新技术接轨，着力发展零部件产业，建设世界主要的零部件供应基地，重点支持信息通信、生物工程、纳米产业、环境产业和文化产业等有前途的产业，加大科技研发投资，将近三成的预算投入到下一代技术开发中。

二、国际金融危机后扩大内需政策举措

国际金融危机以后，韩国实施了低利率等宽松政策，推高了资产价格，经济活动日趋活跃，消费者信心有所提升，消费支出有所增加。韩国政府采取放宽货币政策、发展消费信贷等多种举措扩大消费。例如，2002 年初，韩国政府实施低利率政策，鼓励各类信贷消费，给予降息、贴息等优惠政策，为使用信用卡的消费者提供短期税收减免优惠、鼓励企业向员工发放商品券和缩减工作时间等具体举措。这些消费举措确实对经济发展起到支撑作用，

①方辉.韩国扩大内需的有关做法和启示［J］.当代世界，2013（1）：60-61.

但在低利率和信贷容易获得的情况下，韩国消费者不自觉就依赖债务消费，不少消费者常常透支消费，拖欠消费贷款，造成信用下降。由于房价和房租上升、就业形势恶化及物价上涨等因素，90%以上的中低收入阶层消费更加谨慎，甚至减少消费支出。鉴于国内消费者潜力有限，韩国政府采取扩大服务业开放等政策举措，包括放宽签证限制，与许多国家签订贸易协定，着力发展旅游、留学、医疗美容、文化娱乐等服务业，实施消费退税制度，将国外消费引导至国内。

三、应对疫情危机采取的扩大内需政策举措

受疫情影响，韩国对外出口面临较大困难，国内需求曾大幅萎缩。为此，韩国政府推出270万亿韩元的经济刺激计划帮助恢复经济，其中包括分别推出总额为11.7万亿韩元和7.6万亿韩元规模的补充预算，向国民提供总额为9.1万亿韩元的"紧急灾难补助"，把基准利率下调至0.5%的历史最低水平，向国内金融机构提供为期3个月的"无限量"流动性支持。为了帮助企业获得海外订单，韩国政府曾出台多项政策举措，包括成立总额3.7万亿韩元（约合30.7亿美元）的基金，对汽车、芯片等产业实施多项救助政策。

2021年，韩国经济政策重点放在扩大内需和稳定就业方面。在扩大内需方面，韩国出台了综合的政策方案，即保持积极宏观政策基调，追加财政投入，提高内需、投资、出口等各部门的活力，积极补偿支援小工商业者和中小企业的损失，提高就业市场的恢复速度，努力稳定物价，降低居民生活费，帮助企业减轻负担。与此同时，韩国加快推进实施韩国版新政，加大扶持回流本土的企业，着力培育发展系统半导体、未来汽车、生物健康等新兴产业，为第五代移动通信（5G）和尖端半导体投资提供税务优惠，并在2025年前投入160万亿韩元发展数字经济和绿色经济。其中，计划开拓规模43万亿韩元的数据市场，创造90多万个工作岗位，并完成所有公共部门系统云计算改造；计划投资20.3万亿韩元，用于推广新能源汽车，加大充电基础设施建设力度，通过发放信用保证基金，向参与电动汽车生产平台建设的企业提

供 220 亿韩元的信保资金。韩国政府公布了"2050 碳中和推进战略",全力推进 K—循环经济革新路线、运输部门碳中和战略、地区能源产业转换等低碳环保技术开发等项目。

第四节　对中国实施扩大内需政策举措的启示

遭受 1997 年亚洲金融风暴和 2008 年国际金融危机后,中国及时出台系列政策特别是实施扩大内需的举措,快速促进了经济复苏向好,起到了很好的政策效果。不像美国主要在危机条件下才实施扩大总需求的政策举措,而一旦经济恢复向好政府就回归到位,不再通过扩大公共投资和提供消费补贴来刺激消费,而是转向引导企业扩大投资和营造良好的消费环境促进消费增加。进入新发展阶段,消费已成为中国经济增长的主动力,扩大消费的政策举措将显得更为重要。借鉴美日韩各阶段扩大内需政策的经验教训,将能更好地适应高质量发展要求。

一、进一步处理好政府与市场的关系

当经济发展遇到内外危机时,加大政府干预被视为走出经济危机的不二选择。加强政府干预意味着政府"花钱"即实施扩张性的财政政策,要么参与重大项目直接投资,以此撬动社会资本跟进,要么向受影响的企业和家庭提供补贴,引导企业增加投资和居民增加消费。例如,战后美国经济遭遇危机时往往采取宏观刺激政策激发私人投资和消费潜力,政府参与的干预主要在于向市场注入流动性,营造良好的经济环境,并为企业扩大投资和居民扩大消费提供必要的激励机制。而对处于恢复重建或发展中国家,加强政府干预不仅是危机应对的权宜之计,而且是培育中长期增长潜力的综合之策。例如,日本和韩国在发展初期均采用了扶持性的产业政策,以提高供给水平驱动经济增长。当遭遇外围经济波动冲击时,日韩扩大内需政策不仅要解决燃眉之急,还要兼顾中长期发展,因而积极的财政政策中蕴含产业政策的诉

求，财政资金往往投向交通等基础设施、产业技术基础能力和基础教育、医疗保健等公共服务设施。由此带来的启示是，即便应对危机的政策措施，也是综合考虑结构性改革的举措，即更好发挥政府作用，短期有效扩大总需求拉动经济快速恢复，同时也要运用好财政资金，主动危中寻机，注重培育经济新增长点，扶持新兴产业加快发展，为经济中长期平稳发展奠定基础。政府干预也要有个度，不能过度对市场机制造成损害，即在应对危机后短期干预政策应及时退出，否则会留下积重难返的后遗症。

二、适时处理好投资和消费的比例关系

作为扩大内需的两个重要侧面，投资和消费都很重要。美日韩扩大内需的方向表明，要处理好投资和消费的比例关系。对投资需求来说，既有政府投资需求也有市场投资需求，美国在扩大投资需求方面主要依赖引导私人投资增加，而日韩在经济发展初期依赖政府和私人投资并重，政府投资提供完善的基础设施和公共服务，而私人投资优化产业投资方向。这就看政府投资的资金来源情况，是否有刚性的预算约束允许政府扩大直接投资，如不允许，更可能依靠国内储蓄的转化或者吸引外资。从日韩扩大内需的经验看，扩大内需应纳入中长期的战略范畴，要依据发展阶段不同，利用扩大投资的政策重在推动供给结构优化，包括向新型基础设施领域倾斜，以形成可持续的增长动力，而不是仅仅熨平经济周期性的波动。扩大消费或释放消费潜力则需要更多地依靠市场的力量，不像投资那样，政府可通过自身信用筹资来加大投资，而消费更依赖广泛的居民消费。激发和释放居民消费的潜力，既要认真分析居民消费心理和行为变化，也要营造更加安心舒心的消费环境，并创造良好的就业机会，让居民消费能力随经济发展持续增强。

三、注重把握扩大内需政策实施的时效度

针对危机应对推出的扩大内需政策，要谨防过犹不及。尽管实施大规模的经济刺激计划，但仍要把握扩大内需政策的时效度，避免用力过猛而带来

较大的后遗症。借鉴美日韩宏观刺激政策的教训，即应对危机时不宜采取过低利率政策和高估的汇率政策，防范流动性泛滥广泛流入股市、楼市等领域，引发资产价格泡沫。当房价处于高位时，也不一定主动采取加息等措施刺破泡沫，而是引导资金流向其他资产领域，比如可采取降低资本市场长期投资者的资本利得税和分红利息税，鼓励家庭直接和间接地转向股票投资等。特别是从日本泡沫经济的教训看，政策目标短期要明确，对多重目标要审时度势地权衡取舍，实施扩张财政政策避免经济下滑时就很难做到减支增收，但利用财政投入扩大投资需求时，要谨防陷入债务扩张陷阱，即便加大对基础设施建设的财政投入也应以扩大有效投资为目标，并由此带动社会投资扩大。依靠下调利率为主的宽松货币政策调控结构的作用有限，而且对消费市场的影响作用明显钝化，总体刺激需求的作用相对有限。

四、进一步整合东亚区域内供需联动链条

随着 RCEP 签署生效，包括中日韩在内的区域有望形成更大范围的区域统一大市场。尽管扩大内需政策是国内事务，但在企业相互创造需求的过程中仍能通过紧密的产业链关联形成更大规模的统一市场，如可以通过自贸协定等机制安排拓展到边境之外的国际市场，形成相互促进的区域合作市场。例如，韩国在国内消费市场有限的情况下，通过发展文化旅游等服务业吸引国外消费者到韩国境内消费；日本为吸引国外消费者采取了离境免税政策，激发国内消费市场的潜力。由此带来的启示是，应注重扩大内需政策的外溢性，主动通过政策沟通增强正的外溢性，做好区域政策国际协调，借助中日韩加快推进自贸协定谈判的时机，进一步扩大区域合作市场，引导区域内投资和消费市场无障碍联通，吸引区域外消费者更多地融入区域内投资和消费，从而增强整个东亚内需特别是消费市场的吸引力。

下篇 新形势下深化中日韩产业合作再思考

第七章

国际格局新变化下中日韩产业合作趋向与路径
——以半导体和新能源汽车产业为例

世界经历疫情冲击和百年变局，民粹主义、单边主义、大国博弈叠加俄乌冲突，导致美国主导的世界秩序发生结构裂变，即以盟国体系为安全秩序构架的国际格局发生着剧烈深刻的地缘变化。"一霸超强"的单级化格局向两极化或多极化演变，对经济全球化和区域经济合作将带来深远的影响。在此变局下，全球产业分工和区域经贸合作遭受疫情、中美战略博弈等不确定性因素的被动干扰和人为阻遏。特别是高度分散、高效运转的产业链供应链受阻于供给冲击、市场分割和竞争壁垒，迫使效率优先的价值链合作让位于政治安全至上的供应链联盟，区域化、近岸化、本地化、友岸化或意识形态化的产业合作态势越发明显。中日韩为主体的东亚生产网络正遭受政治安全和市场需求两种力量的撕扯，不稳定性明显增强。短期内多发频发的疫情考验了东亚生产网络的稳定性，让中日韩等域内国家深刻体会到增强供应链韧性的重要性，也充分认识到三国产业间互补依赖的一体性。然而也应看到，美西方等域外力量的介入意欲打破这种内敛化的产业合作态势。美国正联合盟友及合作伙伴启用了印太经济框架、供应链联盟等多种战略工具，迫使日韩等国家在半导体等关键行业供应链上逐步脱离中国，外部施加的离心力对东亚生产网络将带来"脱钩断链"的威胁。为了营造有利的外部环境和稳定的周边环境，亟须消减域外力量干扰带来的离心力，进一步扩大中日韩邻国间产业合作的积极面，增强双边、区域和多边互利合作的向心力，构建超越地缘政治羁绊的产业合作生态。

第一节　国际格局新变化迫使全球产业链供应链重新配置

当前，全球化正经历自布雷顿森林体系建立以来的最大考验，乌克兰危机和中美博弈是放大逆全球化态势的推动力量。疫情给全球发展带来不稳定，造成供应链和生产网络短暂中断或停摆，促使产业链安全及供应链韧性备受各方重视，区域化、近岸化、本土化进行配置资源的倾向越发显现。俄乌冲突促使第二次世界大战后形成的以联合国为核心的国际体系逐步瓦解，加重了经贸脱钩、技术封锁、产业链供应链分割重构的持久倾向，以资本和技术驱动的良性竞争让位于意识形态、价值观主导的政治博弈。鉴于中国经济体量和军事实力的持续增长，美国将中国设定为"最严峻的竞争对手"，认定中国是唯一一个既有意图又有经济、外交、军事和技术能力来重塑国际秩序的国家。拜登政府利用其国家实力、盟友和伙伴关系塑造中国周边的战略环境，应对中国对国际秩序构成的最严重长期挑战。当前，俄乌冲突、中美博弈仍在持续发酵，特别是美国执意推进反俄遏中的世界两极化，意欲塑造"中国—俄罗斯轴心"叙事而重建"新冷战"秩序，人为制造了全球现有产业链供应链的不稳定性，迫使全球产业布局呈现局部化、碎片化、联盟化的结构性转变，给包括中日韩在内的经济体及跨国企业带来高昂的调整成本和长期的效率损失，促使其被动做出适应性调整，包括增加原材料、零部件等库存囤积，提高应对各种不稳定、不确定事件的冗余度。

一、新冠疫情严重冲击了产业链供应链运转

受疫情影响，产业链供应链运转此起彼伏受阻，国际产业分工合作遭受持续性冲击，尚未恢复至疫情前正常水平，正逐步由短暂被动中断或停摆转向常

态化的供需收缩及衔接不畅，乃至出于安全稳定考虑做出永久性的调整或重构。

一是供给结构上表现为效率创新与产业安全的再平衡。出于产业安全和供应链韧性考虑，一些国家出台政策尝试吸引产业链供应链本土化内迁和多样化布局，加速推动产业合作呈现区域化、近岸化、本土化的趋向。2020 年 4 月，日本政府出台 2435 亿日元（约合 157 亿元人民币）补贴政策，帮助日企将供应链从中国迁出。

二是需求结构上表现为市场开放与贸易保护的再平衡。疫情冲击下全球供需链条有缩短趋向，全球市场被分割为诸多区块，导致传统北美、欧洲和东亚的三大生产网络之间的联系减弱。这种结构性转变已反映在国际贸易和投资流量流向上。据世贸组织（WTO）预测，2024 年全球货物贸易量增速为 3.3%，远低于往年历史平均值 4.9%。联合国贸发组织（UNCTAD）预测，2024 年全球外国直接投资流量可能会小幅上升，但仍会受到包括地缘政治风险和一些国家高债务水平的阻碍。此外，疫情防控常态化及带来的深远影响将引发全球贸易和投资活动做出持久的适应性调整，即可能会产生难以短期消除的"疤痕效应"。

三是区域合作上表现为一体化与多元化的再平衡。在《美加墨协定》、《区域全面经济伙伴关系协定》（RCEP）等区域经贸制度框架下，区域内产业合作的紧密度进一步提升，促使各地释放的产能更多依赖于区域整合形成的统一大市场的驱动，如以中日韩为主的东亚生产网络对域内市场的支撑增强。此轮疫情推动企业加速数字化转型和产业数字化合作，增强中日韩联合应对疫情等不确定性因素的不利冲击。

四是产业分工上表现为离散型和紧致型产业合作的再平衡。疫情反复对东亚产业链供应链暂时破坏，也反映了中日韩产业链不可分割的内在紧密程度。以汽车产业为例，2022 年 4 月上海及长三角地区因疫情造成汽车及零部件生产停摆，波及日韩本土汽车工厂连带遭受暂时停产减产，这反映出中日韩产业合作不是简单的离散型分工，而已形成相互嵌套的依赖关系。如前述，出于供应链安全等多方面因素，日韩企业考虑"中国 +1"海外投资策略，寻求回岸制造或生产多元化布局。

二、俄乌冲突加速推动全球供应体系解体分裂

地缘政治再次成为影响全球资源配置的重要因素。持续发酵的俄乌冲突加剧国际秩序阵营化演变，推动逆全球化和合作成本攀升，基于全球价值链分工的产业梯度转移受阻，促使市场驱动形成的生产供应体系面临瓦解或重构，乃至形成相对孤立平行的两个或多个"军备竞赛"体系。

一是经济全球化进程将被地缘政治安全下封锁对抗的阵营所取代。地缘政治与经济系统的分立阻碍了贸易往来和资本流动，促使全球分散的生产体系呈现碎片化、区块化和内倾化的收敛特征。2022 年 2 月俄乌冲突爆发以来，全球食品、能源等商品要素价格曾大幅飙升并维持在高位，造成半导体、汽车等行业供应链运营成本高企，深度动摇了战后形成的以美西方为中心的"外围—中心依附体系"。

二是以美国为代表的西方国家与俄罗斯制裁和反制裁导致全球生产网络裂变。俄乌冲突将对全球高效运转的复杂生产网络产生强大的撕裂离心力，促使俄罗斯脱离以美国为代表的西方国家主导的全球生产体系，进而裂变形成两个或多个平行的独立生产网络。俄乌冲突使全球物流运输系统受到严重冲击，包括日韩企业在内的很多企业要对自身业务是否涉及对俄制裁进行合规性评估，已造成与俄乌相关的货物难以正常出货、到港、被提取，大幅增加其继续在全球范围内开展业务的合规审查成本。中日韩等国家也已表示出对全球分散的复杂产业链供应链安全稳定的担忧。原料供给方面，俄罗斯是生产新能源汽车所需的关键矿物钯和铑的重要供应国，乌克兰则是全球半导体制造所需氖气的主要供应者，俄乌冲突后新能源汽车和半导体芯片相关原材料供给出现了供应不足。

三是能源要素成本走高促使俄欧产能加速转移。美西方国家与俄罗斯切割的后果很明显，不仅让美西方跨国企业失去俄罗斯的现有市场，而且受制于能源紧缺、电价高企等要素成本压力，欧洲部分制造业已出现外迁。比如，受低廉能源原料和税收优惠吸引，巴斯夫、科思创、西门子、安塞乐米

塔尔、飞利浦、大众、奔驰、宝马等欧洲企业扩大了在中国和美国等国家的投资。同样，在能源原料等成本高企下，日韩政府引导企业回岸制造的计划被打乱，部分高能耗企业也将被迫向外转移其本土的产业链，在全球范围内寻找可替代的低成本生产基地，包括迁往中国和东盟国家在内的较低成本地区。

三、中美博弈长期化加剧产业链供应链意识形态化

近年来，中美关系发生质变，美国对华政策由中美建交以来的"接触 + 遏制"转向"全面战略竞争"。美国将中国视为"最主要的战略竞争对手"。中美博弈由特朗普政府时期的贸易战、技术脱钩向拜登政府时期科技战、意识形态斗争等领域延伸。

一是以战略安全为基轴构建排华"朋友圈"。2021 年以来，拜登政府在贸易、投资等领域继续打压中国，同时强化防御性安全承诺为战略威慑，以战略安全为由拉拢同盟伙伴，包括强化美日印澳"四方安全对话"机制（QUAD），构建美英澳"三边安全伙伴关系"（AUKUS），发起"蓝点网络倡议"，推进北约亚太化进程等，对中国的国际与地区影响力形成制约作用。在此形势下，中美博弈加剧全球产业链供应链意识形态化，组建排华联盟的"去中国化"意图明显。美国以安全同盟为由极力拉拢日韩制造相关事端。日韩新一届政府通过强化与美国结盟战略，增强对美军事和安全依赖，表现出加强对华防范、在核心产业链供应链上加入美国牵头构建的排华小圈子的动向。2022 年以来，日韩政府高层曾多次受邀参加北约相关会议，其中北约马德里峰会明确把中国贴上"系统性挑战"的标签。北约与日本、韩国、澳大利亚、新西兰建立了伙伴关系和制度化联系，如日本曾在印度洋为北约提供油料，与英国就签署《互惠准入协定》达成一致，韩国国家情报院加入北约网络防御中心，计划在北约总部设立代表处。

二是以长臂管辖为工具挟制伙伴实施科技及供应链限制。美国对华实施各种出口禁令、搞对华实体清单、施加长臂管辖等举措，对中国科技和供应链限制持续升级，联合盟友构建稳定可靠的供应链伙伴关系，加紧组建围堵

中国的科技联盟、供应链联盟，通过长臂管辖绑架他国企业与中国"脱钩断链"。在美国支持下，日韩加强对华高技术出口管制和技术法律保护，将其延伸至高技术产品供应链等方面。如日本出台《经济安全保障推进法案》强化包括半导体在内的特定重要物资国内供应链稳定，与美欧联合建立"针对中国的技术封锁机制"等。对此，日韩企业对中美"经济脱钩"的担忧加剧，对中日韩稳定经贸合作关系构成挑战。

三是以近岸或友岸外包为噱头重构排华供应链联盟。近年来，美推出新版印太战略和印太经济框架，推进"近岸外包""友岸外包"等战略重建供应链，出台《通胀削减法案》《芯片和科学法案2022》等补贴措施，组建"芯片四方联盟""矿产安全伙伴关系"，着力在半导体芯片、生物医药、关键矿产和原材料领域，组建"去中国供应链同盟"，迫使更多跨国公司将供应链迁移出中国，维护并抬高其对华规则竞争的优势地位。例如，近期苹果公司敦促富士康等供应商将部分生产线转移出中国，加快引导零部件等相关组装线向印度、越南等国家转移，以实现其供应链多元化。

四、中日韩产业合作进入挑战与机遇并存的时期

错综复杂的变局引发产业链重构的破坏与整合两种力量交替上升。美国主导的全球离心力和近岸发展牵引的区域向心力相互碰撞，促使产业链供应链面临的不确定、不稳定风险加大。在此形势下，中日韩产业合作面临着机遇与挑战并存，尤其在半导体芯片、新能源汽车等科技型产业领域表现明显。

一是机遇在于区域经济一体化动力在加强。在RCEP框架下区域内资源优化配置正带来明显的帕累托改进，市场主体注重市场效率和经济收益，将持续深耕一体化的区域市场，将更加依赖完整有韧性的产业链供应链体系。中国与日韩互为近邻和重要合作伙伴，地理相近形成的邻国市场效应驱动了区域经济一体化，也促使中日韩产业合作契合点增多，供应链条越发紧密黏连。

二是挑战在于美西方把政治、价值观和安全议题置于效率之上。地缘政

治压力叠加外力推动持续处于上风，就会产生强大的离散力量，迫使中日韩产业合作不时偏离正常轨道。日韩跟随美国建立排华的产业供应链联盟，破坏现有的国际分工，而且逼迫跨国企业遵循相关规则，被迫更多考虑政治因素，放弃一定的市场和效率，增强了日韩被动撕裂东亚生产网络的离散力量。当下，日本正在紧跟美国实施"去风险化"战略。

三是市场力量终将使产业合作回归商业理性和价值规律。通过建章立规把政治意志强加给企业，并不能完全奏效。因为强制性"脱钩断链"短期对企业是相当痛苦的事情，不得不做出巨大的利益牺牲来被迫调整，以达到政府强加的合规要求；长期并不符合企业发展的现实利益，企业行为势必回归商业逻辑和经济规律，而不只是无奈地屈服于政治胁迫。在经济利益驱使下，市场主体将主动探寻"适者生存"的策略，即资本逐利、趋稳避险的本性将驱使市场主体理性选择"用脚投票"。

第二节　中日韩产业互补合作仍是时代发展主流

中日韩三国在全球制造和贸易中占有重要地位。近年来，东亚生产网络总受到各种外部因素冲击，但长期以市场效率和梯度转移规律驱动的产业分工格局短期已很难被低成本取代，依靠外力强制脱钩断链只会得不偿失，反而在外力作用下变得更加紧凑高效和富有弹性。当前看，中日韩经贸往来已深度黏连，产业链供应链交错嵌套，半导体、新能源汽车等新兴产业有共同的发展诉求和较高互补性，尤其在芯片、新能源汽车等新兴制造领域，竞争虽有所加剧，但相互依赖也在日益加深，互补合作潜力足，逐步成为中日韩产业合作主攻方向之一。

一、贸易稳步增长反映了产业链紧密关联的事实

疫情暴发以来，日韩对华贸易地位并未受影响，对华贸易额还创出了历

史新高，显现出与中国贸易互补发展的韧性和产业链紧密关联的事实。

一是中国与日韩贸易稳定增长。即使在新冠疫情影响下，2021年中国与日韩双边贸易额分别达到3714亿美元和3624亿美元，占中国对外贸易比重分别为6.1%和6%。2022年，中国与日韩双边贸易额分别为3574.2亿美元和3622.9亿美元，占中国对外贸易总额的5.7%和5.8%，对日韩的出口分别同比增长4.4%和9.5%，展现出强大的贸易韧性和合作潜力，体现了雁行模式下中日韩三国垂直型贸易和产业合作的长期积累。

二是中间品贸易占比较高。中国与日韩的进口和出口规模均保持较高水平，表现出以中间品贸易为主的贸易结构。中国自日韩进口的汽车零部件、半导体设备、集成电路、高端液晶显示板等产品进口额较高，表明在汽车、电子零部件等机械电子产品方面，中日韩拥有较高的贸易依存度。据统计，中日韩三国中间品贸易占比超过世界平均水平的约10%。日韩以中国为组装基地的零部件贸易占比较高。据中国海关统计，2021年中国有13.4%的汽车零配件出口到日韩。据日本媒体统计，日本进口汽车零部件的约37%来自中国；日本电子零部件出口的约35%面向中国，进口的约19%来自中国。据韩国汽车工业协会数据显示，2021年中国汽车零部件占韩国汽车零部件进口的34.9%，而2000年这一比例为1.8%；自中国进口的电动汽车电池所需的负极材料占比为83%，正极材料、电解质和隔膜的比例均超过60%。

二、日韩扩大在华投资揭示出产业互利合作的逻辑

近年来，日韩对华直接投资保持较高水平，表明与中国之间已形成密切的产业链供应链关系，也显现出日韩企业持续看好中国生产基地和销售市场的稳定发展。

一是日韩持续扩大在华投资。2019年日本对华实际投资37.2亿美元，2020—2022年分别为33.7亿美元、39.1亿美元和46.1亿美元。截至2022年底，日本对华直接投资实际投入累计额超过1200亿美元，而同期中国对日全行业直接投资累计达50.8亿美元。2019年韩国对华投资55.3亿美元，2020—2022

年分别为 36.1 亿美元、40.4 亿美元和 66.0 亿美元。截至 2022 年底，中国对韩国直接投资存量达 66.7 亿美元，中韩双向投资额累计已超过 1000 亿美元。

二是日韩对华直接投资以制造业为主。日本对华直接投资的行业是以汽车为主的运输机械产业为主，制造业投资额占比维持在六成以上。韩国对华直接投资以芯片和新能源汽车中间品与零部件等高端制造为主，重点在华东、华南等东部沿海地区形成了较为紧密的生产网络。随着新一轮技术革命和产业变革加速演进，中日韩三国制造业合作空间广阔，既有垂直的产业链分工合作，也有水平的新兴制造研发创新合作，还有持续拓展海外市场空间和深化第三方市场合作。

三是"中国 +1"策略不会改变日韩在华投资趋向。疫情等不确定性对供应链的冲击，使日韩开始重视医药、半导体等物资产业链供应链的稳定安全。基于供应链稳定的考虑，日韩企业加快推进"中国 +1"策略，特别是加快向东南亚、南亚、非洲等地区布局，旨在分散风险、减少对华依赖，实现供应链多元化。实际上，日韩企业以中国市场为导向的投资动机在明显增强，面向中国市场的"地产地销"型投资稳步增加。这一趋向表明，日韩企业并未呈现与中国的"脱钩"迹象，虽迫于压力需寻求中国之外的备份生产基地，但也只会将其作为跨境供应链的补充，市场利益驱使其选择"用脚投票"，有强烈意愿继续驻守并深耕中国市场。日韩企业普遍认识到，在华投资回报往往高出在其他市场的收益。据韩国对外经济政策研究院一项调查显示，韩企在华投资以开拓中国市场为目的的企业比例高达 90% 以上。

三、区域经贸安排成为产业近岸化配置的推进器

在地缘政治安全风险上升背景下，区域经济一体化凸显了规模经济下地理和空间距离的重要性。因同属东亚经济圈的地理特性和倡导自由贸易主张，日韩与中国容易构建紧密的产业链供应链关系，成为促进区域经济一体化的重要参与者和建设者。

一是中日韩均主张推动贸易投资自由化便利化。长期以来，中日韩均坚

持自由贸易和多边主义，努力在推动自由贸易区建设，尤其是中日韩 FTA 的谈判进程，受种种阻力尚未最终达成，但这种努力反映出三国深化产业合作的良好意愿。2015 年中韩 FTA 的签署实施，切实推动了中韩经贸关系实现跨越式发展，揭示出地理相近的两个国家近距离合作更具经济合理性的事实。

二是 RCEP 加强中日韩在亚太经贸合作中的紧密关系。RCEP 生效实施后，中日、日韩首次实现互补性的自贸协定安排，降低双边中间品贸易关税，同时利用原产地积累规则，将能推动商品和要素的自由流动，产业转移更加便捷，容易形成更加稳定、更有韧性的生产网络和自由贸易圈。RCEP 规则框架将中日韩牢牢绑定在东亚经济一体化的同向列车上，进一步增强了贸易联动、投资黏性、区域产业链融合度和供应链韧性。

三是产业转移展现区域内近岸化集聚的倾向。在区域一体化安排下，中日韩产业梯度转移或供应链多元化布局更倾向于本土化（回岸）、近岸化、区域化。在运输成本和生产效率驱动下，中日韩已在越南、泰国、柬埔寨等东南亚国家进行广泛产业布局，开展第三方或第四方市场合作，提升了区域产业转移的有效性。

第三节　新型制造成为中日韩产业合作的重要发力点

党的二十大报告把发展实体经济摆在重要位置，提出要建设制造强国，着力提升产业链供应链韧性和安全水平。如前所述，在各种力量作用下，全球制造业正在经历深刻的动力变革和形态重塑，在科技创新加持下正向高端化、智能化、绿色化、服务化延伸升级，逐步向新型制造业加速演变。中日韩是以制造立国的国家，制造业产业链上有很多交集，互补性较强。如汽车和半导体是日韩核心产业，在全球产业价值链中占据重要位置。中国在这些领域正发力迈向中高端，与日韩虽有一定竞争但合作契合度更高。

一、半导体制造成为中日韩产业合作的关键领域

美国出台创新与竞争法案、芯片与科学法案等政策举措，旨在加快吸引芯片制造投资回流，抢占半导体行业制高点。美国强拉日韩和中国台湾组建芯片四方联盟，企图对中国半导体产业关键环节"卡脖子"，将中国锁定在价值链的中低端。出于美国优势产业政策和排他规则胁迫的压力，日韩企业已赴美投资设厂并限制对华的扩产计划。鉴于中国超大规模市场吸引力，日韩企业又不想失去在华市场份额，已向美方寻求关键技术和设备的出口限制豁免权，确保其在华现有工厂正常获得生产必备的先进设备和关键零部件。在美国极限"脱钩断链"形势下，日韩仍将是中国可努力争取的重要合作伙伴和技术来源地。通过利益捆绑拉住日韩半导体企业，既可稳定半导体产业链供应链，又可通过开放创新合作，加速关键材料部件的国产化替代，培育自主可控的产业体系。

一是日韩半导体产业仍具有较强的比较优势。除美欧外，日韩在半导体芯片设计、制造、封测等环节占有领先地位，尤其在制造环节，日韩各有"杀手锏"技术和产品供应链优势。日本在半导体设备、半导体材料等上游环节优势明显，韩国在封测设备方面具有深厚的技术积累，两国已有多家材料、制造和封测工厂在中国投产落地，是中国半导体产业的稳定供应商。以光刻机为例，日本尼康和佳能在光刻机（DUV）（用于14nm及更成熟的制程）上占有一席之地（占11.5%的全球光刻机市场份额）。佳能公司正研制一种低成本的高端光刻机设备——纳米压印光刻（NIL），其技术来源和关键零部件供应主要来自日本企业，不会受制于美国的长臂管辖。半导体设备领域，东京电子在刻蚀、沉积等半导体设备拥有领先优势，特别是在涂胶显影设备方面全球市场占有率高达90%以上。半导体材料领域，日本企业拥有全球半导体材料50%以上的市场份额，在硅片、光刻胶、掩膜版、导电黏胶、塑封料、引线框架等关键材料方面具有明显优势。2019年7月爆发的韩日贸易摩擦凸显了日本半导体材料的优势地位，仅光刻胶一项就卡住了韩国半

导体企业的七寸。在功率半导体材料（如碳化硅、氮化镓、氧化镓）及绝缘栅双极型晶体管（IGBT）领域，日本三菱电机、富士电机、东芝、瑞萨、罗姆（ROHM）等5家企业合计占全球20%以上的市场份额，昭和电工的碳化硅（SiC——第三代宽禁带半导体材料）外延片市场占有率全球第一，住友金属矿山已量产SiC晶圆。韩国半导体产业是全球供应链的重要节点。韩国在芯片制造、存储芯片、半导体设备（清洗、蚀刻等）和面板设备（如OLED）等方面处于世界领先位置。其中，韩国三星电子、SK海力士等企业在中国西安、无锡、大连、重庆等地已进行产能布局。日韩也在积极布局下一代半导体技术，如日本组建了日美先进半导体研究中心和Rapidus公司，专攻尖端半导体技术，包括研发电路线宽为2nm以下的芯片。加强与日韩半导体产业合作，可稳固区域内半导体产业链供应链，降低对美系技术设备依赖，也可开展良性竞争和开放创新合作，推动中国半导体行业快速成长，打造自主可控、安全可靠的现代半导体产业体系。

二是中国半导体产业尚需开放合作助力固链补链强链。受美国出口管制、长臂管辖叠加疫情等因素威胁，中国半导体产业体系的脆弱性愈加凸显。美国联合盟友构建"民主科技联盟"，协调相关国家和地区出口管制、安全审查等方面政策，推动各方情报分享和先进技术的联合研发，在技术标准、技术应用规范等方面强化对中国制衡。美国与日本建立了"竞争力与韧性伙伴关系"，构建稳定可靠的芯片供应链体系，确保不依赖中国大陆地区生产的芯片等战略产品的供应链安全。美方还试图向日本施压，要求日本企业停止向中国芯片制造商提供相关技术和设备支持。前期中兴、华为等事件和近期汽车行业断芯危机暴露出中国在高端芯片制造等关键环节上的现实困境。日本在芯片设计、制造、材料生产领域属于佼佼者；韩国拥有完整的半导体产业链供应链，但缺少关键材料；中国缺少自主关键核心技术，半导体产业国产化替代的自给率低，在芯片设计软件、制造设备、关键零部件和特种材料等方面尚不具有与美欧日韩相竞争的能力。中国大陆晶圆制造国产化率约为18.6%，核心半导体设备国产化率约为13.8%，半导体关键零部件国产化率不足 5%。目前，中国被美国"卡脖子"的技术主要集中在 EDA 工具、IP 核、传感器芯片、电源管理芯片、功率半导体、GPU、高端光刻设备等核心环节。成系统的国产 EDA 在中国软件市场的份额不足 5%，短期很难取得自主知识产权技术的实质性突破。在光刻胶、掩膜版、抛光材料等领域，中国相关产品的国产化率仍低于 10%。然而，中国是全球最大的半导体市场，芯片市场需求旺盛。根据全球半导体行业协会（SIA）报告显示，2021 年全球半导体企业 35% 的营业收入来自中国。中国只要发挥好这一超大规模市场优势，可留住跨国企业在华投资，参与弥补国内产业发展不足，维持国内半导体供应链的安全稳定。也应看到，在保证本国安全和出口合规前提下，美欧日韩等半导体企业在寻求变通办法，维持在中国市场的利益，以期从中国持续获取超额回报，支撑其后续研发。近期，荷兰表示不愿顺从美国禁止向中国出售光刻机等芯片设备的要求。对日韩企业来说，中国市场仍是极其重要的营收和利润来源地。RCEP 框架下关税减让、原产地累计规则等便利化措施，将大大降低日韩企业对华贸易投资的交易成本，增厚其营收利润。

三是中日韩发展半导体产业拥有广阔的合作空间。类似于阿斯麦（ASML）受到美国技术出口管制和长臂管辖的制约，中国直接寻求与日韩合作解决"卡脖子"技术瓶颈较困难，但在全球半导体发展新领域、新赛道、新场景方面仍有可挖掘的巨大潜力。半导体芯片制造领域，日韩拥有技术储备和制造能力，中国拥有完整的产业链体系，三国开展协作可进一步提升逻辑芯片、存储芯片、功能芯片等制造效率。三国可提前布局半导体芯片新赛道，联合探索研制第三代半导体芯片、量子芯片、光芯片等，可满足区域乃至全球市场的多品种高性能芯片需求。如光刻机领域、顶尖高端光刻机（如 EUV）制造几乎被美西方技术先发国家所垄断，单凭一己之力难以实现技术追赶，日本在 EUV 光刻机方面技术已落后于美西方国家，中韩有掌握高端光刻机技术的合作诉求，三国可充分利用现有技术、资金和市场力量，开展联合研发和技术攻关，如在 3D 光刻机、纳米压印光刻等技术上寻求突破。半导体材料领域，既可主动承接日韩半导体材料产业产能转移，与日韩企业建立长期、持续、稳定的供应链合作关系；还可寻求韩国企业合作研制光刻胶、氟化氢、氟聚酰亚胺等材料，在中国打造紧密互补且有韧性的半导体材料供应基地。应用场景领域，中国数字经济发展较快，新技术、新产品应用场景多样，如 5G 基站、新能源汽车、自动驾驶、人工智能、智慧城市等领域均要布置大量芯片产品。此时，日韩正联合美国等先进技术国家组建"联合舰队"，开展新一代半导体研制，拓展尖端半导体技术与产品应用空间。中国企业可以合规方式参与进来，帮助日韩企业布局试验应用场景，加速技术优化迭代，快速实现降本增效的目的。

二、新能源汽车制造开辟中日韩供应链合作的新赛道

当今，汽车制造业正处在技术变革、生态重塑的关键时期，电动化、智能化、网联化、绿色化趋势越发明显。其中，新能源汽车已成为汽车工业现代化发展的主要方向。日韩是汽车制造强国，中国是汽车生产大国，三国都把汽车工业视作重要支柱产业之一，尤其把发展新能源汽车作为新兴产业培育的主攻方向之一。目前，中日韩汽车产业在世界汽车产业版图中占据重要地位，已形成稳固依存的产业链供应链体系，正在开辟新能源汽车产业链供应链合作的新赛道。

一是日韩汽车领域仍具技术优势和对华合作诉求。日韩汽车发展起步较早，在燃油车领域保持较强竞争力，在包括整车、关键零部件（如芯片、精密加工部件）、制造技术和管理经验等方面具有领先优势。出于对节能减排的考虑，日韩很早就制定计划研发新能源汽车，其氢燃料电池等相关技术水平领先于中国。日本车企较早就推出纯电动车和混合动力汽车，拥有全球最多的新能源汽车专利，在混合动力和燃料电池汽车以占比超过 50% 的专利数量领先全球，且拥有电池、电机、电控等较为完整产业链的配套技术；但囿于国内市场狭小、能源电力等基础设施成本偏高、稀有金属等原材料依靠进口等因素，日本在本土推进新能源汽车技术的商业化应用相当困难，难以实现低成本的大规模生产，寻求与大规模市场的合作就成为自然选择。与日本技

术发展路线类似，韩国新能源汽车技术走在世界前列，现代、起亚等韩国车企在混合动力汽车、氢燃料电池汽车、动力电池、自动驾驶等领域具有丰富经验和先进技术。近年来，韩国政府制定新能源汽车发展规划，在国内建设布局加氢站、充电桩等基础设施，普及推广新能源汽车，但依靠本土自产自销，整体经济性不高，由于加氢站、充电桩等基础设施空间布局有限，普及程度并不高，用户使用场景不足，使其不得不选择对外合作，以推动技术持续进步。

二是中国发展新能源汽车展现出后发优势和广阔前景。中国现已拥有较为完整的汽车和新能源汽车产业链体系，从整车、车身、底盘、发动机到变速器等核心零部件已完全具备自主研发能力，有望在新能源汽车领域实现技术赶超。当前，中国已在电机、电控、电池等核心技术取得突破，建立了上下游贯通的完整产业链和稳定供应链，自主品牌新能源汽车已出口欧美日等发达经济体市场。中国新能源汽车产销量已连续 9 年位居世界第一，占全球的比重超过 60%。2023 年，中国新能源汽车产销量分别完成 958.7 万辆和 949.5 万辆，同比分别增长 35.8% 和 37.9%，国内新能源汽车市场渗透率突破 30%，新能源汽车出口 120.3 万辆，其中出口到欧洲的数量已占到欧洲电动汽车总销量的近 20%。而且，中国现已形成与新能源汽车相配套的零部件生产基地，其综合技术和性价比领先全球，使得日韩汽车零部件供应越来越多依赖来自中国的供应商。值得一提的是，中国动力电池技术处于全球领先地位，培育了多家具有全球竞争力的动力电池企业，宁德时代和比亚迪两家电池企业的市场占有率就超过全球的一半。此外，中国在发展 5G 技术和布局 5G 基站等方面也走在世界前列，为智能驾驶、人机交互等提供坚实的数字生态支撑。中国还积累大量与之匹配的工程师和高技能人才，为快速推动技术迭代优化提供强有力的人才支撑。不可否认，在新能源汽车领域，中国仍面临诸多技术短板，包括动力电池能量密度和生产工艺均有待提升，汽车"缺芯"问题仍有待解决，上游原材料资源供应瓶颈问题突出等。

三是中日韩新能源汽车拥有全产业链互补合作的潜力。日韩发展新能源汽车产业，往往受制于相对狭小的国内市场，使其对中国市场的依赖性逐步增强。日韩还缺少不同自然环境条件下的使用场景，如高山高寒地区场景，而中国可提供给日韩车企几乎所有的生产配套、应用场景和潜力市场。通过共同研发、技术交流、联合制造、协作试验推广等互利合作，深化三国新能源汽车产业链供应链各个环节的务实合作，能有效推动技术优化迭代和产品更新上市，促进企业降本增效、智慧城市建设和节能减碳等多目标的实现。技术研发环节，三国可取长补短，联合开展动力电池及氢燃料电池、下一代电动化平台及电子电气架构、电机电控技术、车规级芯片设计、自动驾驶与未来出行技术、充换电技术等方面研发创新，经过多轮次迭代升级，可大幅提高产品性价比，创造新能源汽车的技术平价时代。车规级芯片方面，立足中国的新能源汽车生产基地，三国可联合研制功率半导体、建设车规级芯片制造基地，共同构建稳健的车规级芯片供应链，解决汽车行业的"缺芯"难题。关键零部件方面，三国可联合投建高端电池极片涂布机、动力电池高端隔膜、高端铜箔、车门冲压模具等生产基地，提升产业链供应链合作的效率和质量。应用场景打造方面，中日韩三国在测试验证、智能驾驶、智慧城市建设等方面有明确合作诉求，可共同分享各自实地测试信息，构建智能驾驶软件应用场景，开展平台构架和服务模式等方面的应用创新。

三、新材料新能源研制塑造中日韩产业链合作新支点

如何确保关键矿物及材料资源制品的稳定供应，对保障半导体、新能源汽车等产业链供应链安全稳定至关重要。追溯至上游资源投入环节，保障产业链供应链稳定安全既要减少对稀有矿物等材料的依赖，又要满足安全环保、节能减碳等发展需要。这就要求尽快研制出新型材料或新型能源替代。日韩在新材料、新能源领域有深厚的技术积累，中国对发展新型材料和能源有明确诉求和应用需求，在稀土资源、稀有金属等方面有储量资源优势，三国联合开展新材料新能源研制推广有很大的合作空间，有助于尽快解决关键基础材料和绿色能源动力等发展瓶颈。

一是新材料产业成为中日韩竞合发展的新领域。发展新材料产业事关高端制造和国防安全能力，是新技术发展的基础和先导，也是半导体、新能源汽车、现代化工等产业链现代化发展的重要延伸。日本新材料创新实力仅次于美国，在化工、电子信息、高分子等新材料领域拥有全球领先的技术能力，在高温超导、纳米、碳纤维、工程塑料、功能化学、半导体等材料细分市场拥有较高的市场占有率。韩国长期支持新材料产业发展，是当前拥有石墨烯专利最多的国家，在显示材料、存储材料、纳米弹性元件、生态材料、生物材料、高性能结构材料等方面具有领先地位。中国新材料产业发展起步较晚，在半导体照明、稀土永磁、人工晶体材料等细分领域拥有一定优势，但整体原始创新能力不足，核心技术和专用装备水平相对落后，高端材料仍需大量依赖进口。为提升关键战略材料研制能力，中国正大力发展新材料产业，紧跟前沿新材料发展方向，力争在部分领域实现技术并跑甚至领跑。由于材料种类繁多、技术门槛高、回报周期长且市场容量有限，在所有关键材料上实现自给自足并不现实。作为中间产品，新材料需依附于制造业产业链生态而共生发展。中日韩三国在多晶硅、碳纤维、锂电池等新材料领域已形成优势互补、相互依存的关系。中国拥有万亿级工业消费市场，有助于推动新材料技术迭代和应用推广。通过稳固区域产业链供应链，中日韩三国可为新材料研制和推广提供应用需求空间，助力研发投入持续得到反哺。

二是发展新能源是中日韩产业合作的重点方向。应对气候变化和实现碳中和目标成为国际社会共识。由于自身油气资源匮乏，中日韩都高度重视发展新能源产业，不断推动能源技术进步和绿色低碳发展。目前，中日韩分别制定了各自的碳中和目标及实施路线图，在可再生能源发电、氢能与储能、先进核电、固废综合利用、能源互联网等领域，三国各具技术优势和合作发展需求。经过长期积累，日韩两国掌握着先进的氢能和燃料电池技术。日本实现了全球首次远洋氢气运输，韩国研发出了一种用于电池的硅复合材料。中国新能源产业发展虽起步较晚，但光伏产业已处于全球领先地位，同时也在加快发展氢能和储能等产业。在碳中和目标引领下，中日韩三国在绿色低碳发展上有相似需求，在新能源技术研发与应用推广上拥有很大的合作潜力，可重点在海上风电、氢能与储能、碳捕获利用与封存（CCUS）等方面开展广泛合作。

三是构建中日韩新材料新能源产业合作新机制。经过多年产业梯度转移，日韩仍是中国产业链中上游的关键材料和零部件来源国。中国正在致力于制造业迈向高端化、智能化、绿色化发展，在新材料新能源等上游生产环节仍需要国际合作。如动力电池市场，日本松下、韩国LG、中国宁德时代和比亚迪等企业虽直接展开市场竞争，但在市场之外的技术、标准、供应链等方面还需开展沟通合作，共促技术进步、供应链稳定和市场成长。中日韩三国以区域市场和创新网络为牵引，利用现有双边、区域或多边产业合作机制，着力构建新材料新能源等上中游产业合作新机制，共同支持新材料新能源研发中心和制造基地建设，推动新材料新能源领域的官产学研深度融合，促进产业技术、资本、人才等交流交换合作，拓宽面向日韩乃至全球的国际合作渠道，搭建中日韩新材料新能源产业博览会、技术研讨会和产品展销会等交流平台，在新材料新能源领域达成更多的联合研究和技术对接。

第四节　努力营造中日韩产业互补合作的有利环境

党的二十大报告强调，中国坚持对外开放的基本国策，坚定奉行互利共赢的开放战略，不断以中国新发展为包括日韩在内的各国提供新机遇。坚持对外开放中，日韩仍是中国不可或缺的产业合作伙伴。国际格局新变化中，通过深化与日韩产业合作，中国能携手与之创造更多商机，共同培育发展新动能，维持区域产业链供应链安全稳定。在与日韩产业发展战略对接中，中国要抓住新一轮科技革命和产业变革机遇，进一步营造有利于产业合作的外部环境，努力构建好国内大循环体系，充分发挥好超大规模市场优势，找准互利双赢的合作契合点，着力构建中日韩经贸合作的"小循环"，共同营造稳定有韧性的东亚生产网络，服务于稳定地区经济社会发展大局。

一、突破中国护栏规制，营造良性竞合的国际环境

近年来，美国不断对华"筑墙设垒"，主动寻求"脱钩断链"，极力拉拢日韩等盟友对华打压遏制，包括组建前沿技术研发联盟，联手限制高精尖技术对华出口，设置"中国护栏"抬高企业对华合作成本，迫使其逐步放弃中国市场，以此阻遏中国产业技术升级步伐。党的二十大报告指出，中国反对"筑墙设垒""脱钩断链"，愿加大对全球发展合作的资源投入，以国内大循环吸引全球资源要素，增强国内国际两个市场两种资源联动效应。在此情况下，应主动营造良性竞合的国际环境，以胸怀天下的开放姿态，发挥好大规模有效市场的磁吸力，主动寻求"挂钩固链"，深化与日韩合作，争取稳固周边合作跨越美西方设置的"中国护栏"。

一是以良性竞争对冲恶意打压。中国坚持公道自在人心，以最大诚意善待外资企业，并给予公平优待，鼓励良性市场竞争，支持互利合作发展，共同培育全球发展新动能。以此积极争取日韩企业适应性调整进化，顺从自身发展本意"用脚投票"，遵循市场规律，合力突破美西方道德绑架和强权约束，着力绕开美西方排华规制及长臂管辖，逐步突破安全枷锁，避免被美西方牵着鼻子走，掉入其设置的政治或意识形态合规"陷阱"。

二是以市场力量增显"邻国效应"。作为永远搬不走的邻居和合作伙伴，中日韩天然有深化产业合作的基因。中国已成长为超大规模市场的经济体，对日韩企业的磁吸力在增强。为突破美西方安全捆绑，应充分发挥市场力量，利用"邻国效应"稳住日韩，扩大经贸合作的积极面，强化互利共赢的利益纽带，共同寻找产业合作的最大公约数，持续以中国新兴产业发展为日韩企业提供新机遇，引导其扩大在华投资，稳固生产服务基地，扩大企业间利益融合，增强地方产业园区合作联动效应。

三是以场景应用推动科技合作。美国牵头拉动日韩组建技术合作联盟，但应用场景并不广泛，缺少足够多愿意尝试新鲜事物的庞大消费群体。中国

拥有"世界工厂"和"世界市场"叠加衍生的多种应用场景，适合各种新技术、新产品的试制应用推广，更有利于技术快速迭代和产品上市商用。中国正组织实施未来产业孵化与加速计划，实施产业跨界融合示范工程，打造未来技术应用场景，将为包括日韩在内的各国企业提供广泛多样的创新试验场景场所。抓住日韩企业推进技术迭代更新的诉求，聚焦半导体、新能源汽车、生物医药等重点领域，开展前沿科技联合研发和场景塑造，将能帮助日韩企业提升科技成果转化率，充分利用"首店经济"等快速推进新产品商业化，提升日韩企业整体研发投入回报率，同时也助推中国以科技创新驱动产业转型升级，形成更加稳固的科技、产业和金融的良性循环。

二、信守经贸协定承诺，营造自由便利的区域环境

同属东亚儒家文化圈，中日韩企业均重信守诺，遵照合约规则行事。随着区域经济一体化提速，中韩 FTA、RCEP、CPTPP 等经贸制度营造了自由便利的产业合作环境，相关规则条款对域内企业经济行为形成"硬约束"。三国企业开展经济产业合作势必要遵守 WTO 等国际通行规则，履行双边或区域自贸安排。推动中日韩深化产业合作，应充分利用区域贸易投资规则，促进产业链供应链畅通稳定，提升区域循环的质量和水平。

一是构建东亚高水平经济循环。随着中韩 FTA、RCEP 先后落地生效，高质量共建"一带一路"稳步推进，东亚区域经济一体化提速，正朝东亚经济共同体建设向前迈进一步。抓住 RCEP 关税减让、原产地累积规则等实施机遇，扎实推进中日韩经贸合作，推动区域范围内生产力布局的调整、优化和升级，稳定区域经济循环流转，提升产业关联畅通水平，构建东亚高水平经贸循环。当前，中韩都在积极考虑加入 CPTPP，实质性推动中韩 FTA 第二阶段谈判和中日韩 FTA 谈判。这些经贸安排一旦达成，将提供更友好便利的制度环境，加速推进区域内产业梯度转移，增强地区内消费和生产的高效连结，推动中日韩贸易和产业合作（如半导体、新能源汽车、新材料、新能源领域）及供应链整合，加快形成合理高效和深度黏连的产业分工和合作格局。

二是保障东亚生产网络安全稳定。东亚生产网络中，中日韩处于核心地位，三国虽各有自身产业安全诉求，但已形成"你中有我、我中有你"融合共生的生产网络，贸易投资和产业链依存度较高。面对非常时期全球供应链陷入紊乱的挑战，维护区域产业链供应链稳定畅通符合三国共同利益，增强本土化、近岸化、区域化供应链韧性显得尤为重要。可主动加强与日韩的宏观政策协调，加强供应链层面的合作与沟通，处理好风险防范、稳价保供、促进就业等逆周期调节政策不同步问题。可共同设立产业链供应链合作机制，优先保障关键原材料和工业品安全可靠供应，促进物流供应链畅通、重要零部件稳定生产、通关便利化和人员交流便利。推进物联网、传感器、工业物联网及关键部件智造等领域的密切合作，共同提升东亚生产网络灵活性和抗风险能力。

三是务实开展第三方市场合作。随着劳动力等要素成本持续攀升，中日韩部分产业和产能加速向东南亚、南亚、非洲等地区转移，如三国在东盟地区投资持续增加，已初步形成与三国产业链相配套的产品装配基地。深化与日韩产业务实合作，应发挥各自比较优势，将合作范围拓展到第三方市场，包括合作深耕东盟市场，共拓东亚关联的经济圈；拓展"一带一路"沿线市场，共同打造海外原材料供应基地、加工制造基地和制成品销售目的地。

三、全面深化改革开放，营造有吸引力的投资环境

党的二十大报告提出，坚持把发展经济的着力点放在实体经济上，推进新型工业化，加快建设制造强国。"十四五"规划要求，重点发展先进制造和高新技术产业。要发挥好包括日韩在内的外资企业对促进制造业高质量发展的积极作用，着力营造更加有吸引力的投资环境至关重要。相比于美西方企业，日韩企业在先进制造技术等领域拥有一定的领先优势，受美国政府的羁绊较少，可充当中美科技博弈的缓冲带和中间人。在开放创新合作条件下，深化与日韩先进制造领域合作，可助力中国获取前沿科技信息，助推产业升级和培育新增长引擎。

一是完善中日韩科技创新合作机制。实施更加开放包容、互惠共享的国际科技合作战略，及时跟进科技前沿领域，主动融入全球创新网络，巩固和深化与日韩科技交流合作机制。主动对标国际科创规则，加强知识产权保护，推动技术有偿转移和开发利用，打消日韩企业对强制性技术转让的顾虑，为其在华开展研发创新投入提供公平透明可预期的制度保障。鼓励日韩企业和科研人员参与国家重大科技攻关项目，积极承接重大前沿科技创新合作项目，发挥技术资源和市场所长，共同开展技术咨询和培训，实现优势互补、强强联合。半导体领域，推进中国版的半导体共性技术联合攻关项目中，积极吸引日韩半导体企业共同参与，向其有序开发半导体研发系统和技术标准，通过大规模市场试制拉低技术研发成本，通过产品迭代反哺技术迭代，着力构建新一代半导体研发创新生态体系，开拓半导体产业发展新领域新赛道。新能源汽车领域，积极与日韩车企开展前沿技术合作、示范场景打造，推进新技术、新产品用户反馈信息共享，推动关键核心技术、新材料和零部件国产替代，培育一批汽车产业生态主导型的"链主"企业。

二是保障日韩在华投资项目落地见效。进一步缩减外商投资准入负面清单，全面落实外资准入前准入后国民待遇，促进内外资企业公平竞争，在财税补贴、金融服务、要素保障等政策上给予同等待遇，为其顺利投产见效提供便利化支持。半导体领域，可出台新的半导体产业扶持政策，通过扩大产业扶持基金规模、税收减免、土地使用优惠、人才引进优惠等具体措施，放宽半导体企业本地化注册、利润再投资等限制要求，落实好保护外商投资权益政策，吸引继续扩资增产和形成本地化配套能力，巩固日韩半导体制造、封测、材料等生产基地，进一步提振包括日韩企业在内的外资企业在华投资信心。对日韩在华投资的重大项目给予特别重视，如为韩国三星西安芯片工厂、SK 海力士无锡扩大再投资项目提供稳定的要素和政策保障，为 SK 海力士收购英特尔大连芯片工厂项目后继续正常运营及开展后续投资提供更大便利支持，确保其顺利见效。

三是提升与日韩产业合作平台效能。对接国际高标准经贸规则，利用自由贸易港、自由贸易试验区的制度创新功能，建设面向日韩的高能级开放平台。深入推进中日、中韩或中日韩地方产业园区建设，加大力度面向日韩企业高质量招商引资和招才引智，优先在东北、胶东、长三角等毗邻日韩且有合作基础的地区，布局一批日韩优势产业承接基地、中小企业创业基地、未来产业园区等特色产业载体，主动承接日韩产业转移和重大投资项目，提升日韩在华投资质量和效益，持续增强三国产业链完整性和供应链稳定性。

第八章

新形势下中日韩经贸合作重点、动因及方向

日韩是中国重要的贸易伙伴，也是对华投资重要来源地。日韩是东亚生产网络中不可或缺的重要节点，在我国维护产业链供应链安全稳定中占据重要作用。加强与日韩产业合作，对于我国稳周边谋发展、延长我国重要的战略机遇期具有重要意义。制造业是全球产业链供应链体系的主要组成部分，日韩对华贸易投资中，制造业占比很大。中国终端产品中有很多高精尖的设备、零部件、原材料往往自日韩进口。以半导体产业为例，日本企业在半导体材料和设备制造方面具有明显优势，日本生产的光刻胶、硅晶圆、半导体键合金线、CMP 浆料（研磨液）、引线框架、光掩膜的全球占比分别为 90%、50%、50%、40%、40%、20%。在疫情加速全球产业格局调整，俄乌冲突进一步恶化国际格局和世界秩序，区域贸易协定改变全球产业链供应链布局，产业链供应链意识形态化"去中国化"趋势显著增强，全球产业链供应链断链与重构同步出现，俄乌战争加剧全球供应链断链风险，产业链供应链呈现区域化、近岸化、本地化趋势下，寻求中日韩产业合作新思路新策略意义重大。

第一节　新形势下中日韩经贸合作重点

新冠疫情、中美博弈、俄乌冲突三大因素冲击之下，中日韩经贸合作重

点发生变化，呈现出中国与日韩双边贸易逆势增长、双边投资分化、产业合作稳中有忧等特征。

一、中国与日韩双边贸易逆势增长

全球经济脆弱复苏的背景下，中国与日韩贸易逆势增长。2017 年中美贸易摩擦爆发以来，中国与日韩之间贸易额受影响不大，基本处于历史较高水平，即便是在 2020 年疫情以来中日和中韩贸易额仍保持较高增长。2021 年，中日和中韩贸易额分别达到 3714 亿美元和 3624 亿美元，再创历史新高，同比分别增长 17.1% 和 26.9%。其中，中国对日对韩出口分别为 1658.5 亿美元和 1488.6 亿美元，同比增长分别为 16.3% 和 32.4%；中国自日韩进口分别为 2055.5 亿美元和 2134.9 亿美元，同比增长分别为 17.7% 和 23.3%。2022 年 1—10 月，中韩贸易额超过中日贸易额，分别为 3064 亿美元和 3000 亿美元。（图 8-1）

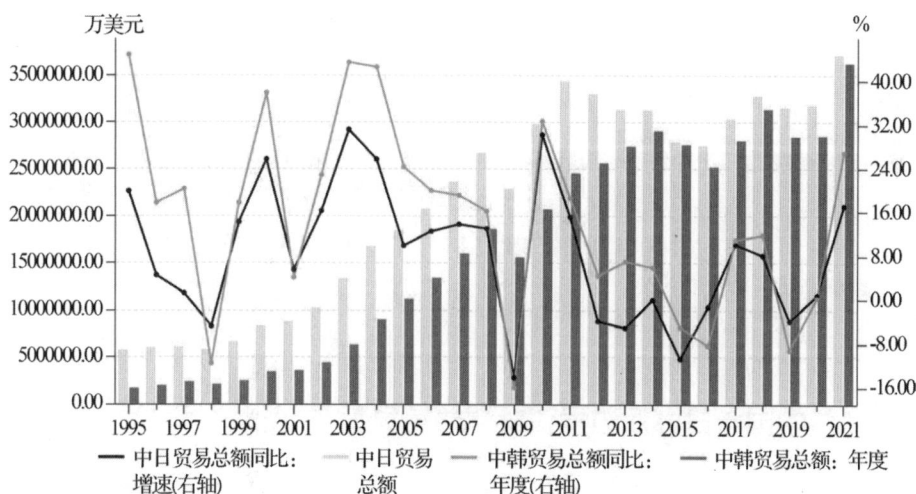

图 8-1　中国与日韩贸易逆势增长

数据来源：Wind 资讯。

日韩是我国重要贸易合作伙伴。日韩长期以来保持中国第二大、第三大贸易伙伴国地位。疫情前，2019 年中日和中韩贸易额占中国贸易比重分别为

6.9% 和 6.2%，合计占比 13.1%；疫情后 2021 年这一比重分别降至 6.1% 和 6%，合计占比 12.1%。尽管中日中韩双边贸易比重呈递减趋势，但日韩仍保持对华重要贸易地位。

中国长期以来是日韩的最大贸易伙伴。疫情前，2019 年日中贸易总额占日本贸易比重 21.3%，韩中贸易总额比重占韩国贸易比重 23.3%；疫情后2021 年日中贸易总额占日本贸易比重为 22.9%，韩中贸易总额比重占韩国贸易比重 23.9%，疫情以来日韩对华贸易比重进一步提升。（图 8-2）

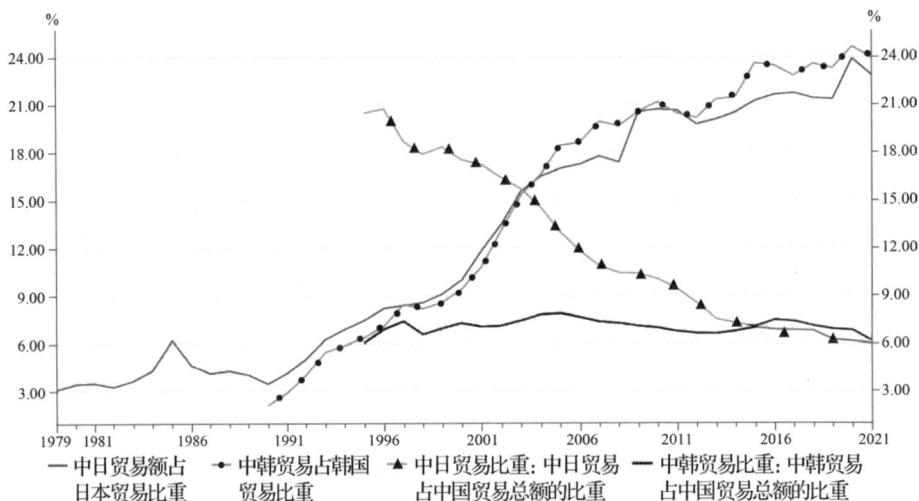

图 8-2　中国与日韩贸易比重下降，日韩对中国贸易比重上升
数据来源：Wind 资讯。

二、中国与日韩双边投资分化趋势显著

日韩是我国主要外商直接投资来源地。2021 年，韩日仅次于新加坡和英属维尔京群岛，分别是我国第三大和第四大外商直接投资来源地。日本在中国累计利用外资来源国中排名第一。疫情前 2019 年，日本累计对华累计投资1146 亿美元，疫情后 2022 年日本累计对华累计投资超过 1200 亿美元。疫情前 2019 年韩国累计对华投资 789 亿美元，疫情后 2022 年韩国累计对华投资约 1000 亿美元。

日韩对华直接投资呈现分化态势。2012 年日本对华投资达到顶峰，2004年韩国对华投资达到顶峰，此后整体放缓趋势，2015 年以来韩国对华投资流量超过日本，疫情前后日韩对华投资出现短暂放缓后开始有所回升。疫情前2019 年日本对华实际投资 37.2 亿美元，疫情后 2020 年和 2021 年分别为 33.7亿美元和 39.1 亿美元，2022 年 1—9 月为 37.3 亿美元，同比增长 43.8%。2019 年韩国对华投资 55.3 亿美元，2020 年和 2021 年分别为 36.1 亿美元和40.4 亿美元，2022 年 1—9 月韩国对华投资 47.0 亿美元，同比增长 93.1%，对华投资猛增。（图 8-3 ）

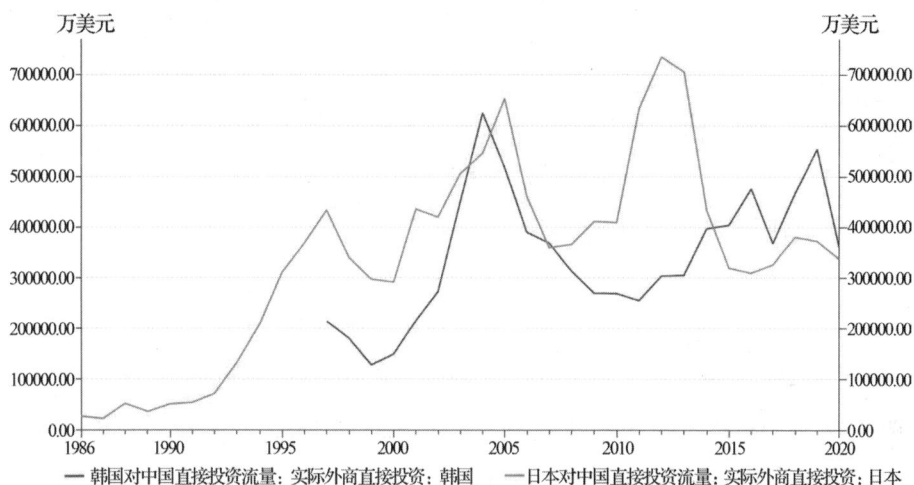

图 8-3　日韩对华投资趋势

数据来源：Wind 资讯。

中国对日韩投资分化趋势。中国对外投资起步较晚，中国对日韩投资规模与日韩对中国投资规模远不对称。截至 2020 年，中国对日累计投资 44.5亿美元，对韩累计投资 69.7 亿美元。中国是日本第五大外资来源地。疫情前2019 年中国对日投资流量 6.7 亿美元，疫情后 2020 年为 4.9 亿美元，同比下降 27.8%，中国对日投资放缓。疫情前 2019 年中国对韩投资 0.56 亿美元，疫情后 2020 年为 1.4 亿美元，同比上涨 148%，中国对韩投资大幅上涨。2021年，中国企业对日韩非金融类直接投资分别为 4.4 亿美元和 3.4 亿美元，同比

增长分别为 48.6% 和 28.7%。（图 8-4）

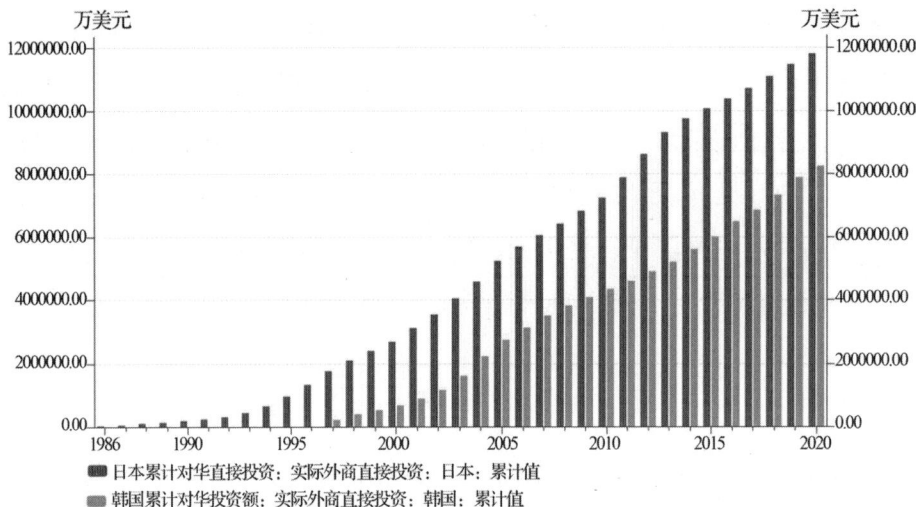

图 8-4　日韩对华累计投资

数据来源：Wind 资讯。

非经济因素对在华日韩企业投资决策影响加大。在华外企普遍反映中国投资环境发生了较大变化，包括中国引进外资政策的转变、中国企业竞争力加强、劳动力成本上升等经济因素，也包括政策风险、中美博弈加剧、环境法规收紧等非经济因素。营商环境变化导致的外企搬迁或退出中国业务的意愿不大，非经济因素对外企投资决策影响增加。日本贸易振兴机构（JETRO）对在华日企调查显示，2020 年 96% 以上的日本企业表示希望扩大或维持在中国的业务，2021 年在华日资企业的盈利比例 72.2%，为 2007 年以来最高纪录，近半数企业表示经营环境未对经营效益产生影响，85.3% 的在华日企选择将所得的半数或全部用以在中国继续发展。韩国对外经济政策研究院研究显示，韩企在华投资以开拓中国市场为目的的企业比例高达 93%，短期内不会大举搬迁到第三国，新增投资会维持现有水平，但整体对华投资占韩对世界投资比重大幅下降，由 2005 年的最高水平的 40% 下降到 2021 年的 5% 左右。

三、中国与日韩产业合作稳中有忧

日韩对华制造业领域贸易投资放缓。中国与日韩双边贸易投资主要集中在制造业领域。在贸易领域，中国从日本进口的前四大类主要商品是机电类、运输设备类、光学医疗类和塑料类产品，合计占比 70% 左右。根据 HS 编码，中国从日本进口的 84 章核反应堆、锅炉、机械器具及零件和 85 章电机、电气、音像设备及其零附件合计占比 50% 左右，呈小幅下降趋势。中国对日出口的前三大类主要商品是机电类、纺织品及原料、光学级及医疗类产品，合计占比超过 50%，其中机电类出口占比超过 40%，呈小幅下降趋势。中国自韩进口的前四大类主要商品是机电类、化工类、塑料类、光学及医疗类产品，合计占比超过 80%，其中机电类产品占比超过 65%，呈上升趋势。中国对韩出口前三大类主要商品是机电类、贱金属及制品、化工产品，合计占比超过 54%，其中机电类产品占比 43% 左右，相比疫情前下降 3 个百分点左右。在投资领域，中国与日韩双边投资同样集中在制造业领域。2020 年，日本对华制造业投资占全部投资比重为 64.8%，制造业投资下降，非制造业投资上升。制造业投资同比下降 31%，其中，运输机械器具投资下降 22.4%，一般机械器具下降 70.1%，电气机械器具下降 41%。非制造业投资同比增长 7.2%，其中批发零售业投资同比增长 63.8%，达到 3179 亿日元，金融、保险业增长 43.1%。韩国对华投资主要在高端制造业领域，以芯片和新能源汽车中间品与零部件为主，近期整体投资规模呈下降趋势。（表 8-1—表 8-4）

表 8-1　中国自日本进口主要商品类别占中日进口贸易额比重　　（单位：%）

HS 编码	84 章 核反应堆、锅炉、机械器具及零件	85 章 电机、电气、音像设备及其零附件	87 章 车辆及其零附件，但铁道车辆除外	90 章 光学、照相、医疗等设备及零附件	39 章 塑料及其制品
2019 年占比	21.19	25.39	10.44	8.83	5.63
2020 年占比	20.97	26.62	9.46	9.24	5.78
2021 年占比	21.47	26.31	7.81	8.78	5.78
2022 年 1—10 月占比	20.16	26.90	8.53	7.48	5.72

数据来源：据 Wind 资讯数据整理。

表 8-2　中国对日本出口主要商品类别占中日出口贸易额比重　（单位：%）

	85章 电机、电气、音像设备及其零附件	84章 核反应堆、锅炉、机械器具及零件	61章 针织或钩编的服装及衣着附件	62章 非针织或非钩编的服装及衣着附件	90章 光学、照相、医疗等设备及零附件
2019年占比	22.49	18.47	5.33	4.92	3.15
2020年占比	22.67	18.73	4.76	4.27	2.97
2021年占比	23.02	17.49	4.66	3.68	2.95
2022年1—10月占比	23.07	16.69	4.61	3.77	2.65

数据来源：据 Wind 资讯数据整理。

表 8-3　中国自韩进口主要商品类别占中韩进口贸易额比重　（单位：%）

	85章 电机、电气、音像设备及其零附件	84章 核反应堆、锅炉、机械器具及零件	29章 有机化学品	39章 塑料及其制品	90章 光学、照相、医疗等设备及零附件
2019年占比	45.67	12.36	6.65	6.32	7.47
2020年占比	48.99	12.41	4.47	6.54	6.62
2021年占比	51.31	11.14	5.47	6.54	5.33
2022年1—10月占比	55.29	10.29	5.81	6.62	2.68

数据来源：据 Wind 资讯数据整理。

表 8-4　中国对韩国出口主要商品类别占中韩出口贸易额比重　（单位：%）

	85章 电机、电气、音像设备及其零附件	84章 核反应堆、锅炉、机械器具及零件	72章 钢铁	73章 钢铁制品	29章 有机化学品
2019年占比	33.94	12.07	4.63	2.73	2.93
2020年占比	32.36	12.90	3.18	2.68	2.86
2021年占比	31.96	11.55	4.58	2.71	3.52
2022年1—10月占比	31.54	11.00	3.91	2.87	3.77

数据来源：据 Wind 资讯数据整理。

中国加大对日韩数字经济和新能源领域的投资。中国对日投资主要集中在汽车电动化和互联网等相关项目，以及跨境电商、移动支付、共享经济等新经济领域和新能源技术等领域。2020年科大讯飞、比亚迪、蜂巢能源科技等企业进军日本。中国对韩投资主要集中在跨境电商、清洁能源等数字经济和绿色投资领域合作。目前，阿里巴巴、京东、腾讯等电商平台在韩设有法人或机构，部分企业参与当地清洁能源、电力等领域的投资并购项目。

中日韩在新兴产业领域竞争加剧。随着中国发展水平的提高，中国在高端装备制造业、新能源、新能源汽车、新材料、节能环保、新兴信息产业和生物产业等新兴产业领域与日韩形成竞争，中日韩之间的产能合作由原来的"垂直分工为主"向"垂直分工和水平分工并重"方向转变。根据上述数据，中国对日韩贸易中机电产品出口比重最大，出口竞争力较强，日韩对我国出口商品中机电产品占比一半左右，中日韩在机电产业尤其在半导体产业领域竞争加剧。在汽车领域，中日韩在新能源汽车领域竞争加剧。近年来，三国都在积极部署新能源汽车和锂电池领域，加大政策支持力度。日韩在节能减排领域经验丰富，在推动新能源汽车发展上不遗余力。中国后来者居上，拥有全球规模最大的新能源汽车用户，也是在政策上发力较早的国家之一，已在新能源汽车领域具备一定的先发优势和规模优势，与日韩在新能源汽车领域的竞争加剧。此外，中日韩在数字经济领域的竞争加大。中国在数字经济领域处于领先地位，韩国积极跟进，商用5G全球领先，日本在推动数字产业化产业数字化方面迟滞但也奋起直追。

日韩大企业加快全球多元化布局。近年来，受中美博弈加剧和美国吸引外资政策转变等因素影响，日韩企业投资向北美和东盟等地区扩展，加快海外多元化投资布局步伐，加快推动全球产业链供应链重构。

第二节　中日韩经贸合作变化动因

俄乌冲突、新冠疫情和中美博弈，对当前和未来中日韩产业合作产生不可低估的影响。俄乌冲突加快世界经济格局调整，对东北亚局势产生影响，为大国冲突提供了一次压力测试和情景预演。目前，中美之间出现科技、产业、金融各种脱钩的风险在显著上升。日韩加快跟随美国步伐，挤压中日韩合作空间。

一、俄乌冲突局势下中日韩和东北亚产业合作承压

俄乌冲突对国际秩序及东北亚局势的影响。俄乌冲突是第二次世界大战后东西方冷战的延续，美国为首的北约组织合力围剿俄罗斯，同时挑衅中国，俄乌冲突加剧世界格局之变。俄乌冲突必然削弱俄罗斯的战略实力。受美西方的全面制裁与围剿，从热战到经济战、金融战、科技战、信息战、舆论战等全面混合性战争压制下，俄罗斯被迫与美西方国家脱钩、与世界脱钩，元气大伤。目前，多个国家和地区广泛支持乌克兰，反对俄罗斯，对俄罗斯进行各种制裁。在联合国人权理事会，俄罗斯被暂停其资格。俄乌冲突中，最大的赢家是美国，美国不费一兵一卒，获得最大的利益，实现对俄罗斯的压制，进一步掌控欧洲，乌克兰成为牵制俄欧博弈的棋子，美元回流不断强势。欧洲损失惨重，地区和平环境被破坏、俄欧合作与融合被切断、经济安全上更加依附美国，能源危机、难民危机加剧，金融市场动荡等。俄乌冲突之下，国际格局、世界秩序、全球治理等都在遭受挑战，各种风险加快集聚，世界经济可能陷入 20 世纪 80 年代以来最严重的衰退。

日韩加快跟随美国步伐，东北亚局势恶化。长期来看，东北亚地区完全有形成与欧盟、北美地区经济类似的发达经济区的可能。但由于这一地区长期以来十分复杂的政治、安全形势，合作优势和潜力基本上没有发挥出来。

中日韩是维护东北亚地区和平稳定发展的重要力量。俄乌冲突之后，日韩紧跟美国，进一步恶化东北亚局势，加大东北亚经济合作与中日韩经贸合作的不稳定性风险。

俄乌冲突相当于是大国冲突的一次压力测试和情景预演。目前，中美之间出现科技、产业、金融各种"脱钩"的风险在显著上升。对此，我们必须做最坏情景的假设，争取为实现中华民族伟大复兴和构建人类命运共同体赢得最好的结果。

二、国际经济格局走势不明朗可能使中日韩合作面临阻力

第一种情形：形成中日韩美欧三足鼎立的格局。一是俄乌冲突或推动中日韩关系出现新特点。中日韩在东亚区域合作中起着重要的作用。随着全球经济重心东移加快，推动东亚生产方式转型，推动中日韩合作模式转变。东亚生产方式正在由要素驱动向创新驱动转型，东亚板块不再仅仅作为给世界提供制造环节和劳动力的板块，我们将给世界提供市场、技术、关键零部件的生产，实现从为全球提供制造和劳动力向为本地区和全球创造需求转变。中日韩作为东亚经济的代表，形成东亚经济板块。二是俄乌冲突或推动美欧关系出现新特点。俄乌冲突短期强化美欧关系，长期来看欧洲为摆脱能源和安全受制于美的尴尬境地，将寻求"战略自主"，提升自己的地缘政治影响力。综上，俄乌冲突或推动形成"中日韩—美—欧"三足鼎立的格局。这种情况下，中日韩应加强产业链供应链合作，促进东亚乃至全球产业链供应链的安全稳定畅通。

第二种情形：形成中国和美欧两个平行的世界。俄乌冲突背景下，世界可能形成中国和美欧两个平行的世界。当前，中美关系处在建交以来最难的时期。拜登政府依旧将中国视为"最主要的战略竞争对手"，俄乌冲突推动美欧形成新的政治联盟，中美关系改善更加困难，世界可能形成中国和美欧两个平行的世界。

俄乌冲突，无论什么结局，世界会进一步向北约、美西方、民主同盟的

集团化方向迈进。我国必须坚持走自己的道路，继续推动对外开放，继续推动市场改革，继续推动高质量发展。在此背景下，日韩作为美国盟友，会选择跟随美欧，给中日韩合作带来巨大阻力。中日韩合作是东亚合作的重要组成部分和动力源，加强中日韩合作对于我们稳周边具有重要战略意义。这种情况下，应拉住日韩，做到挂钩不脱钩，合作不对抗，避免制裁与反制裁的发生，以时间换空间，为我国和平崛起赢得时机和主动。

三、全球经济重心加速东移推动中日韩合作趋于紧密

受新冠疫情影响，全球产业链供应链区域化、近岸化、本地化趋势显著。全球产业格局加快调整步伐，特别是疫情下东亚生产网络越发凸显重要性。在 RCEP 实施、中国—东盟自贸区升级、中韩自贸区升级、中韩申请加入 CPTPP 等利好因素推动下，全球经济重心东移，呈现出全球需求东移、供给东移、创新东移、服务东移、资本东移、货币和金融合作东移六大趋势，有利于进一步加强区域内产业链供应链合作与经贸合作。全球经济重心转移，正在推动东亚生产方式转型和中日韩合作模式转变。近年来，东亚贸易、生产、创新、服务、金融、航运等领域进入区域一体化快速发展轨道，新冠疫情加快企业数字化转型，给东亚带来巨大数字经济发展机遇，这些都给中日韩合作带来新产业、新业态、新模式、新平台和新机遇。

四、中美博弈冲突升级加剧中日韩战略利益的撕裂

中美博弈加剧，日韩面临选边站队。美国将中国视为"最主要的战略竞争对手"。2017 年以来推动中美贸易战、科技战、金融战、舆论战等各种形式推动中美"脱钩"，遏制中国崛起，极力与中国零和博弈。当前美国拱火俄乌冲突，薅欧洲羊毛，削弱俄罗斯，挑衅中国，扩大"中国威胁论"，以达到其收割全球的目的。构建针对中国的军事同盟，组建美英澳"奥库斯"（AUKUS）三边联盟和美日印澳"四方机制"，拉拢日韩，威逼东盟站队，力推北约"印太化""全球化"。日韩作为美国盟友，面临选边站队困境，在经济安全高

于经济利益的理念下，日韩逐步向美靠拢，对华经贸合作防范性、对抗性增强，中日韩经贸合作阻力加大。

美国构建印太经济框架欲将中国排除在外，以抗衡中国在亚洲的影响力。印太经济框架服务于印太战略，是印太战略的经济抓手。印太经济框架（IPEF）在 2021 年已有雏形，2022 年 5 月拜登借访日之际正式推出印太经济框架，包括美国、日本、韩国、印度、澳大利亚、文莱、印度尼西亚、马来西亚、新西兰、菲律宾、新加坡、泰国和越南等 13 个初始成员国，占到世界 GDP 的 40%，超过 RECP 和 CPTPP 经济总量。目前，斐济成为第 14 个初始成员国。印太经济框架包括四大支柱，互联互通的经济（贸易）、有韧性的经济（供应链）、清洁的经济（清洁能源基础设施）和公平的经济（税收和反腐败）。印太经济框架并不是自由贸易协定，不包含关税减免与市场准入等优惠政策，而是充满排他性的经济框架。印太经济框架尚无具体细节，其影响仍存在较大不确定性。印太经济框架为印太地区亚洲国家参与印太战略提供了道路上的合法性，成为成员国通过印太经济框架加入印太战略的跳板。若今后印太经济框架植入类似《美墨加协定（USMCA）》的"毒丸条款"，中日韩经贸合作将面临困境。

美国通过印太经济框架重建在亚太地区的经济影响力，将中国排除在外。美国已经退出 TPP，不考虑重返 CPTPP，印太经济框架是 TPP 的替代方案，美国希望通过印太经济框架参与印太地区经济发展机遇，削弱中国在印太地区和全球的经济影响力，维护美国霸权美国标准。印太经济战略框架实质是构建排除中国的产业链供应链体系，加快与中国的脱钩，建立以美国为主导的产业链供应链体系。美国通过《美墨加协定》（北美自由贸易协定）、美欧贸易和技术委员会和印太经济框架，完成了在北美、欧盟、东亚三大生产网络闭环战略布局，推动数字经济、半导体、人工智能、新能源等战略产业合作，建立排斥中国的产业链供应链体系，摆脱美国对中国供应链的依赖。印太经济框架反映出美国在高科技上封锁中国的意图。若印太经济框架做实做深，将挤压中国在印太地区的发展空间，中国或将被排除出印太地区供应链体系。日韩加入印太经济框架，将冲击中日韩产业链供应链网络体系。

印太经济框架是基于共同价值观的技术和供应链合作机制。全球疫情进一步加速全球产业格局调整，区域贸易协定改变全球产业链供应链布局，俄乌战争加剧全球供应链断链风险，印太经济框架强化供应链的价值观化，加剧了全球产业链供应链区域化、近岸化、本地化、意识形态化趋势，导致全球产业链供应链断链与重构同步出现。东亚作为国际大三角分工格局的重要一环，对于维护东亚产业链供应链稳定和全球产业链供应链稳定具有重要意义。因此，面对不利的国际环境，同为东亚国家的中日韩寻求产业合作新思路、新策略意义重大。

日韩是东亚生产网络中不可或缺的重要节点，对我国维护产业链供应链安全稳定具有重要作用。中美博弈加剧，日韩在政治、军事、安全一定是跟随美国，这是基本事实。中国要在经济上与日韩紧紧地联系到一起，战略上加强捆绑，利益上增强纠缠，行动上保持协调一致。加强与日韩产业合作，对于我国稳周边谋发展、延长我国重要的战略机遇期具有重要意义。

第三节　中日韩经贸合作的发展趋势研判

新形势下，增强中日韩经贸合作，拉住日韩企业，战略上要增加利益纠缠，结构上要互补合作构建"你中有我、我中有你"的产业格局，政治上要增进互信，安全上要增进沟通，推动利益驱动下的中日韩经贸合作。在国际格局新变化的背景下，中日韩经贸合作虽有诸多挑战，但三国合作仍有很多机遇。应当看到，中日韩现有的产业链供应链已深度嵌套，不可分割，强制分割对企业将会是灾难性的痛苦。疫情对产业链供应链的破坏，已凸显中日韩产业链供应链难以割舍的特征。未来中日韩经贸合作要在危中寻机，增强抗击疫情等外部风险的能力，需评估中日韩产业合作的好处与风险，通过继续深化产业链供应链合作，尤其是瞄准区域内市场提升产业链跃迁能力，夯实东亚生产网络，才能不再需忍受被外力支配的痛苦。

一、国际环境剧烈动荡，增加中日韩经贸合作不确定性

当前，世界处于百年未有之大变局。俄乌冲突、中美博弈、全球化变局等风险挑战前所未有，国际环境错综复杂。世界秩序面临重塑，加剧经济全球化倒退、全球贸易投资减速、全球数字技术革命分化进程。俄乌冲突加速世界格局演变，美西方对俄全方位无底线制裁严重冲击国际经济正常秩序。中俄关系对中国外部环境造成负面影响，由于中国在乌克兰危机中的立场，将可能面临受到美西方次级制裁的风险，一定程度上将影响中日韩经贸和产业合作的推进。

二、全球产业链供应链重构和"去中国化"趋势，日韩企业与中国企业竞争加剧

20世纪80年代初，中国开始参与东亚国际分工体系，逐步形成了以日本为"领头雁"的东亚经济发展的雁行模式和以"技术密集与高附加值产业—资本技术密集产业—劳动密集型产业"的垂直型阶梯式产业分工体系。在这一产业链构成中，日韩处于中高端，中国处于中低端。随着新一代信息技术和产业革命的兴起，中国产业结构持续优化升级，在数字经济、绿色低碳、高端装备制造等新兴产业领域的优势不断显现，中国与日韩之间的产业梯度差距日益缩小，中国逐步向全球产业链的中高端跃升，推动中国与日韩垂直分工体系渐渐向水平分工体系转变。中国与日韩已开始在高技术产业领域展开竞争，并有竞争加剧的趋势。

全球产业转移中的非经济因素，对中日韩产业合作带来的挑战也不可忽视。国际金融危机以来，全球产业转移出现"逆向转移"的新趋势，美欧日等国家纷纷提出"再工业化""制造业复兴"等计划，推动跨国企业回迁或在本国投资建厂，强制一些产业从发展中国家回流到发达国家。被要求"逆向转移"的产业多为高端制造业，旨在进一步巩固发达国家的技术领先优势。为此，世界各国在新兴产业领域竞争加剧。中美博弈叠加新冠疫情、俄乌冲

突、价值观联盟推动下，美西方重构的全球产业链体现出明显的"去中国化"特征，即与中国产业脱钩成为西方普遍倾向，政治性产业转移特征显著。美国试图打造美国主导的新兴技术标准和市场规则，摆脱在关键产业领域对中国的依赖，尤其在光伏、稀土、半导体、新能源汽车等领域加大对中国的联合遏制。欧洲加强构建数字主权，着力发展"碳中和"工业战略，将环境、气候、人权等问题纳入供应链管控范围，加强对高科技产业领域的投资审查。日本、印度紧随美国政策，韩国进一步向美国靠拢。在此背景下，中国面临产业链脱钩和制造业"卡脖子""掉链子"的风险加剧，中日韩推进产业深度合作的困难加大。

全球产业链供应链呈现本土化、近岸化、意识形态化发展趋势，将推动全球产业链供应链进一步收缩分离，不利于中日韩深化产业合作。疫情暴发后，日韩政府就鼓励在华日韩企业回迁或转移，虽然以中国为主要消费市场的企业不会发生明显的产业转移，但不是以中国市场为主的企业，尤其是制造业已出现明显转移趋向。此外，对于在一些新产业新业态领域布局的日韩企业，或将优先考虑中国以外的其他国家或地区，而在新一轮新产业新业态新模式新领域及其相关上下游、产学研的配套发展中，日韩企业与中国企业的竞争也将加剧。

三、高科技领域合作受美牵制影响较大，影响中日韩产业合作密切程度

2017 年中美贸易摩擦加剧以来，日韩作为美国的盟友，普遍采取"安美经中"策略。在共同价值观导向下，日韩跟随美国在经贸合作上加大对华防范。特朗普政府时期，美国就采取技术封锁和长臂管辖等手段打压中国科技企业，禁止中国使用美国技术和芯片。拜登政府推动印太经济框架，重点在数字产业、半导体、电池、脱碳和绿色等产业领域与中国精准脱钩。拜登政府推动构建美国、韩国、日本、中国台湾"芯片四联盟"，将中国大陆排除在外。在美韩达成的联合声明中，美韩将加强在半导体、电池、核电、航天、

网络等领域的合作，尤其提出要加强在"敏感技术投资""半导体出口管制"等方面合作。在美国支持下，日韩加强对高技术出口管制和技术法律保护，加强对华的技术封锁。由此预计，中日韩在半导体、数字产业、绿色低碳产业等重点领域的合作将会受到越来越多的阻碍。不可否认，美国因素影响下的日韩对华产业政策新动向，也加大了日韩企业对与中国脱钩的担忧，导致日韩企业对华投资信心不足，将可能影响到未来中日韩产业尤其在新兴产业领域合作的紧密度。

四、经济低碳化和数字化转型共同需求驱动，合作前景可观

在新一代科技和产业革命、创新驱动、碳中和目标等背景下，中日韩在高端制造、技术创新、数字经济、绿色低碳发展上具有较大合作潜力。中日韩都以"数字＋绿色"为两大政策主轴，三方在数字经济和低碳绿色经济等新兴领域合作前景可观。

五、半导体领域优势互补，合作潜力巨大

在半导体产业链中，中日韩三国占据重要位置且高度的互补依存，中日韩半导体产业有着巨大的互补与合作空间。日韩处于芯片领域高端，日本在芯片设计、制造、材料生产领域较强；韩国在拥有完整的半导体产业链供应链，但缺少关键材料；中国缺少自主关键核心技术，但在芯片设计全球领先，而且能为世界提供庞大的半导体市场规模。

目前，全球半导体市场依然保持较好的发展势头。据麦肯锡一份报告预测，2030年全球半导体市场规模有望达到1万亿美元，预计70%的增长来自汽车、计算和数据存储、无线三大行业（图8-5）。其中，中国市场保持全球规模最大、增速最快的发展形势。亚太地区的技术发展及市场应对，已成为推动全球半导体产业发展的重要动力之一。据全球半导体行业协会（SIA）报告显示，2021年全球半导体企业35%的营收来自中国，中国仍是全球最大的半导体市场。

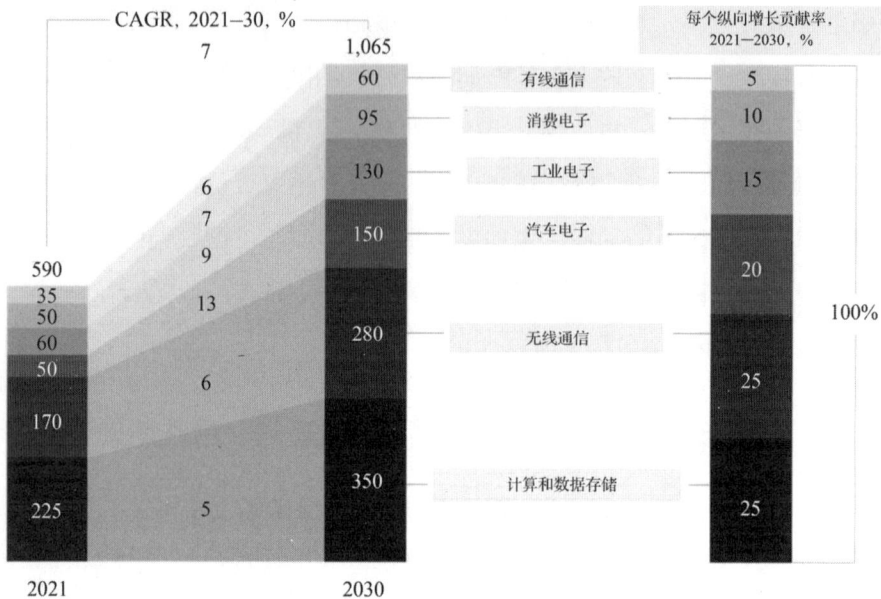

图 8-5 2030 年全球半导体市场规模将达万亿美元

资料来源：国际电子商情网站，2022 年 4 月 2 日。https：//www.esmchina.com/marketnews/38045.html。

六、全球经济重心东移，推动区域经贸合作加强

全球经济重心东移推动东亚生产方式由要素驱动向创新驱动转型，东亚从为全球提供制造和劳动力向为本地区和全球创造需求转变，东亚区域内贸易、生产、创新、服务、金融、航运等领域合作加强，新产业、新业态、新模式不断涌现，为东亚国家特别是中日韩产业合作带来新机遇、新平台和新的增长点。东亚区域内新一代信息技术、高端装备制造、新材料、生物医药、绿色低碳、数字创意等战略性新兴产业合作，大数据、云计算、人工智能等数字技术驱动的制造业数字化转型及智能制造合作，5G 网络、人工智能、大数据中心、工业互联网平台等新基建合作，数字金融、科技金融、普惠金融、绿色金融等新金融产业等领域的合作加强。

RCEP 的实施有利于重塑和巩固区域内产业链供应链，原产地累积原则和

优惠关税待遇将增强中日韩与 RCEP 成员国之间的中间品贸易联系，有利于推动中日韩与东盟之间的产业循环畅通，共同打造稳定畅通的区域产业链供应链体系。中国坚持高标准国际经贸规则，全面扩大高水平对外开放，有利于提升东亚产业链供应链合作水平和区域内贸易合作水平，为中日韩产业合作和区域内产业合作创造更多需求和应用场景与合作机会。

第四节　新形势下促进中日韩经贸合作对策建议

新形势下，在各国更加注重经济安全超越经济利益的背景下，中日韩经贸合作由"合作竞争"向"竞争防范"转变，中日韩经贸合作和产业合作面临的不确定性增大。新形势下，中日韩经贸合作要考虑如何规避或突破美国的阻挠，在重点产业合作上要考虑既能与日韩取得新进展，又能为我国产业升级战略服务。针对中日韩经贸合作的紧密度及在东亚地区产业链之间紧密嵌套的特征，找准互利合作的契合点，增强产业链黏性，做到挂钩不脱钩。中国高水平开放不断释放的国内大市场消费升级需求，有助于拓展中日韩更广阔的经贸合作空间。

一、以 RCEP 为基础积极推动区域合作

一是积极推动区域经贸合作。积极推动 RCEP 实施与扩围，积极推动 CPTPP 扩围，推动中日韩 FTA，积极推动"一带一路"第三方合作，加速推进亚太经济一体化。二是积极推进 RCEP 框架下经贸合作。借助 RCEP 落地实施红利，共同推动全球最大自由贸易区合作。鼓励中日韩企业用好 RCEP 优惠关税、原产地累积等原则，进一步扩大中日韩三国及 RCEP 成员之间贸易投资合作。借力 RCEP 拓展中日韩"一带一路"第三方市场合作新空间，巩固中日韩在第三方市场已开展的项目合作，稳步拓展合作新领域，深入推进"一带一路"倡议下的"中日韩+X"合作。积极探索 RCEP 框架下产业合

作新模式，推动 RCEP 框架下产业园区合作，以构建国际合作产业园区为抓手，先行试点开放制度创新，推动中日韩产业合作、产城融合发展，构建开放创新、绿色低碳、智慧现代的未来科技园和现代产业园，以产业合作平台为纽带，提升区域产业链供应链的韧性。

二、寻求中日韩技术和产业合作共赢点

突出中日韩重点产业合作契合点。充分借助日韩在半导体、汽车、数字经济、绿色低碳等领域的产业优势，寻找产业合作契合点，提高中国产业发展水平和空间。

一是加强半导体产业互补合作。在半导体产业链中，中日韩三国占据重要位置且高度的互补依存，中日韩半导体产业有着巨大的互补与合作空间。日韩处于芯片领域高端，日本在芯片设计、制造、材料生产领域较强；韩国拥有完整的半导体产业链供应链，但缺少关键材料；中国缺少自主关键核心技术，但在芯片设计全球领先，而且能为世界提供庞大的半导体市场规模。据全球半导体行业协会（SIA）报告显示，2021 年全球半导体企业 35% 的营收来自中国，中国仍是全球最大的半导体市场。此外，RCEP 框架下，中日韩将分阶段撤销 90% 以上商品的关税，其中包括部分半导体设备和材料，大大降低了中日韩半导体企业的合作成本。随着数字经济蓬勃发展，中日韩应进一步加强半导体产业合作，特别是在集成电路装备、材料等领域的深入合作，加强半导体产业链供应链合作，实现优势互补，互利共赢。

二是加强汽车产业合作。日韩新能源汽车发展起步较早，日本在氢燃料汽车方面、韩国在电动汽车及推动汽车碳减排等方面具有丰富的经验和成熟的技术，但都存在缺少应用场景和消费市场不大的问题，而中国能很好地提供新技术和新产品施展的舞台。中日韩三国可利用技术相通、场景互补优势，积极开展在新能源汽车和智能汽车领域的合作。一方面，可带动我国新能源汽车和中高端汽车的发展；另一方面，可增进三方智能网联汽车技术交

流，推动汽车减碳适用技术合作，推动未来中日韩汽车产业合作向着长期共存，共同促进方向发展，推进节能减碳等发展目标的实现。

三是深入推进数字化转型国际合作。中日韩数字化转型升级过程中有着共同的需求和巨大合作潜力。日本正积极利用数字技术推动社会 5.0 战略，提高生产率，解决老龄化，缩小教育差距，盘活地方经济。韩国重点推进数字化转型升级，推进数字大坝、智能政府和国民安全社会建设。中国加快数字化发展，推动产业数字化、数字产业化，大力发展数字经济，打造数字社会，建设数字中国。中日韩加强数字经济合作，应秉承发展和安全并重的原则，继续加强在数字化防疫抗疫、数字基础设施建设、产业数字化转型、智慧城市建设、网络空间治理、网络安全合作等领域的交流合作。

三、推动产业链供应链深度合作

加强 RCEP 框架下与日韩产业链供应链的深度合作。充分挖掘区域内产业链供应链优势互补合作潜力，推动区域内产业链供应链合作与融合，维护区域产业链供应链的安全稳定与畅通。共同推动区域内科技创新合作，建立面向全球的研发中心和创新中心等，提升区域创新优势，提升全球价值链地位。以 RCEP 规则为引领，以新能源、新能源汽车、半导体、智能制造等新兴产业领域合作为抓手，以双向投资项目为重点，以中日韩产业博览会等为平台，以改善营商环境更好地吸引和服务在华日韩企业为中心，巩固与日韩产业链供应链关系。

加快构建以我国为主导的产业链供应链体系。首先要补齐产业链供应链创新链短板。充分发挥中国具有世界最完整制造业供应链体系优势，加快补齐国内产业链短板，着力固链强链延链补链，实现中国制造业核心产业链自主高效，促进产业链加快向全球价值链的高附加值环节跃升。其次，努力提升核心企业的基础能力和供应链水平、积极融入全球供应链体系，大力推进中国供应链海外布局，积极培育具有全球影响力的供应链网络体系，加快构建以我国为主的全球供应链网络。

四、推动低碳绿色国际合作

中日韩在绿色低碳发展方面有相同的需求。日本致力于构建脱碳社会，韩国加速向低碳社会转型，中国在努力走适合中国国情的绿色低碳发展道路，分别制定在2050年、2050年和2060年实现碳中和目标。中日韩三国绿色低碳发展目标日渐趋同，将有利于深化绿色低碳领域的务实合作，重点加强气候变化、环境污染、能源发展等领域的产业合作，推进企业合作、科技合作与人员交流合作。

五、加强隐性的协调和一致

面对全球产业链供应链收缩风险，世界经济恢复相当艰难。中日韩应加强产业政策协调，携手互助，共克时艰，全面加强合作，深化协作分工，增强产业链供应链的韧性，推动世界经济走向复苏。坚持在跨国合作行动上保持低调，加强推进实质性合作和已有项目落地，行稳致远。

六、提升应对美国"长臂管辖"的能力

完善涉外法律和规则体系，提升中国涉外法治话语体系。不断完善中国版"阻断法令"，对冲美国"域外法权"保护中国企业免受美国制裁。制定严格的个人数据保护条例，提高美国法院获取个人信息数据成本。

第九章

中日韩半导体与集成电路产业链
合作重点、趋势及策略

半导体产业链具体包括上游半导体原材料与设备供应、中游半导体产品制造和下游应用。其中，半导体材料处于上游供应环节，材料品类繁多，按制造流程可细分为前端制造材料和后端封装材料。半导体设备指在芯片制造和封测流程中应用到的设备，广义上也包括生产半导体原材料所需的机器设备。在整个芯片制造和封测过程中，会经过上千道加工工序，涉及的设备种类大体有九大类，细分又可以划出百种不同的机台，占比较大市场份额的主要有：光刻机、刻蚀机、薄膜沉积设备、离子注入机、测试机、分选机、探针台等。半导体产业下游应用领域包括网络通信、计算机、消费电子、工业控制、汽车电子等。

第一节　中日韩半导体产业链合作现状

中国半导体产业增速超全球平均水平。2023 年，我国集成电路产量约为 3514.4 亿块，同比增长 6.9% 。[①]

[①] 国家统计局：2023 年我国集成电路产量增长至 3514 亿块，半导体产业纵横，https：//new.qq.com/rain/a/20240118A07Q2P00，2024-01-18。

一、中国半导体产业链布局现状

从企业数量的所属地分布来看，广东省是半导体产业企业数量最集中的省份，江苏省排名第二，其次还有浙江、山东等省。从代表性企业的所属地分布来看，江苏省是半导体产业代表性企业的集中地，华润微、南大光电、江化微等半导体企业均分布在江苏省。与此同时，浙江省、上海市、北京市、广东省均有代表性企业分布。截至2022年4月，中国半导体产业园区集中分布于东部沿海地区，其中广东省相关产业园区分布最为密集，江苏省产业园数量位列第二，浙江、福建等地产业园区分布也相对密集。2022年中国第三代半导体市场规模达到111.79亿元，同比增长39.2%，2018年到2022年复合增长率为43%，增长速度惊人；其中2022年氮化镓（GaN）半导体市场规模达到62.58亿元，碳化硅（SiC）半导体市场规模达到43.45亿元，其他化合物半导体为5.76亿元。[1] 有数据预测，从2021年到2026年，碳化硅产品需求有望从10亿美元增长到35亿美元，氮化镓功率产品需求有望从不到1亿美元增长到21亿美元。[2] 从图9-1可见中国半导体产业链全景。

以碳化硅（SiC）、氮化镓（GaN）、氧化锌（ZnO）、金刚石、氮化铝（AIN）为代表的宽禁带半导体材料，被称为第三代半导体材料。与传统材料相比，第三代半导体材料更适合制造耐高温、耐高压、耐大电流的高频大功率器件，因此，以其为基础制成的第三代半导体具备更宽的禁带宽度、更高的击穿电场、更高的导热频，以及更强的抗辐射能力等诸多优势，在高温、高频、强辐射等环境下被广泛应用。目前，我国第三代半导体行业的主要代表企业有露笑科技、斯达半导、楚江新材、天通股份等。从代表性企业分布情况来看，江苏省第三代半导体代表性企业分布最多，如苏州纳维、晶湛半

---

① 第三代半导体产业百科，智研咨询，https：//baijiahao.baidu.com/s?id=1794205051611263056&wfr=spider&for=pc，2024-03-22。

② 换道超车! 第三代半导体加速爆发 多地加大产业投资布局，中国科技信息杂志社，https：//baijiahao.baidu.com/s?id=1767323996602733039&wfr=spider&for=pc，2023-05-30。

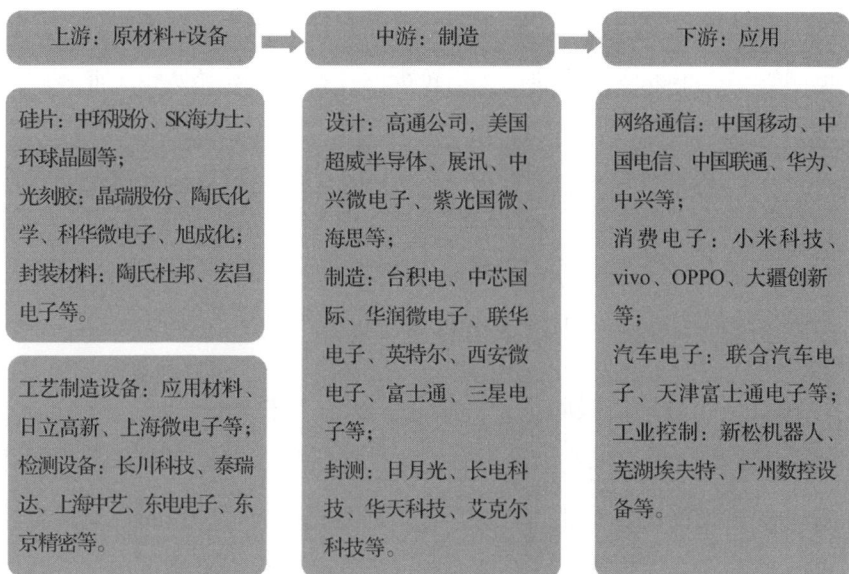

图 9-1 中国半导体产业链全景

资料来源：前瞻产业研究院。

导体、英诺赛科等。同时广东、山东代表性企业也有较多代表性企业分布。目前，在中国第三代半导体行业中，中国企业量产产品较少，超过八成产品依赖进口，国产产品大多处于研发和推广阶段。相关数据见图 9-2。

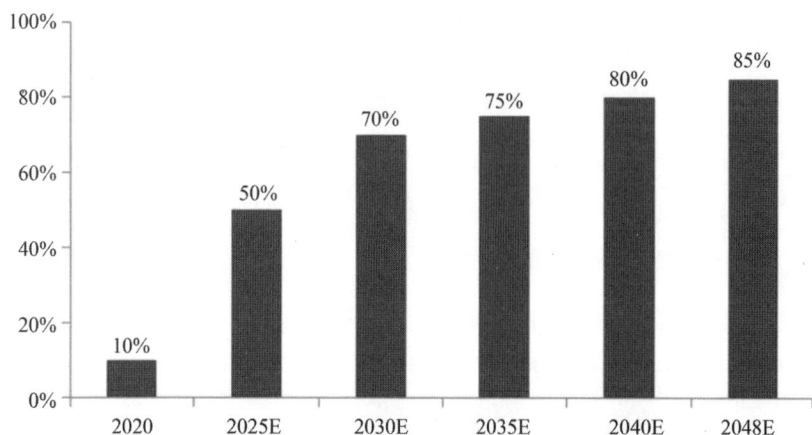

图 9-2 2020—2050 年碳化硅功率器件在光伏逆变器的渗透率

资料来源：CASA，浙商证券研究所。

国内半导体材料行业处于起步期，虽然有较多企业布局第三代半导体材料，但能够实现小批量量产的企业仍较少，且第三代半导体相关业务收入占主营业务收入的比重普遍较低。企业布局第三代半导体材料产业链各个环节，产品差异性较大。综合来看，目前第三代半导体材料行业的市场集中度较低。

二、日韩半导体产业对华依存度

1. 日本企业对华依赖明显，疫情下扩大在华投资

如表 9-1 所示，日本东京电子、TDK、村田制作所等半导体产业相关企业对我国市场都有相当程度的依赖，有的甚至超过 50%。疫情以来，全球半导体产业陷入供应链困境，半导体产业危中有机，日本半导体相关企业抓紧机遇在华布局。例如，2022 年 6 月 30 日，日本电产集团在华子公司日本电产理德在华增资半导体封测设备项目。此次新项目总投资 2500 万美元，注册资本 1000 万美元，将进行半导体封装检测设备、新能源汽车驱动检测设备及附属设备的研发和生产。[①] 磁性技术控股公司（Ferrotec）等日本主要半导体产品企业正在加大对中国的投资，扩大在华生产。Ferrotec 社长贺贤汉表示，希望公司在 5 年内上升至晶圆生产的顶尖梯队。这家主营半导体制造装置配件的公司 2002 年开始在中国生产传统半导体晶圆。从 2020 年开始，Ferrotec 的在华晶圆分公司开始面向中国国家和民间基金增资扩股，这些融资主要被用于量产直径为 12 英寸的晶圆。截至 2021 年 2 月，公司融资总额约达 700 亿日元（约合 6 亿美元），几乎相当于其在日本 JASDAQ 市场的总市值（约 800 亿日元）。2024 年东京电子营收有望大幅增长 20%，且预估 2025 年将出现同比两位数增幅，主要原因是中国对美国管制对象外的非先进领域的半导体投资活络，支撑半导体设备市场需求；日本半导体制造装置协会（SEAJ）预估 2024 年度日本制芯片设备销售额将年增 27%，至 40348 亿日元，首度冲破 4 万亿日

[①] 电产集团又一增资项目：日本电产理德半导体封测设备项目落户平湖经开，新浪财经，http：//finance.sina.com.cn/jjxw/2022-07-01/doc-imizmscu9724344.shtml，2022-8-1。

元大关，创下历史新高。[①]

表9-1　日本半导体相关上市企业对中国市场的依赖度　（单位：亿日元）

序号	企业名	主营业务	销售总额	在华销售额	中国市场依赖度
1	TDK	电子设备	13818	7324	53%
2	村田制作所	电子设备	15340	8101	52.8%
3	日本电产	电子设备	15348	3346	21.8%
4	尼康	光学仪器	5910	1152	19.5%
5	住友化学	化学	22258	4337	19.5%
6	SMC	机械	5260	964	18.3%
7	东京电子	电子设备	1609	1936	18.3%
8	日本精工	机械	8310	1485	17.9%
9	东丽	纤维	22146	3917	17.7%

数据来源：日本企業33社の「中国依存度ランキング」 TDK、村田製作所は50%超，https：//www.moneypost.jp/783647。

2.韩国企业对华依赖明显，大企业在华加速布局

据韩联社2022年8月21日报道，大韩商工会议所（KCCI）发布报告称，在过去20年里，韩国对华半导体出口量大幅增加，从2000年的占总出口比重3.2%增至2021年的39.7%。央视新闻报道，韩国半导体行业对中国提供材料依存度高达39.5%，2021年韩国半导体产业对中国大陆和中国香港合计出口份额高达60%。韩国半导体产业高度依赖中国市场。[②] 有分析称，纵观过去20年，韩国对华消费品出口依存度相对下降，但技术密集型产业的对华出口却大幅增加，而当中韩之间的技术差距缩小后，韩国高附加值产业对中国

[①] 市场需求回暖，半导体设备大厂东京电子今年营收有望增长超20%，芯智讯，https：//www.163.com/dy/article/ITNH32J90511838M.html，2024-3-20。

[②] 韩国半导体行业对中国提供的材料依存度高达39.5%，央视网，https：//xw.qq.com/cmsid/20220815V0494M00，2022-8-1。

的出口依存度增加的可能性非常大。韩国媒体 2024 年 4 月报道称，目前韩国还未正式跟随美国管制对华半导体出口，韩国企业向中国出口的设备大部分也不是管制对象，而是通用设备，但 2023 年的出口额比 2022 年减少了 20% 以上。[①]

三星、SK 海力士等韩国半导体龙头企业纷纷扩大在华半导体产业布局。2022 年 8 月媒体报道，三星将再投资 229 亿元扩建西安工厂，增加其 NAND 闪存产能。此前三星西安工厂已经多次增资，2012 年 4 月总投资 108 亿美元的三星闪存芯片一期项目落户西安高新区；2017 年 8 月三星决定在西安建设闪存芯片二期项目，其中第一阶段投资约 70 亿美元，第二阶段投资 80 亿美元。三星还计划在西安扩建第三期工程，引入 128 层堆叠技术，进一步提升产能和技术水平。三星在中国上海建立了全球唯一的逻辑芯片生产基地，目前已经投入运营的有两期工程，总投资额达到 90 亿美元，年产能达到 10 万片，三星还计划在上海扩建第三期工程，引入 8 纳米工艺，进一步提升产能和技术水平。截至 2021 年，三星累计在华投资超 500 亿美元，近五年的投资八成集中在半导体、新能源汽车动力电池等高新技术产业。即使在疫情期间，三星在中国依然保持着每年 40—50 亿美元的稳定投资。目前西安工厂是三星在韩国之外的最大 NAND 存储芯片工厂，本次进一步增资表明三星对中国市场的重视。SK 海力士近年来动作不断，在中国多地增资扩产。SK 海力士重庆工厂一期总投资 3 亿美元，二期总投资 12 亿美元，两期工程的综合年产量占到整个 SK 海力士闪存产品的 40% 以上，目前成为 SK 海力士全球海外最大的封装测试基地。SK 海力士还计划在重庆扩建第三期工程，引入 HBM2E 技术，进一步提升产能和技术水平。SK 海力士在无锡建有两座工厂，2017 年二厂开工建设，总投资 86 亿美元，主要从事先进内存芯片生产。新工厂建设周期为 2017 年到 2026 年，全部完成后将成为全球单体投资规模最大、月产能最高、技术最先进的 10nm 级别工艺内存芯片生产基地，月产能可达 18 万

---

① 美国管制对华半导体出口还施压盟国后，韩媒诉苦：韩国受打击最大，观察者网，https：//baijiahao.baidu.com/s?id=1795846964490430481&wfr=spider&for=pc，2024-4-9。

块 300 毫米晶圆，年销售额可达 33 亿美元。目前 SK 海力士占有中国内存芯片市场大约 35% 的份额，无锡二厂投用后有望突破 45%。2020 年，SK 海力士收购英特尔 NAND 闪存及存储业务和大连工厂，交易对价达 90 亿美元（约合人民币 610 亿元），此后 SK 海力士进一步决定在大连继续扩大投资并建设新工厂，该项目位于大连金普新区，将建设一座新的晶圆工厂用于生产非易失性存储器 3D NAND 芯片产品。

三、日韩半导体及相关产业迁移态势

《美国芯片法案》的颁布，为美国的半导体研究和制造提供总计 527 亿美元的补贴，不仅半导体器件和设备制造商，而且半导体材料制造商也受邀参与美国赴美生产。目前已经有一些日韩厂商开始考虑在美国建厂生产。

例如，昭和电工与韩国 SK 集团已于 2022 年 6 月下旬签署谅解备忘录（MOU），考虑在北美半导体制造过程中使用的高纯度气体业务方面进行合作。随着美国政府正在推动加强美国的半导体制造，美国对材料的需求预计将扩大。昭和电工的半导体用高纯度气体业务，传统上是在亚洲的生产基地生产和补充，然后运往美国的。在目前形势下，不免会遇到供应链问题。为解决这些问题，蚀刻气体市场占有率最高的昭和电工、高纯度气体业务厂商 SK 集团以及清洗气体市场占有率最高的 SK Materials，将共同扩大其在美国业务。JX Metals 正在亚利桑那州建设用于半导体制造的溅射靶材的新工厂，并计划到 2024 年英特尔和台积电的亚利桑那工厂开始运营时，将其在美国的产能提高 2.5 倍。三菱瓦斯化学还计划在未来 10 年内将其用于清洁半导体的超纯过氧化氢在美国的产量提高近 2 倍。除日本外，该公司在美国（俄勒冈州和得克萨斯州）、韩国和中国台湾地区每年生产过氧化氢 4 万吨，占据全球市场 50% 的份额。

随着各国都致力于发展芯片本土制造，韩国也加入了芯片本土化浪潮。根据新浪财经 2020 年报道，韩国政府正在加强和三星的合作，实现韩国芯片的自给自足。有消息称，在 2022 年前，韩国政府将投资 5 万亿韩元（约合 46

亿美元），以促进 100 种主要从日本进口物资的供应端口多样化。由此看来，韩国谋求芯片本土生产，更多的是为了减少对日本芯片的依赖。而日本作为芯片生产设备和材料的重要供应国，占据着芯片材料很大一部分市场份额。数据显示，在半导体材料领域，芯片生产所需要的 19 种必备材料中，日本在其中 14 种的供应上占据了超过 50% 的市场份额。毫不夸张地说，没有日本企业的供应，全球的半导体制造都会受挫。此前，韩国芯片的材料也依赖于日本进口。数据显示，日韩贸易摩擦之前的 2018 年，韩国对日本的贸易逆差中有 93% 来自韩国从日本进口的材料、零部件和设备。

中国是全球芯片最大的消费市场，而日本作为全球芯片材料供应方，中日双方形成了良好的互补，中日两国贸易有很大的发展空间。有报道称，随着中国大力推进芯片国产化，未来五年中国的半导体设备支出将平均每年增长 31%，日本企业参与优势明显，将有望从中受益。与此同时，韩国也逐年加大对中国的投资。韩国拥有超过 2 万家半导体相关企业，并且在上下游领域形成了体量庞大的半导体产业集群。但韩国国内市场有限，半导体产品长期供过于求，韩国必须谋求更加广阔的海外市场，加强与中国的合作，对韩国来说势在必行。

值得注意的是，美国芯片法案明确规定接受补贴的企业，十年内要放弃在中国市场扩产和新建产能，并且将先进工艺调整为 28nm 以下，将出口中国的设备范围从 10nm 调整为 14nm，针对性明显。在这样背景下，2021 年 11 月 SK 海力士向美国提出希望在中国的芯片工厂安置一台 EUV 光刻机的申请，被美国政府驳回。但是，2022 年 10 月媒体报道，经过近一年的斡旋，三星和 SK 海力士获得美国政府批准，可在无需额外许可要求的情况下向在中国的工厂供应研发和生产 DRAM 半导体所需的设备和组件，为期 1 年。这一方面说明了韩国企业在华扩大投资的决心，另一方面也说明了韩国企业在美国的游说能力。近年来，三星原本在华的手机、电视等制造工厂悉数转移至印度、越南等国家，但是并不意味着三星对中国市场的态度有所变化。实际上，随着中国大陆产业转型，逐渐向产业链中高端攀爬，三星在中国的企业战略也随之采取相应转型，逐渐将低端组装制造产业转移至劳动力成本更加低廉的其他国家，同时在芯片、新能源等高端制造领域进行增资扩产。

第二节　中日韩半导体产业合作的机遇与挑战

一、半导体新技术研发合作的机遇

日韩是我国在高技术产业领域最具有优势和潜力的合作伙伴。寻求高技术产业在东亚区域间进行产业合作，对优化中日韩三国资源有效配置、扩大市场规模优势、促进产业结构升级、推动区域经济发展等有着积极作用。事实证明，在高技术产业方面，闭门造车是行不通的，中日韩三国作为东亚密切的贸易伙伴，需要进行高技术产业间的密切合作以摆脱对欧美地区的技术依赖。日本高技术产业历史悠久，形成了独特的产业体系，具有较强的竞争优势。韩国虽不及日本，但是作为新兴发达国家，也拥有较为完善的高技术产业链及发展经验。中日韩三国要素禀赋差异，以及产业发展生命周期差异使三国之间的市场互补性较强，具有很大的产业合作潜力。

目前中日韩三国在半导体产业链上有非常紧密的合作关系。韩国将一部分芯片制造和封测产能转移到中国，同时经过多年的发展，中国从终端产品组装开始逐渐向芯片设计、封测、制造等产业链中高端攀爬，具有一定水平。日本在半导体材料方面占据高度垄断地位，在多种材料领域市场占有率超过50%。三国在产业链低中高端各有优势，组成了较为完整的产业链供应链体系。疫情暴发以来，全球半导体产业受到严重冲击，半导体领域原有的合作分工平衡关系逐渐被打破，中国境内生产率先恢复，日韩对华经济依赖进一步加深。这正是推动中日韩半导体产业更加紧密合作的大好契机。

二、半导体市场区域一体化的机遇

RCEP 达成背景下中日韩半导体产业合作深化动力强劲。在东盟 10 国与其他 5 国均有"10+1"自贸区协议的情况下，RCEP 最大的增量意义在于，中日韩三国经贸合作可通过 RCEP 这一广阔平台实现制度性突破，进一步促进贸易投资便利化，不仅助推贸易和投资扩大，同时能促进产业链强韧化，提高供应链协同性，为深化三国经贸关系注入新的动能。作为目前全球体量最大的自贸区，促进地区内部贸易是 RCEP 设立的首要任务。RCEP 降低 90% 货物商品至零关税的承诺将为成员国降低进口关税成本，货物贸易将会获得更多优惠和自由度。作为 RCEP 的主要参与者和贡献者，中日韩三国货物贸易中占比较大的是资本品和中间品，一些商品在生产过程中会多次跨境，交易成本随之层层叠加。伴随着 RCEP 的生效，关税降低、海关程序简化会大幅降低三国间交易成本。这种"低成本效应"将极大促进三国间及三国与其他成员国之间中间品的进出口贸易，再加上 RCEP 原产地区域累积，将促进三国间及三国与其他成员国之间进出口贸易中零关税、低关税产品受惠范围扩大，进出口贸易收益大幅提高，区域内供应链关系随之增强，同时推进三国与成员国之间产业的合理配置和产业链的深度融合，区域内产业链布局将更加优化。三国能够发挥制造业、贸易强国的联合产业链优势，在集成电路、汽车等优势领域形成更为紧密的合作与分工关系。

三、美西方技术封锁带来的挑战

美国一方面制裁我国华为等半导体产业龙头企业，另一方面通过出台芯片法案、构建供应链联盟等方式联合半导体产业链上的主要国家和地区排除中国，试图达到对中国半导体产业进行低端锁定的图谋。2021 年 1 月，《为美国创造有益的半导体生产法案》获得通过，提出设立多边半导体安全基金，给每个项目提供最多 30 亿美元的补贴。2022 年 2—3 月，美国参众两院通过《2022 年美国竞争法案》，重点发展半导体等高科技制造业，提出为半导体产业提供 527 亿美元的资金支持。据美国官方表态，拜登政府与国会、国际盟友、企业合作的目的就是要将半导体制造带回美国。美国半导体战略短期要解决短缺问题，长期要确立美国半导体产业在全球继续保持领导地位。组织保障方面，美国将在国家科学和技术委员会下建立"微电子领导力小组委员会"，由国防部、能源部、国家科学基金会、商务部、国务院、国土安全部等负责人和美国贸易代表、国家情报总监等作为成员，制定国家微电子研究战略，协调安全、外交、贸易政策。美商务部还将牵头组成由产业代表、联邦实验室、学术机构等领域至少 12 名成员组成的产业咨询委员会，为美半导体研究、开发、制造、政策等方面提供决策咨询。虽然美国给韩国半导体企业一年的豁免，但是主导权掌握在美国政府手里，而且美国遏制中国科技发展的总体方向不会因此改变。2023 年 10 月，拜登政府增强了对先进计算半导体、半导体制造设备以及支持超级计算应用和最终用途物品的对华出口管制；2023 年 6 月，荷兰政府正式颁布有关先进半导体设备的额外出口管制的新条例，根据该条例，特定的先进半导体制造相关物项包括先进的沉积设备和浸润式光刻系统从荷兰出口至欧盟以外的目的地须事先向荷兰海关申请出口许可。[①] 从自身看，我国在 EDA 工具、IP 核、GPU、芯片制造设备和材料、芯片封测材料和设备等环节仍然受制于美西方。特别是光刻机这样的关键设备，想要突破至少需要 15 年时间。总体上看，我国芯片产业市场化起步较晚，与海外龙头企业相比在制程工艺、核心技术等方面有较大差距，但凭借自身资源禀赋与优势，我国在全球第三次产业转移承接了大量封测、电子制造产能，国产替代进程不断推进。目前，美西方对我国的技术封锁给我国半导体产业带来挑战较大。

四、俄乌地缘政治冲突带来挑战

俄乌冲突爆发之后，美西方对俄采取全面制裁措施，俄乌两国由于陷入

---

① 美强化对华半导体出口管制尽显霸权本性，中国网，https://baijiahao.baidu.com/s?id=17957905
20492153515&wfr=spider&for=pc，2024-4-9。

战争状态，正常出口无法进行，全球半导体产业链供应链稳定受到影响。目前欧美一些国家宣布对俄罗斯进行制裁，主要芯片和科技公司也纷纷宣布停止对俄罗斯的业务。与此同时，乌克兰作为全球最大的电子特气供应地，随着冲突逐渐发展，对全球半导体产业影响也将逐渐显现。乌克兰供应的氖气约占全球70%份额，氪气约占40%，氙气约占30%，这些气体都是光刻气的主要原材料，因此乌克兰出口受阻给光刻气市场带来严重影响。俄罗斯出口受阻也给半导体产业带来重要影响。俄罗斯约占全球钯供应量的40%，钯主要用于半导体封装环节。据路透社报道，光刻机巨头ASML，正在寻找其他氖气供应来源，以防俄乌冲突导致供应中断。受俄罗斯和乌克兰双边局势不断升级影响，全球稀有气体的价格从2021年下半年以来便一直上涨。有数据显示，我国氖气（含量99.99%）价格已从2021年10月的400元/立方米上涨到2022年7月的逾1600元/立方米，并于2023年9月暴涨到62000元/立方米。[①]目前国际上主要的光刻气体生产商都在消耗库存，同时致力于寻求多元化的供气渠道，暂时没有造成光刻气体大幅涨价。随着俄乌冲突持续，特种气体有可能成为影响产业链供应链安全的重要不稳定因素。

第三节　中日韩半导体产业链合作趋势与方向

一、半导体测试、封装材料和设备联合研发创新

目前我国被美国"卡脖子"技术主要集中在EDA工具、IP核、传感器芯片、电源管理芯片、功率半导体、GPU、高端光刻设备等领域，这些领域一方面日韩技术相较美英有一定差距，另一方面，即使日韩拥有一定技术，也受到美英专利授权的制约，或者类似ASML受到美国长臂管辖，无法自主完

---

① 高纯氖气价格窄幅下调，第二十五届中国国际气体技术、设备与应用展览会，http：//www.igchina-expo.com/article/item-2300.html，2023-09-20。

成技术出口。因此，目前通过中日韩合作解决"卡脖子"技术比较困难。

但是，要看到中日韩在多元化供应技术方面合作空间较大（见表9-2）。可以看到，日本在制造设备和制造材料、韩国在封测设备方面具有非常深厚的技术积累，而且多年来是我国半导体产业的稳定供应商。日韩已经有多家材料、制造和封测工厂在中国落地，未来合作前景依然广阔。

表 9-2　多元化供应技术清单

序号	技术名称	所属环节	可替代技术来源国家与地区
1	ARM 架构	设计及上游	日本软银
2	CISC 架构		中国
3	氧化 / 扩散炉	制造设备	日本及荷兰
4	刻蚀设备		日本及荷兰
5	清洗设备		日本及韩国
6	涂胶显影设备		日本、韩国及德国
7	硅片	制造材料	日本、中国台湾及韩国
8	电子特气		德国、法国及日本
9	光掩膜版		日本及中国台湾
10	光刻胶		日本
11	CMP 抛光液		日本
12	湿电子化学品		日本、中国台湾及韩国
13	溅射靶材		日本
14	封装基板	封装测试	韩国及中国台湾
15	贴片机		荷兰及中国台湾
16	划片机		瑞士及以色列
17	引线焊接 / 键合设备		瑞士及奥地利
18	测试机（存储）		韩国
19	分选机		韩国
20	探针台		韩国及中国台湾

二、半导体领域关键材料研发创新

日韩贸易摩擦爆发之后，日本向全世界展示了其在半导体材料（光刻胶、氟化氢、氟聚酰亚胺）方面的强大实力。虽然自20世纪90年代中期，韩国在半导体产业方面逐渐超越日本，日本在芯片设计和制造，特别是存储器方面出现大幅衰退，但在半导体材料、设备及部分细分市场优势仍然非常巨大。特别是精细化工，是日本发展半导体级材料的基础。目前，日本企业在全球半导体材料市场的整体市场份额达到52%，在硅片、光刻胶、掩膜版、导电黏胶、塑封料、引线框架等关键材料领域具有明显优势，拥有信越、三菱住友、JSR、日立化成、京瓷等全球半导体材料顶级供应商。

目前日韩贸易摩擦已经基本结束。2023年3月，韩国总统尹锡悦访日，主动与日本进行政治和解，意味着韩国在全方位向"美日联合体"靠拢。由此，2019年开始的日韩贸易摩擦告一段落。尽管如此，韩国产业界已经深刻认识到受制于人给产业安全带来的重大隐患，我国可以借助此次东亚产业链重整的机会，加速推进在半导体材料方面的产业布局。目前中国主要的氟化氢厂商有滨化集团、瑞丰高材、中化国际、多氟多、湖北兴力等，其中能达到UP-SSS级别（电子级超高纯度）的厂商只有多氟多和湖北兴力。目前多氟多具备电子级氢氟酸5万吨/年产能，并已和国内外头部半导体客户建立了长期、持续、稳定的合作关系；湖北兴力第一期年产1.5万吨电子级氢氟酸项目已经投产，第二期1.5万吨项目正在建设之中。整体看，中国与韩国一样，光刻胶、氟化氢、氟聚酰亚胺等材料严重依赖进口，目前产能和技术都不具备替代日本的实力。中国要在加紧自主研发的同时，加强与日韩企业合作，承接高端原材料生产的产业转移，提高技术和产能，保障产业安全，实现互利共赢。出台政策鼓励日本受到出口限制影响的相关企业赴中国开厂，将关键核心零部件的生产基地设在中国，绕道输入韩国，以此建立更紧密的东亚生产网络，缓解韩国"卡脖子"问题。

三、高端光刻机联合研发

目前在全球半导体光刻机市场，ASML、尼康、佳能占据90%以上的市场份额。虽然ASML在高端光刻机领域占据垄断地位，但是在中低端光刻机领域，尼康和佳能一直对ASML构成有效威胁。早在ASML崛起之前，尼康、佳能已经是光刻机行业翘楚。

在日本半导体产业全面崛起的20世纪80年代，全球光刻制造业几乎是日本企业的天下，其中尼康和佳能是当之无愧的巨头。尼康的衰落始于157nm干式光刻与193nm浸没光刻之间的技术之争。当时，荷兰ASML决定押注浸没光刻，在2004年生产第一台浸没式光刻机，率先抢占市场，并先后夺下IBM和台积电等大客户订单，尼康则晚了半步。之后，为突破65nm工艺节点，英特尔公司倾向于选择EUV方案，于是早在1997年其便与美国能源部牵头，集合摩托罗拉、AMD、IBM、英飞凌以及美国三大实验室组成EUV LLC战略联盟，大力推进EUV技术研发，为日后EUV光刻技术突破奠定了重要基础。EUV LLC联盟极力将尼康排除在外，导致日本在EUV光刻机方面技术落后于西方国家。由于技术路线具有累积性，顶尖光刻机制造几乎被技术先发国家所垄断，后发国家或企业想要摆脱技术路径依赖、实现技术追赶与跨越十分不易。

在这样的背景下，中日开展高端光刻机技术合作面临重要机遇。首先，按照目前光刻机的市场结构和格局，日本厂商想要凭借自身实力夺回高端光刻机市场比较困难，必然要借助外部市场和资金等支持。2020年，全球光刻机销量413台，其中ASML销售258台占比62%，佳能销售122台（KrF、i-line）占比30%，尼康销售33台占比8%。如果是按销售额计算，ASML、尼康、佳能的光刻机销售额占比依次是91%、6%、3%，日本两家公司占比合计也不到10%，ASML近乎垄断。

其次，日本企业有较为明确的发展计划，有超越西方国家光刻产业的战略野心。近期尼康公司提出新的战略目标，希望2025财年期间，尼康的光刻机销量能提升到 2019—2021 财年的 2 倍以上。按照目前的技术路线发展，日本光刻机厂商已经没有可能在 EUV 光刻机上抢占市场，因此尼康将重点放在了生产 3D 芯片的光刻机上，未来将推出支持 3D 闪存、图像传感器的沉浸式 ArF 光刻机。旨在通过 3D 芯片技术实现弯道超车。

基于以上理由，中日完全有条件在高端光刻机技术上进行联合研发，发挥各自比较优势，在传统光刻机技术上互通有无，在 3D 光刻机技术上实现弯道超车。

第四节　深化中日韩半导体产业链合作建议

一、提高韩国半导体产业对国内市场依存度

由于历史原因，韩国经济结构较为单一，主要几个大企业集团掌握国家经济命脉，对本国政治影响力巨大，特别是三星、SK、LG 等从事高端制造业的企业集团更是举足轻重。近年来三星、SK 等大企业连续向中国市场增资，三星西安芯片工厂、SK 无锡芯片工厂以及 SK 海力士收购英特尔大连工厂等重大项目持续落地。韩国大企业与中国经济关系紧密，对中国依存度高，因此可以利用韩国大企业对韩国政治影响力拉住韩国政府，避免其一边倒偏向美国；利用韩国大企业在美国的游说能力，持续不懈地争取美国对华遏制政策松动，尹锡悦政府上台之后，相对于日本新政府表现出对华较为友好的姿态，加上日韩由历史问题引发的经济矛盾仍然较为突出，中国应该利用此机遇进一步拉住韩国。

韩国方面已经表现出半导体领域的合作意向。2022 年 7 月 25 日，中华人民共和国驻大韩民国特命全权大使邢海明会见韩国国会议员、国民力量党半导体产业竞争力强化特别委员会委员长梁香子，就中韩半导体等领域务实合作交换意见。梁香子表示，韩中经贸往来密切，产业合作富有成效，已形成

互利共赢关系。韩方高度重视同中方开展半导体等领域合作，希望双方结合各自优势，开展更紧密的交流与合作。

二、巩固既有日韩半导体及零部件生产基地

进一步出台政策措施巩固日韩在华现有的半导体生产、封测、材料制造等基地。通过中国超大规模市场优势，鼓励日韩的企业走"地产地消"模式，将产业链配套体系转移至中国，或者从中国寻找零部件配套企业供应，增强我国产业链配套能力，加强中日韩半导体产业链合作紧密度，给日韩在我国境内合资并购提供便利。在美国长臂管辖之下，大连英特尔这样的企业由于政治原因无法继续在中国经营，以后如有类似案例，应给日韩企业提供收购便利，将这些企业纳入其产业链供应链体系，提高日韩在华企业对中国市场和产业链供应链体系的依赖度。

三、进一步加强和改善产业扶持政策

可以效法美欧等国做法，出台半导体产业扶持政策，补贴半导体产业链上的海外企业落户中国。通过成立产业扶持基金、税收减免、土地使用优惠、人才引进优惠等措施，支持芯片生产、芯片设备制造、半导体材料研发制造等项目落地以及现有项目增资扩产。

基于构建产业集群的需求，要放宽对海外半导体企业落地的种种限制。目前我国地方政府招商引资中仍然存在一些较为僵化的做法，例如为了保证地方税收，要求大企业必须在本地注册实体企业，以便向本地政府缴税，计入本地 GDP；外资企业在中国大陆境内创造的利润再投资不计入地方政府招商引资政绩，因此地方政府对这类再投资不感兴趣，不给予相应优惠；等等。半导体产业是国家重要的战略性新兴产业，有必要在半导体产业上突破一些陈旧的框框，构建更为良好的营商环境。

四、推动开展半导体共性技术联合攻关

应适时推进中国版 VLSI 计划，一方面可以结束国内半导体研发各自为战的状态；另一方面可以参考美国 SEMATECH 计划的方式，以共同研发为基础，构建符合中国半导体产业特点的技术标准和研发模式，力图构建 28nm 或 14nm 芯片为平台的半导体产业生态体系。可以考虑在半导体共性技术领域引入日韩企业进入 VLSI 计划进行共同研发，或者向日韩企业开放 VLSI 技术标准，培育中日韩半导体产业技术标准体系和产业生态体系，开放式地发展半导体产业。

第十章

中日韩汽车及新能源汽车产业链
合作重点、趋势及策略

汽车是人类发展至今单品类、多学科、跨领域高度复杂的人造产物，产业链长、涉及面广、带动性强，代表着一个国家的工业水平。世界上许多国家纷纷把汽车产业作为国民经济的重要支柱性产业之一，也将其视为制造强国的重要标志之一。随着新一轮技术革命和产业变革，全球汽车制造业处于技术变革、生态重塑的关键时期，将实现从工业文明向数字文明的嬗变。当前及未来较长时期内，汽车产业数字化、智能化、电动化、网联化、绿色化趋势越发明显，正在深刻改变汽车产业链的供需布局和合作方式。在全球汽车产业中，以中日韩为主的东亚地区的汽车产业占据重要地位，也正迎来全方位的革新和变革，有望成为引领世界汽车产业变革的策源地之一。

第一节　中日韩汽车及新能源汽车产业链合作现状

中日韩三国都把汽车行业作为国民经济的重要支柱产业之一，并对制定相应的发展战略予以重视和支持，逐步形成具有国际竞争力和影响力的区域生产网络，在世界汽车产业版图中占据重要的地位。作为全球最大的汽车生产国和消费国，中国汽车产业特别是新能源汽车产业已出现快速发展势头，现已具备完整的汽车产业体系和超大规模的市场需求潜力。据公安部统计，2023 年全国机动车保有量达 4.35 亿辆，其中汽车 3.36 亿辆，已跃居全球首位，汽车销售额占社会消费品零售总额比重达 10% 以上。多年以来，日韩汽车企业已在中国纷纷投资建厂并带来先进的技术和管理经验，推动了中国汽车工业的长足发展进步。日韩在关键零部件（如芯片、精密加工部件）、制造技术和管理经验等方面仍具有一定领先优势，在新能源汽车领域也有技术领先优势。在此发展趋势下，中日韩汽车产业仍具有较强的互补性，合作空间和潜力较大。

一、中国拥有完整的汽车产业链且主要布局在长三角和珠三角

汽车产业链以整车制造为核心，向上延伸零部件及相关材料制造，向下延伸至汽车销售、金融、维修及其他售后服务领域，辅以研发试验、认证检测和法规标准等支撑体系。一辆整车由 200 多家一级供应商供给 1000 多个总成零部件，包括驱动电机、电机控制器、减速器、控制器 VCU、高压电气、电控高压线束、动力电池、电子电气、车身及附件辅料、底盘传动制动、智能网联和热管理系统等。

经过长期的积累发展，中国现已拥有较为完整的汽车产业链体系，从整车、车身、底盘、发动机到变速器等核心零部件已完全具备自主研发能力。2009 年以来，中国已成为全球最大的汽车生产国和消费国，至今已连续 15 年位居全球首位。据中国汽车工业协会统计显示，2023 年我国汽车产销量累计分别完成 3016.1 万辆和 3009.4 万辆，同比增长 11.6% 和 12%，其中乘用车销量自 2015 年以来连续 9 年超过 2000 万辆，达 2606.3 万辆，同比增长 10.6%，而中国自主品牌乘用车累计销售 1459.6 万辆，同比增长 24.1%，市场份额达 56.0%。2023 年，中国新能源汽车销售完成 949.5 万辆，同比增长 37.9%，连续 9 年高居世界首位，市场占有率达到 31.6%，而中国自主品牌新能源乘用车销量占新能源乘用车销售总量的 80.6%。截至 2023 年末，中国新能源汽车保有量达到 2041.0 万辆，占到全球新能源汽车保有量的一半以上。

同时，中国正逐步成为全球重要的汽车出口国之一。2021年中国汽车出口首次突破200万辆大关；2023年汽车出口达491万辆，其中新能源汽车出口120.3万辆，同比增长77.6%。值得注意的是，120.3万辆的新能源汽车出口中特斯拉超过34.4万辆。在中国汽车出口商品中，汽车零部件出口占主导地位，全球汽车零部件制造有50%以上与中国有关，因为世界主要汽车零部件厂商均在华投资设厂，并将中国作为辐射亚太乃至全球的先进制造基地之一。

从区域分布看，中国汽车产业产能主要分布在长三角、珠三角、东北、京津冀、中部和川渝等六个地区（表10-1）。其中，长三角地区（江苏、浙江、上海、安徽）主要有上汽大众、上汽通用、上汽乘用车、特斯拉、理想汽车、蔚来汽车、吉利、奇瑞等车企。2023年，长三角地区生产汽车742.03万辆，占全国总产量的24.64%，共有近50个汽车工厂，4400多家零部件公司，注册资金5000万以上的零部件公司超过2000家。珠三角地区（广东、广西、海南）汽车产量619.73万辆，占到全国产量的20.58%，主要有广汽、比亚迪、小鹏汽车等车企。中部地区（湖南、湖北、江西、河南、山西）产量占比为11.97%，以湖北为主，主要车企是东风汽车。东北地区产量占到8.61%，以一汽、华晨宝马为主。京津冀地区（北京、天津、河北、山东）产量占到15.64%，主要有北汽（现代和奔驰）、一汽（丰田）、长城等车企。川渝地区产量占到10.94%，主要有长安汽车和整合力帆后的吉利汽车。

表 10-1　2023 年中国汽车产量情况

序号	地区	省市	产量（万辆）	占比（%）
1	珠三角地区	广东	519.19	17.24
2	川渝地区	重庆	231.79	7.70
3	长三角地区	上海	215.61	7.16
4	长三角地区	安徽	208.80	6.93
5	京津冀地区	山东	197.39	6.55
6	中部地区	湖北	178.99	5.94
7	长三角地区	江苏	165.03	5.48

续表

序号	地区	省市	产量（万辆）	占比（%）
8	东北地区	吉林	155.89	5.18
9	长三角地区	浙江	152.59	5.07
10	西北地区	陕西	147.01	4.88
11	京津冀地区	北京	100.27	3.33
12	珠三角地区	广西	97.52	3.24
13	川渝地区	四川	97.48	3.24
14	东北地区	辽宁	94.34	3.13
15	京津冀地区	天津	89.46	2.97
16	京津冀地区	河北	84.08	2.79
17	中部地区	河南	78.32	2.60
18	中部地区	江西	47.97	1.59
19	中部地区	湖南	44.74	1.49
20	华南地区	福建	33.23	1.10
21	西北地区	内蒙古	10.59	0.35
22	中部地区	山西	10.56	0.35
23	东北地区	黑龙江	9.04	0.30
24	西南地区	贵州	4.76	0.16
25	珠三角地区	海南	3.02	0.10
26	西北地区	新疆	1.90	0.06
27	西南地区	云南	1.82	0.06
		全国	2981.39	98.99

数据来源：国家统计局。

二、外资车企在华皆有投资布局而日韩车企市场占有率走低

汽车产业是中国制造业利用外资的重要部分。改革开放以来，为加快汽车工业发展，中国主动引进国际汽车公司产业资本，通过中外合资形式提升

汽车工业化水平。1983 年 5 月，北京汽车制造厂引入美国汽车公司合资成立北京吉普汽车有限公司，开启中外合资生产汽车的序幕。随后，美德日韩等国的主要汽车企业纷纷与中国本土的汽车企业开展合资合作，德国大众、美国福特、日本丰田、美国通用、日本铃木等跨国车企相继进入中国汽车市场，以提供生产设备、技术支持、工艺流程和核心零部件供应等形式在中国开展投资生产布局。随着中国汽车产业市场化改革持续深入推进，跨国汽车公司加速进入中国市场，尤其在《汽车工业产业政策》（1994）、《中国汽车产业发展政策》（2004）的引导下，全球主要汽车企业都先后进入中国市场，其中华利汽车、东风日产、广州本田、北京现代等汽车厂商纷纷成立，扩大对中国汽车产业的投资规模，逐步深度扎根中国市场。2018 年底，中国政府批准特斯拉在上海建设新能源汽车超级工厂，意味着外资在中国的投资已由成熟产业转移和合资合作模式转向加大新品应用和独资投产的新模式，反映中国持续扩大汽车领域的开放合作，吸引丰田、日产、本田、大众、奔驰、通用、福特以及现代等跨国汽车企业继续在新能源汽车制造和技术研发等方面加大在华投资力度。

在中国汽车产业和市场布局中，丰田、大众、通用、福特、雷诺—日产、德姆勒—克莱斯勒和 PSA 集团（拥有标致和雪铁龙品牌）、本田、宝马等"6+3"跨国汽车集团已全部进入中国汽车市场，并将中国汽车市场发展作为其全球发展战略的重要组成部分。美国、日本、德国、法国、韩国等国家是中国汽车产业主要的外资投资来源国，其中日系和德系车企在中国投资份额占比较为稳定，大致保持在 19% 和 18% 的水平，而韩系和法系车企的投资份额下降较为明显。从市场占有率情况看，外资品牌在中国乘用车市场份额长期保持在 50%—60% 之间。近年来，中国自主品牌市场占有率持续增长，日系品牌汽车市场占有率略起伏但平均维持在 18% 左右，德系品牌汽车市场占有率保持在 20% 左右，韩系品牌市场占有率曾保持在 5%—6%，但近些年来出现持续下滑，已由 2014 年的近 9% 的高点下降至 2023 年的 1.5% 左右（图 10-1）。据中国乘联会数据显示，2023 年，中国自主品牌市场占有率为 51.84%，德系和日系品牌乘用车的市场占有率分别为 20.44% 和 17.01%，美系品牌和非德系欧洲品牌乘用车的占有率分别为 7.94% 和 1.28%。

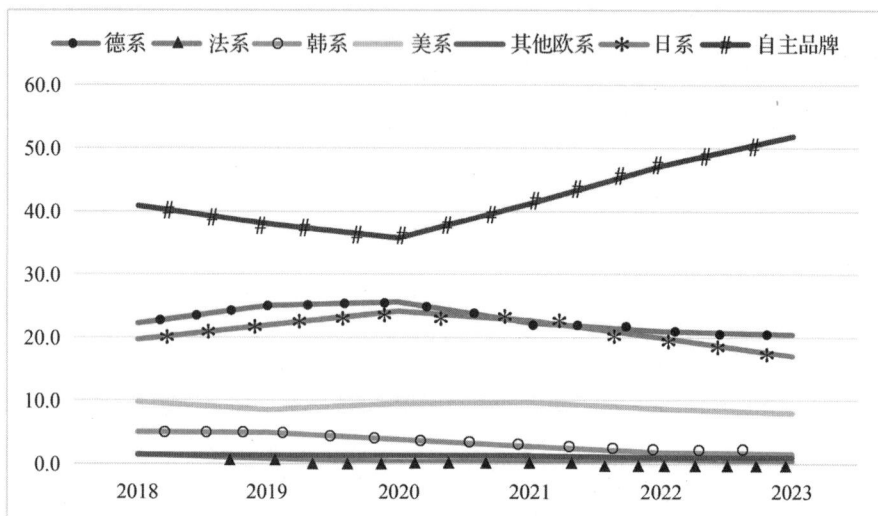

图 10-1　2018—2023 年中国乘用车市场占有率情况（%）

数据来源：乘用车市场信息联席会（CPCA）。

三、中国与日韩汽车及零部件的产业链依存度较高

日本汽车企业是由 10 多家整车厂和众多的零部件生产企业构成的，其中有代表性的整车企业是丰田公司、日产公司和本田公司。自 1964 年对华出口首批 CROWN 皇冠轿车后，日本丰田公司就积极在华投资汽车生产、研发等活动，于 1980 年设立丰田汽车公司北京代表处，于 1995 年成立零部件企业，开始整车合资生产，2000 年后就加深扎根中国，全面开展本地化生产和销售，随后推进本地化研发和事业合作等进程、向移动服务提供商转型。2011 年，日本大地震造成零部件生产短缺，通过传导效应严重影响日本汽车的全球化战略，特别是在中国的日系汽车减产停产，从而使其失去部分市场份额。在此情况下，日本车企急需解决封闭采购的做法，推动日本零部件企业加速向中国如江苏丹阳等海外新兴零部件生产基地转移，以降低海外日系合资品牌车企过度依赖日本零部件体系状况。随着日本电装等零部件企业到中

国投资设厂，逐步形成更加紧密的产业链供应链，进一步反哺日本本土的汽车整车制造厂。然而，日本并未将核心零部件生产迁移到中国，造成中国汽车零部件从日本进口增多。据中国海关总署数据显示，中国对日本的汽车及零部件出口额占到中国对日本出口总额的 3%—4%，而汽车及零部件自日本进口额占到中国自日本进口总额的 8%—10%，中国对欧盟汽车及零部件出口和进口占双边出口和进口额的占比分别为 4%—6% 和 13%—16%，对美国汽车及零部件出口和进口占比分别为 3%—4% 和 6%—7%（表 10-2）。上海等地疫情凸显出日本汽车工厂对中国产零部件的依赖。目前来看，中国制造的零部件比例正在上升，供应链重心也逐渐从"日本制造"转向"中国制造"。因为中国生产的零部件可以便捷低成本运送到日本本土，日本车企对于中国生产零部件越来越依赖，从中国进口的汽车零部件进口额占到日本汽车零部件进口额的三成以上，特别是主要进口发动机周边的基础零部件，即便少量也不可或缺，一旦供应受阻也会影响日本国内的汽车生产。

1962 年，韩国制定了《汽车工业保护法》释放大力发展汽车工业的信号和宣言，通过政府投资和企业研发，逐渐形成了现代、起亚、大宇、亚细亚和高丽通用等汽车生产厂商，并于 20 世纪 80 年代开始重视国际化合作与市场开发，并逐步跻身世界第五大汽车生产国。2008 年，现代—起亚集团成功超越本田汽车，成为全球第五大汽车制造商，很快在 2009 年又超过福特汽车，成为全球第四大汽车制造商。1990 年，以第 11 届北京亚运会为契机，现代、起亚、大宇等韩系汽车试着推开中国市场的大门，于 2002 年成立的北京现代曾是中国汽车市场的销量主力，2013 年至 2016 年稳定拥有百万级市场规模，但此后产销量就连续下降，2021 年北京现代销量约为 38.5 万辆左右，迫使其将北京顺义地区的第一工厂出售给了理想汽车，2024 年 1 月北京现代以16.2 亿元将重庆工厂售予重庆两江新区鱼复工业园建设投资有限公司，2023年北京现代的销量下降至 25.7 万辆左右，仅保留北京、沧州共 3 座工厂。成立于 2002 年的东风悦达起亚曾在华发展非常迅速，2016 年销量达到 65 万辆，而 2017 年起销量也持续下滑，由 36 万辆下降至 2023 年的 16.4 万辆。现代和起亚两大品牌汽车销量已连续走低，中国市场份额合计不足 2%。

从产业链看，韩国汽车零部件对海外依赖度为 12% 左右，但对中国的依赖度已明显增加。除了发动机、变速箱等核心零部件，韩国汽车大部分零部件都在中国本土化生产。据中国海关总署数据显示，中国对韩国汽车及零部件出口额占中国对韩国出口总额由 2008 年的 1.36% 攀升至 2023 年的 2.82%，而汽车及零部件进口额占中国自韩国进口总额则由 2012 年的 3.07% 下降至 2023 年的 0.87%（表 10-2）。中国汽车产业集聚效应增强，拥有完善产业链供应链及配套基础设施，韩国汽车零部件供应特别是电动车零部件供应越来越多依赖来自中国的供应商。据韩国汽车工业协会数据显示，韩国从中国进口的汽车零部件占比已从 2000 年的 1.8% 上升到 2021 年的 34.9%；而韩国从日本进口的汽车零部件占比已从 2000 年的 45.5% 下降至 2021 年的 11.6%。特别是，韩国新能源汽车电池主要原材料对中国的依存度平均超过 80%，其中 99% 的锰制品、87.7% 的石墨、82% 的钴、65% 的镍和 59% 的锂从中国进口。在动力电池领域，韩国国内对于再生新能源储存装置（ESS）需求日益增加，对中国电池进口依存度升至 93.3%，其中正极材料自中国进口占比达到 83%，负极材料、电解液和隔膜自中国的进口占比均超过 60%。2021—2022 年间，因缺芯和零部件供应短缺等原因，韩国汽车整车生产受到较大的负面影响。2022 年 4 月，上海等多地暴发疫情导致汽车及零部件对外出口受阻，因多种零部件供应中断，韩国国内汽车工厂部分生产线不得不停止运行。同时，现代汽车和起亚汽车则因线束供应中断等相关问题不得不减少生产。为强化供应链安全稳定，韩国现代汽车集团正改变以往委托合作公司的模式，建立和应用一个可以自动计算原材料市场条件变化的损益影响的系统，参与原材料供应的竞争，增加汽车锂资源等原料储备，努力实现原材料采购的多元化。

表 10-2　中国与日韩美欧汽车及零部件进出口额占双边进出口总额比重（单位：%）

年度	日本		韩国		美国		欧盟	
	出口	进口	出口	进口	出口	进口	出口	进口
2008	2.51	6.32	1.26	1.82	2.69	3.23	2.06	8.81
2009	2.31	7.80	1.43	2.34	2.37	3.81	1.85	9.17
2010	2.36	8.75	1.60	2.81	2.58	4.19	1.85	14.17
2011	2.25	8.62	1.66	3.07	2.63	5.46	1.84	16.12
2012	2.46	8.68	1.49	2.64	2.75	6.16	1.92	18.57
2013	2.61	8.95	1.64	2.83	2.84	7.05	2.01	17.89
2014	2.80	9.80	1.43	3.00	3.11	8.91	2.06	19.89
2015	2.85	8.66	1.45	2.88	3.23	8.87	2.14	16.64
2016	3.01	9.51	1.62	2.80	3.61	10.40	2.42	16.89
2017	3.05	9.96	1.53	1.61	3.52	9.80	2.66	16.48
2018	3.02	10.09	1.54	1.14	3.77	8.14	2.80	15.88
2019	3.06	10.44	1.62	1.00	3.41	8.71	2.83	14.40
2020	2.76	9.46	1.98	0.76	3.10	8.07	3.07	13.90
2021	3.19	7.81	1.97	0.73	3.31	7.71	4.05	13.96
2022	3.09	8.46	2.04	0.66	3.38	6.63	4.92	14.79
2023	3.90	7.55	2.82	0.87	3.64	6.43	6.31	13.30

数据来源：中国海关总署，其中汽车及零部件主要指 HS 编码第 87 章车辆及其零附件，但铁道车辆除外。

四、日韩车企有回迁本土或迁移东南亚等地倾向但现实难遂其愿

鉴于国内市场狭小，日韩车企早就实施全球化战略，遵循雁型模式，推进产业链向中国、东盟、印度等地区转移，通过开拓海外市场反哺国内产业升级。20 世纪爆发于 1973 年、1979 年和 1990 年的三次石油危机促使日本节能的汽车产品打开了海外市场的大门，并带动国内零部件企业出口，在遭遇日美汽车贸易争端后，日本选择在北美、欧盟等海外地区投资建厂，以本地

化生产销售实现对当地市场的精准把控。21 世纪后，日本企业加大对亚非拉等地区汽车及零部件产业的投资布局，到 2013 年，日本汽车产业基本完成了对全球市场的广覆盖的产业链式的海外布局。从 20 世纪 90 年代开始，日本就已经着手布局东南亚市场，在泰国、马来西亚等国建设汽车及零部件生产基地。在韩国汽车工业快速发展起来后，韩国车企加大对亚洲等海外的投资设厂，包括加快布局东盟市场。如 2019 年韩国现代汽车就开始在印尼建立汽车厂，与韩国电池厂商 LG 能源共同在印尼建设电池工厂。

为保障供应链稳定，日本政府此前一直在推动日企实施"中国 +1"的海外投资模式，即在中国以外的东盟、印度等地区建立生产基地。2020 年暴发的新冠疫情曾导致汽车产业链供应链遭遇"断供"风险，促使美欧日韩等国高度重视产业链供应链稳定安全问题，开始选择寻求替代材料、零部件本土生产、供应链多元化和库存储备等做法，确保生产供应业务的连续性。疫情使全球汽车产业链受到不同程度的负面冲击，尤其导致汽车芯片供应短缺问题严重，汽车供应链运行成本高企，迫使不少车企定期囤积汽车关键零部件。在美国政府加速推动制造业回流的同时，日本政府制定 2200 亿日元（约合 20 亿美元）推动严重依赖进口的特定领域产品回归本土生产，还推出 235 亿日元（约合 2.2 亿美元）的企业供应链多元化计划，鼓励日企着力调整对中国等特定国家汽车产业链的高度依存状况，撤回在中国的生产线转向到东盟国家布局生产基地。为了迎合日本政府强化供应链回迁本土化的诉求，丰田等日本车企只好加强汽车生产和供应链本土化布局，但曾表示并无计划改变在中国或亚洲的发展战略。受疫情影响，丰田汽车提出业务连续性计划，要求供应商为丰田储备 2—6 个月的芯片，及早订货而增加库存的做法增加了汽车及其零部件供应的波动性，加剧了汽车芯片等关键零部件的短缺程度。

事实上，在生产分工全球化的背景下，日韩汽车产业链在全球整体的产业布局已形成相对稳态，特别是在区域内的产业链供应链环环相扣和相互依赖。日韩车企及零部件企业向海外转移的目的主要是获取当地市场份额。2021 年 8 月，马来西亚芯片工厂因疫情席卷而被迫停产，对全球汽车芯片供应造成冲击。短期意外事件频发，如日本 AKM 晶圆厂失火、地震造成瑞萨短暂停工，欧洲意法半导体遭遇短暂罢工影响，美国暴风雪影响英飞凌、三星等晶圆厂短暂停产。经过多年积累，中国已经成为汽车产销大国，形成稳定的汽车及零部件生产基地。目前，中国汽车零部件企业超过 10 万家，实现1500 种部品全覆盖，已形成具有竞争力的完整生产配套体系。2020 年 3 月，丰田宣布将在中国中新天津生态城投资约 85 亿元人民币，建造一座新的电动汽车制造工厂。日韩车企正通过控股现有合资公司或独资建厂等手段，有望扩大在华生产汽车及出口规模。跨国汽车零部件生产商的产能部署的逻辑是距离终端市场更近或距离交通枢纽（港口、空港等）更近，以便以更低供应链成本准时交付订单。日本汽车产业对日本经济的贡献极其重要，汽车产值占到日本工业产值的一半左右，超过 1 万亿美元，并带动 500 多万个就业岗位，占到日本就业总人口的 8% 左右。因此，日韩车企即便实施"中国 +1"的策略，但综合考虑本土需求和产业配套优势，也难以完全摆脱对中国汽车市场和供应链完整性的依赖。

第二节　中日韩汽车及新能源汽车产业合作的机遇与挑战

从趋势上看，全球汽车产业朝着电动化、智能化、网联化和绿色化方向发展，但疫情加剧了逆全球化风险和产业链供应链重构风险，对汽车产业链供应链产生结构性影响。汽车产业链供应链发展更趋向本土化、近岸化、友岸化和区域化，特别是在错综复杂国际形势下跨国车企及零部件企业更加关注地缘局势变化，更加强调产业链供应链的安全稳定。在此背景下，中日韩汽车产业合作既面临技术进步、产业升级和区域市场整合的发展机遇，同时也面临着地缘冲突、大国技术博弈等方面挑战，让国际合作变得更加脆弱。

一、中日韩在汽车尤其新能源汽车新技术研发合作有难得的发展机遇

在数字时代和碳中和背景下，汽车行业正朝着电动化、智能化、网联化绿色化方向发展。相比较而言，中国传统燃油汽车工业制造技术相对落后，但近些年来在新能源汽车领域技术进步较快，动力电池等部分新能源汽车技术已跨入国际先进行列。

近年来，中国全面贯彻新发展理念，推进实施创新驱动发展战略，尤其加快推动新能源汽车领域技术研发和推广应用，为跨国企业加快推动科技转型和实施电动化战略提供了广阔发展空间。日本汽车工业制造技术已是世界一流的水平，韩国企业工业制造技术特别是动力电池技术已达到国际先进水平。韩国政府发布的"未来汽车产业发展战略"预计，到2030年氢能汽车、电动汽车、自动驾驶汽车将成为市场主体。现代汽车曾计划到2025年将电动车车型增加到23个，2030年前生产70万套燃料电池系统目标。日韩等汽车及零部件厂商纷纷继续增加在华投资和产业链布局，抢占新一轮产业高端化发展的红利。

2023年，中国的汽车产销量双双超过3000万辆，连续15年保持世界第一，中国已经连续9年新能源汽车产销量位居全球首位，成为全球最大的新能源汽车市场。据中汽协数据显示，2023年中国新能源汽车产销分别完成958.7万辆和949.5万辆，同比分别增长35.8%和37.9%，市场占有率达到31.6%。截至2023年末，中国新能源汽车保有量达2041万辆，占汽车总量的6.07%，其中纯电动汽车保有量为1552万辆，占新能源汽车总量的76.04%。值得注意的是，2023年中国自主品牌汽车销量为553.1万辆，其中比亚迪销售302.4万辆，市场份额高达50%以上，销量前15名中，日韩合资企业几乎不见踪影。（表10-3）

表 10-3 2023 年中国新能源品牌乘用车终端销量及其市场份额

序号	汽车厂商	2023年（辆）	2022年（辆）	同比增速（%）	2023年市场份额（%）
1	比亚迪	2389898	1583178	51.0	32.95
2	特斯拉	603882	441651	36.7	8.32
3	广汽埃安	439536	213823	105.6	6.06
4	上汽通用五菱	423945	450738	−5.9	5.84
5	理想汽车	377041	135283	178.7	5.20
6	长安汽车	213779	222650	−4.0	2.95
7	大众	186617	173368	7.6	2.57
8	蔚来汽车	159906	120142	33.1	2.20
9	小鹏汽车	133571	120526	10.8	1.84
10	吉利汽车	131966	74780	76.5	1.82
11	零跑汽车	130284	108893	19.6	1.80
12	深蓝汽车	118473	25246	369.3	1.63
13	腾势汽车	114114	6938	1544.8	1.57
14	哪吒汽车	105491	146150	−27.8	1.45
15	极氪汽车	105380	71433	47.5	1.45

数据来源：乘用车市场信息联席会（CPCA）。

中国已超越日本成为第一大汽车出口大国，并且主要汽车品牌已进入发达国家市场。据中汽协统计，2023 年，中国新能源汽车共计出口 120.3 万辆，同比增长 77.6%。蔚来、理想、小鹏等自主品牌陆续进入欧洲市场，上汽、长安、长城、吉利、奇瑞等中国车企也已在海外布局建厂。相比而言，日本和韩国车企在纯电动汽车发展略有滞后。2021 年，丰田汽车在华新车销量高达 194 万辆，其中新能源车 47.5 万辆，主要是混合动力汽车，但纯电动车少之又少，其全球纯电车型（BEV）销售量只有 1.2 万辆，而且中国、美国和欧盟合计占丰田全球汽车销量的 45%。

随着中国持续开放汽车市场和推进新技术研发应用，跨国车企及零部件企业将继续加大在华投资，加速引进先进技术和推进国产化进程，尤其在智能网联、新能源汽车、动力电池、氢能、技术研发等方面继续加大在华投资布局，在华打造全球领先的汽车研发、采购、生产和出口基地。2021年12月，中国发改委和商务部发布外商投资准入特别管理措施（负面清单）（2021年版）称，进一步深化制造业开放，汽车制造领域，取消乘用车制造外资股比限制以及同一家外商可在国内建立两家及两家以下生产同类整车产品的合资企业的限制。

汽车零部件企业纷纷在华加大投资力度。2022年1月，罗森伯格计划投资1亿美元（约合人民币6.4亿元），在常州国家高新区打造高端汽车电子连接器及线束产业基地。2022年，博世集团在华加大投资扩产，同年1月投资自动驾驶芯片研发商黑芝麻智能；2月又独家投资新型4D毫米波成像雷达供应商几何伙伴；3月与广汽集团等联合投资自动驾驶解决方案商文远知行4亿美元（约合人民币25亿元）。2022年3月，国际汽车零部件厂商采埃孚集团投资约7亿元在中国建设第四家研发中心——采埃孚广州技术研发中心，配备多种先进实验室和软、硬件测试环境及自动驾驶场景测试试车场，提供主动安全系统、被动安全系统、自动驾驶、电驱动系统等技术解决方案。同期，法国阿科玛集团扩建广州汽车涂料UV光固化树脂产能基地；韩国SK集团联合投资了致力于商用车智能驾驶的供应商所托瑞安。2022年4月，丰田汽车及其旗下汽车零部件公司丰田合成宣布，将投资逾80亿日元（约合人民币4亿元）在广东佛山新建丰田安全系统产品工厂，产品线涵盖汽车安全气囊、汽车把手及弹出式引擎盖执行器等汽车零部件。

跨国车企围绕智能驾驶等新技术应用已在华建设研发中心。2021年10月和2022年3月，梅赛德斯——奔驰集团先后启用北京和上海两个研发中心，承接连接、自动驾驶和大数据等技术领域的工作。宝马集团不仅扩大在沈阳等地的整车产能，而且在南京合资成立软件开发中心；德国大众开工建设大众安徽综合实验中心研发测试场等。

二、东亚汽车市场区域一体化进程提速带来产业链合作新机遇

亚洲汽车工业虽起步较晚，但现在已成为全球最大的区域汽车市场，区域内的汽车工业主要以中日韩为主，东盟汽车产业发展后劲较足。相比较而言，日韩汽车工业发展水平较高，是全球重要的整车及零部件出口国，特别是日本汽车产业在全球具有较强的竞争力，尤其在混合动力汽车研制方面走在全球前列；韩国在动力电池和半导体芯片等方面有较强的先发优势。中国汽车整车和零部件产业体系较为完善，产销规模约占到全球市场的30%，已成为全球重要汽车零部件出口国之一。

近年来，中国在新能源汽车动力电池方面已具有比较优势，在电池、电机、电控等方面已实现核心技术自主可控，从整车、零部件到充电设施及电池回收的全产业链已较为成熟，其中动力电池技术已处于全球领先地位，拥有全球约70%的动力电池产能。据韩国市场调研机构SNE Research数据显示，2023年全球动力电池装机量排名前十名中，中国企业有6家，市场份额合计达到63.5%；韩国企业有3家，市场份额合计达到23.1%，较上年同期下降1.6个百分点；日本企业只有1家，市场份额为6.4%，较上年同期下降0.6个百分点（表10-4）。据该家研究机构预测，到2025年全球动力电池缺口为40%左右。

表 10-4　2023 年全球动力电池累计装机量及市场份额

序号	动力电池厂商	2023年（GWh）	2022年（GWh）	同比增速（%）	2023年份额（%）	2022年份额（%）
1	宁德时代	259.7	191.6	40.8	36.8	37.0
2	比亚迪	111.4	70.4	57.9	15.8	13.6
3	LG 新能源	95.8	70.4	33.8	13.6	13.6
4	松下	44.9	38.0	26.0	6.4	7.3
5	SK On	34.4	27.8	14.4	4.9	5.4
6	中创新航	33.4	20.0	80.9	4.7	3.9

续表

序号	动力电池厂商	2023年（GWh）	2022年（GWh）	同比增速（%）	2023年份额（%）	2022年份额（%）
7	三星SDI	32.6	24.3	36.1	4.6	4.7
8	国轩高科	17.1	14.1	23.1	2.4	2.7
9	亿纬锂能	16.2	6.3	129.8	2.3	1.2
10	欣旺达	10.5	9.2	15.4	1.5	1.8
合计		656.0	472.1	—	93.0	91.2

数据来源：SNE Research。

2009年以来，中国一直是全球最大的汽车市场，2023年中国新车销量超过3000万辆，而美国新车销量只有1560万辆，欧盟新车销量为1050万辆，日本新车（包括微型车）销量为477.9万辆。中国超大规模的汽车产销市场，吸引跨国车企及零部件企业加大在华投资设厂。2023年，中国汽车保有量达到3.36亿辆，汽车驾驶人达到4.86亿人，成为全球汽车保有量最大的国家。中国从日韩进口零部件和出口到日韩的零部件金额，在中国汽车零部件进出口总额中都占据1/5或1/3的较大比重。

与制造业强国相比，中国仍在高品质电机、电控、高端芯片、高速轴承等方面自主供应不足，与日韩等车企在关键材料和核心零部件等方面具有较强的互补性。泰国、印度尼西亚、马来西亚等东盟国家已成为全球重要的汽车零部件供应基地，特别是泰国、马来西亚的汽车芯片产业较为发达、供应链较为完善，甚至包括新能源汽车所需的信号芯片和模拟芯片。2022年1月1日《区域全面经济伙伴关系协定》（RCEP）生效，中日韩汽车产业正迎来更加整合的区域市场。RCEP在关税减免、知识产权、人员流动等方面更加便利化，为区域汽车及零部件贸易提供制度基础，将促进域内汽车及零部件贸易更趋活跃。2020年，日本、泰国、印度尼西亚、韩国、马来西亚对中国出口整车33.5万辆，占中国汽车进口总量的35.91%。中国新能源汽车出口地区主要集中在欧洲、亚洲和北美洲等地区，其中主要集中在亚洲地区，包括面向韩国、日本、新加坡、印度等国家。

在 RCEP 框架下，中日间首次达成了双边关税减让安排，中日关税将在 8% 的基础上有大幅度的变化，日本出口到中国的汽车零部件近 90% 将实现零关税，将让日系车在中国市场更具竞争力。凭借在动力电池方面的技术与产能优势，中国的电池企业有望在日韩推广电动汽车（EV），进入日韩新能源汽车的供应链体系。RCEP 知识产权相关条款，在区域内有效保护新能源汽车技术创新力，提高中日韩开展技术和人员交流、加快产业链优化布局，重新整合资本、技术、成本等资源，促进亚洲汽车产业链供应链竞争力提升。

三、俄乌地缘政治冲突推高汽车燃料成本和关键原材料成本

高度集成的汽车产业链是全球化生产的典型代表。2022 年 2 月俄乌爆发军事冲突以来，全球能源供应和通道安全遭遇较大挑战，同时极大程度地推高了国际能源价格，给能源进口国带来较大的成本压力。中日韩均是全球重要的能源进口国，石油及天然气供给主要通过海上运输及与俄罗斯等邻国铺设管道来实现，正在遭受到乌克兰危机等地缘冲突风险的严重威胁。俄罗斯是全球重要的能源输出国。2021 年，俄罗斯石油和天然气出口份额分别占到全球出口额的 11.3% 和 16.2%。任何对俄能源出口限制举措将极大提升“第四次能源危机”爆发的可能性。美国反复威胁制裁俄罗斯输送能源到德国的北溪 2 号天然气管线就是其能源极易被外部威胁的最好例证。

在乌克兰危机形势下，中日韩都不得不面临严峻的化石能源安全问题，因为三国电力结构仍旧是以化石能源为主，发展燃油汽车仍具有现实意义，将石油直接在燃油发动机里面燃烧显然比通过火电厂燃烧再输送给电动车更加高效和经济。鉴于此，丰田公司向日本政府施压要求对混合动力车得到与纯电动汽车同等的支持政策。截至 2023 年，丰田混动车合计销量已超过 1600 万辆。

在化石能源价格高企和节能减碳约束趋强的背景下，中日韩三国都在寻求化石能源替代方案，推动能源结构清洁化，包括加快推出新能源汽车的发

展速度。倘若三国加速推进能源结构清洁化，汽车电动化发展将对减少碳排放更加有效。俄乌冲突对电动汽车有关的重要原材料市场已产生重要影响。

随着新能源车渗透率的加速提升，市场对动力锂电池需求强劲，而镍就是动力电池的一种重要原材料。俄罗斯的镍产量约占全球的7%，而今受俄乌冲突影响，俄罗斯的镍出口几乎已经停止，国际市场镍价曾创新高，并保持高位震荡运行，将进一步推高动力电池成本，削弱电动汽车的竞争力。俄罗斯新开采的钯金产量约占全球总量的40%，而限制俄罗斯出口则可能引发钯金供应短缺，增加传统燃油车汽油发动机减排的压力。更重要的是，俄乌冲突对芯片生产产生不利影响，因为俄乌两国向世界提供半导体生产所使用的氖气、钯等稀有资源，特别是关键原材料——钯供应短缺加剧汽车领域缺芯问题。

四、美西方技术封锁对联合发展车规级芯片等关键零部件带来挑战

汽车工业发展水平往往决定着制造业整体发展水平。在过去几十年的技术追赶中，中国燃油汽车发展的"软肋"在于关键技术和核心零部件始终受制于人，特别是内燃机技术难以有效突破。而今，汽车产业转向以新能源和智能网联的方向发展，给中国汽车工业突破技术瓶颈带来契机。在这一轮新能源、新材料、人工智能技术的较量中，中美之间的科技战将对全球汽车工业发展水平造成深远影响。

随着汽车朝着网联化、电动化、智能化、绿色化方向发展，汽车将增加更多智能功能和先进安全技术，意味着使用越来越多的芯片产品，而汽车生产本身也越来越依赖工业机器人等智能设备。2021年的半导体芯片这一关键元器件的短缺直接让全球汽车行业销售额下降数百亿美元。由于疫情导致汽车、电子产品都面临"芯片荒"，美国汽车和电子产品产能受挫，从而助推通胀居高不下。

美国开始在半导体芯片方面联合盟友实施技术封锁。2021年1月，作为

2021财年美国《国防授权法案》（NDAA）的一部分，美国国会通过《为美国创造有利的生产半导体激励法案》，以促进美国半导体的研究、开发和制造。同年5月，美国成立由全球64家上下游企业共同组成的半导体联盟（SIAC），其中包括苹果、AT&T、谷歌等芯片使用者，也包括AMD、英伟达、高通等芯片设计公司，以及台积电、三星、SK海力士、英飞凌等芯片制造商，但这一联盟并没有吸纳中国大陆企业。同年6月，美国参议院通过《美国创新与竞争法案》，在5年内为芯片工厂建设提供390亿美元财政援助，为芯片法案研究和开发活动提供112亿美元。2022年7月美国众议院通过《2022年芯片与科学法案》（简称《芯片法案》）授权美国政府未来5年内为本国半导体企业提供百亿美元补贴和税收减免以及超2000亿美元的科研项目经费等，旨在提振美国芯片产业，缓解汽车芯片短缺问题，并提高美国本土半导体产能，在半导体等尖端科技上与中国开展竞争。美国总统拜登表示，"芯片是现代经济的基石，它们为我们的智能手机和汽车提供动力。为了美国的就业和经济，我们必须在美国制造芯片。芯片法案将实现这一点"。由此可见，美国政府促进先进芯片的本土生产和盟友外包，旨在继续保持其在半导体科技领域的霸主地位，加强美国对全球半导体产业链的控制，有效禁止向中国的新能源汽车等新兴产业出口高端半导体产品。

除了注入巨资扶持半导体产业，美国还对全球半导体供应链进行调整，希望与日本、韩国和中国台湾构建"芯片四方联盟（Chip 4）"，以更好地发挥四方综合优势，最大限度地加强芯片供应链的安全和韧性，其中美国强在设备、设计，韩国强在制造与设计，日本强在零部件和材料，中国台湾强在代工和封测。2021年6月，日本政府提出加强半导体设计、研发与生产的新战略，将与海外的代工厂合作兴建新厂，重振日本半导体产业。2022年5月美日提出加强半导体合作后，同年7月29日美日外长级与商务部长级官员会上提出将共同启动一个"新的研发机构"用于研究2nm半导体芯片。

美国对中国半导体行业的围堵，一定程度上威胁了中国与日韩企业车规级芯片研制上的良性合作，加剧了中国汽车特别是新能源汽车芯片供应短缺的问题，也可能会倒逼中国加大半导体科研投入，加速推出自主可控的车规级芯片。

第三节　中日韩汽车产业链合作趋势与方向

东亚地区特别是中国汽车市场将迎来更好的发展期。无论是汽车产业加速向电动化、网联化、智能化、绿色化方向迈进，还是加快形成高效稳定的汽车及新能源汽车产业链供应链网络，中日韩三国都有明确的合作意向和潜力空间。日韩两国在汽车工业领域仍各具技术领先优势。日本和韩国车企在燃油车尤其是发动机领域已积累显著的优势。在汽车产业链条加速转向电动化、智能化、网联化、低碳化方向发展时，中国持续升级的消费需求将会牵引东亚地区重塑汽车产业链供应链体系，推动上下游企业保持加速技术创新应用的驱动力，强化跨链融合和协同合作共同提升区域产业链的竞争力和影响力。

一、中日韩在汽车相关技术研发创新方面有一定合作空间

汽车工业是各项技术高度集成的产业，也是技术创新最活跃的行业领域之一。随着全球智能化、绿色化和跨界融合发展加速，汽车工业加速呈现电动化、智能化、网联化、低碳化发展趋势，而围绕汽车的技术创新正在颠覆传统的交通出行工具和模式。在新技术、新能源革命的背景下，传统汽车产业与人工智能、绿色能源紧密相连，中国、日本、韩国等东亚国家在新兴汽车产业中各具有一定优势。

在汽车产业电动化、网联化、智能化、绿色化方面，中国汽车产业已初具优势。近年来，中国在推进新能源汽车产业发展政策、创新生态及市场培育等领域都是其他国家难以比拟的。2012 年 6 月，国务院办公厅印发的《节能与新能源汽车产业发展规划（2012—2020 年）》就确定了纯电驱动的新能源

汽车为汽车发展的战略方向。2020年11月，国务院办公厅印发的《新能源汽车产业发展规划（2021—2035年）》要求，到2025年新能源汽车销量占比达到20%，并提出未来新能源汽车的关键核心产业链环节将侧重于以动力电池与管理系统、驱动电机与电力电子、网联化与智能技术为代表的关键零部件研发与生产环节，以及模块化高性能整车平台等整车集成环节，同时强调以快充为主的公共充电网络在产业链环节中的地位。2021年10月，国务院印发的《2030年前碳达峰行动方案》提出，到2030年新增新能源、清洁能源动力的交通工具比例达到40%左右。经过多年的发展积累，中国自主品牌发展已初具先发优势，已可以向合资企业推进技术反向输出，扭转长期单向以来外方技术输入的不对称状态。

　　在汽车技术迭代加速的背景下，中日韩车企亟须抓住新一轮科技革命和产业变革的重要机遇，在汽车特别是新能源汽车产业链供应链领域开展务实合作，加快汽车产品技术的升级换代，重塑汽车产业链格局和价值链体系，持续满足东亚乃至全球汽车市场消费升级的需要，加速形成全球具有竞争力的东亚汽车生产网络。

　　经过各方努力，中国已成为引领全球的第一大新能源汽车市场，已成为最佳的汽车工业新技术新产品的试验场。从新能源汽车产业链条看，上游为有色金属及化工原材料，重视资源可获得性；中游为电机、电控、电池和汽车电子（如车载控制系统、继电器、功率半导体、薄膜电容等）制造，重视降低生产成本；下游为整车制造、服务及软件应用，重视满足客户个性化多样化需求。目前，中国自主品牌车企从整车、车身、底盘、发动机到变速器等核心汽车零部件已完全具备自主研发能力。比如，中国动力电池相关专利技术成果转化效果显著，在技术研发和产业化进程中与美日韩形成四足鼎立的局面。在电机和电控技术研发方面，中国专利申请量仅次于日本，其中电机作为动力转化装置有望逐步取代传统内燃机，助推中国在汽车产业领域实现"弯道超车"的目标。日本在传统燃油车以及油电混动技术、新能源汽车，特别是氢燃料动力汽车及其关键零部件方面技术领先。比如，自20世纪

90 年代以来，丰田重点研发氢燃料电池，累计申请超过 5000 项专利，占全球氢燃料电池汽车领域专利的一半以上。韩国在动力电池和氢动力汽车方面具有一定竞争优势。从发展趋势看，在成本和安全性方面，氢能汽车成熟度尚不及纯电动汽车，但在今后发展中仍会占据一席之地，特别是重卡等货运车辆使用氢动力汽车更清洁环保、更安全可靠。

中日韩三国在汽车新技术特别是新能源汽车技术领域各具优势，在汽车及新能源汽车发展的核心及前沿技术创新方面有广泛的多层次合作空间。中日韩三国通过在区域巨大潜力市场上持续技术迭代将能创造技术平价时代，特别是在动力电池及氢燃料电池、下一代电动化平台及电子电气架构、电机电控技术、车规级芯片设计、自动驾驶与未来出行技术、充换电技术等先进技术创新上走在世界前列。2020 年 4 月，丰田汽车与比亚迪合资成立比亚迪丰田电动车科技有限公司，在各自技术强项领域切磋合作，致力于推动、普及电动车更环保、安全、舒适、智能的高品质技术，开展纯电动车及其所用平台、零部件研发设计等相关业务。

二、中日韩在车规级芯片联合研发制造方面有较大合作空间

汽车芯片是半导体芯片产业的一种，而汽车产业链可以划分为上中下游，其中上游环节主要是基础半导体材料和半导体设备制造领域，中游环节主要是芯片设计和制造领域，下游环节就是汽车整车的应用（表 10-5）。车规级芯片指用于车体汽车电子控制装置和车载汽车电子控制装置的半导体产品，大致包括主控芯片、MCU（微控制单元）功能芯片、功率芯片、存储芯片、通信芯片及其他芯片（传感芯片为主）等（图 10-2）。汽车芯片主要供应商已形成美日欧三足鼎立，前五大厂商包括英飞凌（欧盟）、恩智浦（欧盟）、瑞萨电子（日本）、德州仪器（美国）、意法半导体（欧盟），其中日本汽车芯片制造商市场份额超过 20%。

表 10-5　汽车芯片上中下游产业链情况

产业链环节	主要产品	代表性企业
上游环节：基础半导体材料和制造设备	硅片、光刻胶、CMP（化学机械抛光）抛光液、芯片制造设备	东京应化、晶瑞股份、日本信越、日立科技、晶盛机电、台积电、格罗方德
中游环节：芯片设计与制造	智能驾驶芯片（GPU 芯片、FPGA 芯片、ASIC 芯片）、辅助驾驶系统芯片（ADAS 芯片）、车身控制芯片（MCU）	瑞萨电子、恩智浦、赛灵思、德州仪器、意法半导体、英飞凌、英伟达、三星、华为、地平线、全志科技
下游环节：汽车车载系统、车用仪表及整车制造	车载仪器、车用仪表、整车制造	丰田、现代等

资料来源：课题组整理。

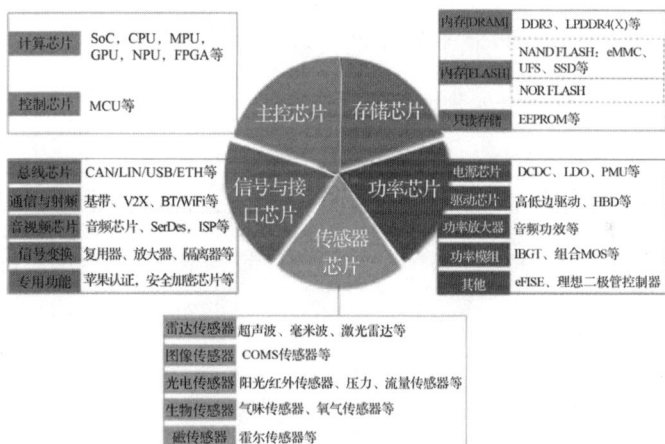

图 10-2　汽车芯片主要分类

资料来源：汽车芯片应用牵引创新发展论坛，广汽研究院，天风证券研究所。

　　随着汽车电动化、智能化、网联化发展提速，智能化汽车新车型增加了对传感器芯片、计算芯片、功率半导体等的使用量。据估计，智能汽车单车搭载芯片为 500—600 颗，电动汽车单车搭载芯片数量为 1000—2000 颗。自动驾驶汽车将增加对高端芯片的需求，预计汽车芯片用量占晶圆产能比重由 15%—20% 提升至 25%—30%。预计到 2030 年，汽车半导体占汽车总成本比重将达到 50%，保守估计届时汽车芯片的需求量将会超过每年 1000 亿颗。疫情导致的全球车规级芯片供应短缺已深刻影响到汽车产业链供应链的安全稳定，而日韩在半导体材料、半导体芯片等领域仍有领先优势。如日本的瑞萨电子为汽车行业提供车辆微控制器和 SoC 产品，以技术引领发动机效率、驾驶辅助系统、车身控制等方面的新趋势，并将车用 MCU 的产能比 2021 年提高 50% 以上。

中国汽车特别是新能源汽车产业链供应链体系、规模和制造供应能力已具有相对优势，但中国创新性、高附加值、高端的汽车零部件和相关技术掌握得还不够多，尤其在一些汽车芯片核心技术、关键零部件、关键材料、基础元器件等领域依然有较大短板，如中国汽车芯片进口依赖度超过 90%，自主汽车芯片只有 4.5%，在汽车计算、控制类芯片的国产化率不到 1%，传感器不到 4%，功率半导体不到 8%，通信芯片不到 3%，存储器芯片仅有 8%（表 10-6）。头部厂商垄断格局短期难以被打破，因为汽车芯片厂商与博世等汽车零部件一级供应商形成牢固的利益关系。

表 10-6　中国车规级芯片自主率情况

产品种类	单车价值（美元）		主要差距与基础	自主率
	传统车	新能源车		
计算、控制类芯片	77	80	MCU、GPU、FPGA 等通用芯片领域高度垄断，前三大市占率约七成，面向 ADAS 的 ASIC 技术路线尚不确定，国内初创企业较多	< 1%
传感器	44	49	在车身感知领域国外企业高度垄断，前三大市占率约占七成以上，国内基础不足，在视觉、毫米波雷达等新兴环境传感器领域国内有一定基础，部分已实现在商用车、工程车等领域应用	4%
功率半导体	71	387	IGBT、MOSFET 领域与国外差距较大，国内在功率分立器件和模块等领域更为擅长，三代化合物半导体领域国内正在布局	8%
通信	10	35	V2X 属于增量市场，国内依靠 5G 布局有一定发展基础	< 3%

产品种类	单车价值（美元）		主要差距与基础	自主率
	传统车	新能源车		
存储器	8	10	存储器属于车用半导体增量市场，主要被美光、三星等垄断，国内在车用 SRAM、利基型 DRAM 等环节有基础	8%
其他	126	153	—	< 5%

资料来源：北京半导体行业协会，盖世汽车研究院，天风证券研究所。

相比于消费电子类芯片，汽车芯片并非晶圆制造厂排产的优选对象。因为汽车芯片对制程先进性的要求不高，但对湿度、耐高温、使用寿命等安全要求很高，需经长时间性能测试和可靠性验证才敢使用。车规级芯片种类有2000多种，每种需求量和获利空间有限，国内厂商不敢投资，也不愿意生产，而且芯片人才相当匮乏，短时实现国产化替代较困难。从整体来看，中央计算芯片与功率半导体仍是制约中国新能源汽车产业发展的"卡脖子"技术，感知传感器、决策控制芯片、线控底盘技术以及软件和算法等都得更多依赖国外企业供给。例如，Mobileye 等公司将其算法和芯片绑定，不允许更改，严重制约了中国自主品牌产品的研发。

从汽车芯片缺芯品牌分布看，75% 的中高风险汽车芯片短缺主要来自恩智浦、德州仪器、英飞凌、意法半导体等传统汽车芯片企业。从趋势上看，中国在人工智能、无人驾驶领域较为领先，产业配套网络齐全，市场规模巨大，今后中日韩三国在车规级芯片等领域有天然的互补性。借鉴吸收日韩等外资企业先进技术，围绕新能源汽车产业基地，加快对车规级芯片的补链强链，配套建设车规级芯片制造基地。

三、中日韩在汽车关键材料和零部件制造方面有良好的合作前景

除了车规级芯片外，中国仍有很多汽车关键材料和零部件依赖进口，特别是从日韩等国家进口的汽车原材料和零部件较多。从整体产业链看，中国

汽车整车生产装备的 70%、发动机和变速器生产装备的 80%、汽车研发试验检测等仪器的 90% 左右依赖进口，而特殊功能材料几乎全部依赖进口。中国大部分零部件企业研发投入占营业收入比重不足 5%，宁德时代研发投入占营业收入比重只有 7% 左右，仍低于丰田汽车在电装 9.5% 的研发投入强度。

日韩两国的汽车零部件厂商已在中国投资设厂，通过中间件进口等方式组装汽车零部件。从汽车零部件供应商来看，日本、韩国的汽车供应链可能与中国的汽车供应链形成有效匹配。如在动力电池领域，中国需要从日本大量进口高端电池极片涂布机、动力电池高端隔膜、高端铜箔、车门冲压模具等关键材料。

总体看，中日韩三国在关键原材料、零部件等研制方面有广阔的合作空间。中国可有针对性地引进日韩车规 MCU 芯片、IGBT 生产封测企业，培育 ABS、ESC、EPS、显示屏、胎压传感器、网联语音模块、收放机等 "小精尖特" 企业。特别是，借助中韩自贸协定、RCEP 等相关条款，加强与日韩汽车关键材料和零部件的贸易投资合作，加快东亚汽车或新能源汽车产业链整合，提升对产业链供应链的合作紧密度。例如，丰田变速器供应商爱信 AW 株式会社与广汽乘用车有限公司共同投资建设广汽爱信自动变速器项目。丰田汽车将投入 3 亿美元用于气候和碳捕集、人工智能和太空商业化等前沿技术领域的初创企业。2019 年，广汽丰田投资 37.28 亿元（按当时汇率约合 6.05 亿美元）进行 TNGA 系列发动机建设项目，建成后每年增加 40 余万辆销量。

四、日韩车企将更依赖中国的新能源汽车基础设施与绿色供应链系统

加快推动新能源特别是电动汽车发展，需要拥有更加完善的充电基础设施系统和绿色供应链系统。截至 2023 年底，中国累计建成充电基础设施 859.6 万台，其中私人桩 587 万台，公共桩 272.6 万台，累计建成换电站 3567 座，并在全国 31 个省市自治区设立动力电池回收服务网点超过 1 万个。近年来，中国充电基础设施体系规模持续扩大、纯电动车的相关基础设施网络加

快完善。截至 2023 年底，中国有 6328 个服务区配建了充电设施、占服务区总数的 95%，北京、上海、河北、安徽等 15 个省市高速公路服务区已全部具备充电能力。相比较而言，日韩两国需求相对有限，难以大规模建设充电基础设施和绿色供应链系统，需要与中国车企开展合作共同推动充换电技术和回收利用技术创新发展，以形成规模经济下的正反馈效应。

五、中日韩在智能驾驶汽车场景试验方面有明确的合作诉求

近年来，中国政府高度重视智能网联汽车产业发展，牢牢把握汽车产业变革趋势，着力在战略规划、技术创新、标准规范、推广应用、测试示范等方面出台系列指导性文件，推动智能网联汽车从测试验证转向多场景示范应用。与此同时，中国的造车新势力和互联网企业已打造诸多的智能汽车试验场景。

与日韩相比，中国拥有从北到南涵盖寒冷气候到炎热潮湿等各种气候的实验场景，并提供 5G 等移动互联网络和更为宽松的政策环境，支持企业开展自动驾驶等实地试验，将为推动智能驾驶汽车的产业化应用提供更多场景。日韩车企已经认识到中国在智能驾驶汽车场景试验方面的价值，已着手与中国企业开展合作，共同推动智能驾驶等技术的验证，在共同推进人工智能、大数据等分析应用方面积累更丰富的测试数据，从而助力其新技术新产品的快速迭代。

中国与日韩企业可推动电动化与智能网联技术融合发展，加快 5G 信息通信、车路协同等新技术应用，开发更多适合消费者的休闲娱乐、生活服务、自动驾驶等功能，共同分享各自实地测试的信息，推动技术加速迭代成熟，并在平台构架和服务模式方面开展创新，推动汽车制造企业转变为智慧出行的提供者和服务商。

第四节　深化中日韩汽车产业链供应链务实合作的建议

随着中国自主品牌汽车快速迭代发展和由此形成的广阔应用市场，正在让日韩车企加速转变以内燃机为核心的汽车产业链外迁的传统观念，已着手加大对中国新能源汽车的投资合作力度，共同夯实区域新能源汽车产业链供应链体系，使其不在新一轮汽车产业链重构和现代化发展进程中掉队。近年来，丰田、本田、现代等车企已围绕产业链供应链在中国开展投资布局，展现出在华投注新能源汽车的强烈意愿。对此，中国政府亟须出台更稳定的促外资政策和国际合作策略，引导国内车企通过合资合作等多种方式推动汽车技术的创新发展，利用日韩汽车及零部件企业开展强链补链行动，切实在东亚区域内构建起更加先进完整的汽车产业链供应链系统，从而为深化中日韩汽车产业链合作提供更多可塑空间。

一、巩固日韩汽车及零部件生产基地

以现有汽车产业链合作为基础，以车企及民间合作为着力点，推进日韩车企把握中国汽车电动化、绿色化的发展趋势，与合资企业加快转型升级，重点引进日韩车企将新车型生产放在中国，巩固日韩汽车整车及零部件生产基地，促进关键汽车零部件的本地化生产，确保日韩车企对与华合作及对华投资的持续、稳定的收益预期，提升东亚区域汽车产业链安全和供应链稳定。在巩固日韩在华汽车及零部件生产基地同时，发挥中国市场与资本的比较优势，积极引导日韩车企再投资扩产，重点加大动力电池、电机、电控等"三电"研制生产，着力引进正负极材料、电解液、隔膜、结构件等零部件企业，打造新能源汽车电池等全产业链条。

二、推动开展汽车共性技术联合攻关

顺应汽车电动化、智能化、绿色化发展新趋势，主动与日韩车企开展汽车及新能源汽车供应技术联合攻关，联合解决车规级芯片技术难题，加大关键原材料、零部件等领域的共性技术难题，尤其在日韩有优势的精密控制、精密制造、精密测量相关的工业材料、控制系统、制造装备和检测设备等领域共同开展技术合作，增加与日韩企业合作深度与广度。可由行业协会或龙头车企牵头，构建与日韩车企特定行业领域的技术供需信息平台或交易撮合平台，便利中日韩车企开展动力电池、驱动电力、车载操作系统等技术信息分享与需求对接，推动类似 AECQ100 等车规实验认证体系建设，加快新技术的快速应用推广，提高国产化车规级半导体等关键零部件的可靠性、一致性、安全性和稳定性。

三、加快汽车专业技能和复合型人才交流培训合作

在现有合资车企合作的基础上，进一步与来华投资设厂的日韩等国汽车生产头部企业合作，加强汽车尤其是新能源汽车领域复合型人才的交流交往培训，加强与日韩车企人才特别是年轻一代的研修班合作，定期开展技术和产业合作大会，促进中日韩之间的知识技术贸易与知识技术交流学习，以提高中国整车及核心零部件的研发制造水平。进一步放宽对日韩汽车人才来华签证、居留条件限制，简化出入境和居留生活的程序，吸引更多日韩复合型人才来华创新创业、学习交流和企业实践，引进汽车、新材料等方面的专业技术人才，培养更多适用性的复合型人才。

四、鼓励组建中日韩汽车产业链和供应链联盟

在电动化、智能网联化大背景下，汽车产业的协作融合成为必然趋势。中国与日韩在开展技术交流合作的同时，有必要探索产业合作的新机制。2018 年 7 月，日本经济产业省和中国工信部之间将建立汽车政策科长级对话

机制。在政府合作框架下，中国车企有必要及时跟踪日韩新能源汽车产品标准和要求，充分利用合资车企的天然联系，推进与日韩车企及零部件企业强强联合和跨界融合，构建专业化、系统化、模块化的零部件产业协同体系，加快形成新时期产业链合作联盟，加强知识产权保护、归属与管理、数据安全等规则标准方面的研究，共同保障中日韩汽车产业链供应链的安全稳定。

五、推进中日韩汽车产业第三方开放合作

海外市场是中日韩车企发展壮大的必要支撑。中国自主品牌车企已在加快开拓海外市场。在数字化、碳中和趋势下，可利用中日韩均为 RCEP 成员国的互补合作优势，推动合资车企主动到东盟等国家建设汽车整车组装厂，利用 RCEP 的整车进口关税降为零的政策便利，在区域范围内建立更具有成本优势的汽车配件供应链体系，充分发挥日韩车企在资金、技术及国际市场开拓等方面的综合优势，推进汽车散件组装国际化业务，面向全球投放差异化优势产品，以技术、标准输出带动新能源汽车产品出口，共同开拓东盟、澳新及欧洲等第三方市场，形成高效安全的相互促进的国内国际生产循环。

第十一章

日韩对华政策新动向下中日韩产业合作的
新思路

2021 年 10 月以来，日韩政府先后进行更迭，岸田文雄政府和尹锡悦政府分别就对华经济政策进行调整，呈现出"趋美遏中"的倾向。在经贸政策上体现出加强对华防范的动向，在核心产业链供应链上体现出联美制华的一面，给国际格局新变化下的中日韩产业合作带来挑战。

第一节　日韩对华经济政策调整动向

一、日韩对华经济政策由"中美对冲"向"趋美遏中"转变

日本对华经济政策调整深受美国掣肘。近年来，日本在经贸政策上，整体配合美国对华遏制战略，同时也会出于自身需求调整对华经贸政策，实现其利益最大化，在对美对华经贸政策上体现了日本多向对冲和"安美经中"的战略思维与政策架构。2017 年中美贸易摩擦以来，日本并未完全追随美国发起的中美贸易战，而是延续采取对华接触与合作政策，积极参与"一带一路"第三方市场合作，并于 2020 年共同推动 RCEP 的签署生效。2020 年拜登政府上台提出价值观联盟理念之下，日本对华经贸政策有所调整，转向加强

对华经济领域防范，推行经济安保法案，整体对华政策趋向消极。无论是从产业链供应链排除中国、科技封锁、企业回迁外迁、高科技人员交流、言论导向等双边合作方面，还是在区域战略上加入美日印澳四方机制、蓝点网络计划、印太战略等方面，以及与美西方国家联手打造科技联盟、芯片联盟等方面，都采取了配合美国围堵中国的政策和行动。同时，受中美博弈加剧及全球疫情冲击，越来越多的日本企业加快推进落实"中国 +1"战略，将部分产业链供应链回迁本土或转移到越南、缅甸等东南亚国家和地区，加快产业链供应链的多元布局。根据日本银行统计，2020 年日本对东盟累计投资 27.6 万亿日元，同期对华累计投资 14.4 万亿日元。这些举动体现出日本对华经济政策的调整动向。

韩国对华经济政策调整采取模糊立场和自身利益最大化的做法。2022 年 5 月，尹锡悦当选韩国新总统，其在竞选时的对华强硬言论，曾给中韩关系蒙上阴影。5 月底，拜登首次亚洲之行首选韩国而不是日本，表明美国对韩国拉拢力度加大，试图将韩国彻底变成遏制中国的政治工具。之后，韩国宣布加速部署"萨德"、在韩设立驻北约代表处、与美欧联合建立"针对中国的技术封锁机制"等联美制华的举动，韩政府官员曾表态要与华经济脱钩，加快融入美西方阵营等。这些变化体现了韩对华态度的转变。韩国虽表示这"不意味将转向反俄、反华政策"，也希望在加强与美日合作的同时加强与中国的合作，但在美国一步步的引诱下，韩国对华政策天平已出现了倾向于配合美国的一方。在一些重点产业领域，韩国已加强与美合作围堵中国，并加强对华高技术出口管制。这些举动表明，韩国已在积极向美展示跟随姿态。此外，韩国政府向北约靠近的信号，加剧韩国企业对"韩中经济脱钩"的担忧，叠加疫情反复对中韩产业链供应链的破坏，预计韩企将会暂缓对华投资，并考虑加速产业从中国外迁至东南亚等地区的可能。

二、日韩产业政策由"合作竞争"向"竞争防范"转变

近年来，日本通过政策制定、战略引导，不断优化日本产业链供应链全

球化布局，已出现产业链供应链本土化、意识形态化等趋势。比如，在半导体政策方面，2021年日本出台《半导体产业紧急强化方案》，计划到2030年实现半导体产值提升3倍。2022年，日本出台《经济安全保障推进法案》，加强与欧美的经济安全协调，减少对中国的经济依赖。该法案重点强化包括半导体在内的特定重要物资国内供应链稳定，尤其针对电气、金融等14个关键基础设施设备采取事前审查，推进尖端技术的官民合作研究和特定专利不公开。为提升产业竞争力，日本还制定了半导体产业扶植细则，承诺给予新建厂补贴但附连续生产10年的要求，设置高校相关专业培养专业人才。预计未来10年，日本工程师缺口3.5万人。在政策引导下，日本企业加大对半导体领域的投资，索尼与台积电联手在日本本土设厂，铠侠联合西部数据积极回本土投资设厂，瑞萨电子也响应号召在本土投资设厂。日本还加强与美合作开展半导体新技术研发，构建国际性半导体领域的产学研合作体制。在汽车产业政策方面，日本通过国家目标来引导新能源汽车产业的发展。2021年日本提出，到2035年日本国内销售的新车100%将为电动化车辆，这意味着2035年日本将禁售汽油车。多年以来，日本加大对新能源汽车的税收优惠和补贴力度，大力支持氢燃料汽车发展。在医药领域，日本推动医药研发从模仿创新向原研药研发创新转变。《经济安全保障推进法案》将医药品和原研药列为特定重要物资，纳入确保国内供应链稳定的保供之列。

2021年韩国出台《税制修改案》，指定半导体、二次电池、疫苗为国家战略技术项目，加大税收优惠力度，加大资金支持力度。韩国继续加快在半导体领域的投资布局，以占据产业链的高端位置。韩国半导体继美国之后位列世界第二，2019年韩国半导体市场份额占全球近20%。韩国三星、SK海力士等知名半导体企业拥有较强的国际竞争力，占世界五大半导体巨头的两大席位。2021年，SK海力士收购英特尔在中国大连的闪存业务。2021年发布"K-半导体"战略，为半导体企业提供税收支援，计划到2030年成为半导体综合强国。三星电子和SK海力士表示，到2030年10年内将投资510万亿韩元。2022年韩国计划实施473亿美元的《芯片法案》，用于扩大本土芯片制造能力，打造全球最大的芯片制造生产基地，应对全球芯片的激烈竞争和供应链问题。韩国计划未来 5 年大力投资人工智能（AI）半导体领域，2023 年成立 AI 半导体数据中心，继续扩大这一领域优势。在新能源汽车领域，2021 年韩国提出第四期新能源汽车发展规划（2021—2025），扩大新能源汽车普及，推进技术创新，计划到 2030 年实现新能源汽车增至 785 万辆，实现汽车碳减排 24% 的目标。2021 年底，韩国再次推出加快绿色新能源汽车转换速度相关政策，给予新能源汽车补贴优惠。

第二节　对中日韩产业合作产生的影响

一、中日韩产业合作面临严峻的新挑战

世界各国在新兴产业领域竞争加剧。中美博弈叠加新冠疫情、俄乌冲突、价值观联盟推动下，美西方重构的全球产业链体现出明显的"去中国化"特征，即与中国产业脱钩成为西方普遍倾向，政治性产业转移特征显著。美国试图打造美国主导的新兴技术标准和市场规则，摆脱在关键产业领域对中国的依赖，尤其在光伏、稀土、半导体、新能源汽车等领域加大对中国的联合遏制。欧洲加强构建数字主权，着力发展"碳中和"工业战略，将环境、气候、人权等问题纳入供应链管控范围，加强对高科技产业领域的投资审查。日本、印度紧随美国政策，韩国进一步向美国靠拢。在此背景下，中国面临产业链脱钩和制造业"卡脖子""掉链子"的风险加剧，中日韩推进产业深度合作的困难加大。

2017 年中美贸易摩擦加剧以来，日韩作为美国的盟友，普遍采取"安美经中"策略。在共同价值观导向下，日韩跟随美国在经贸合作上加大对华防范。特朗普政府时期，美国就采取技术封锁和长臂管辖等手段打压中国科技企业，禁止中国使用美国技术和芯片。拜登政府推动印太经济框架，重点在

数字产业、半导体、电池、脱碳和绿色等产业领域与中国精准脱钩。拜登政府还推动构建美国、韩国、日本、中国台湾"芯片四联盟",将中国大陆排除在外。在近期美韩达成的联合声明中,美韩将加强在半导体、电池、核电、航天、网络等领域的合作,尤其提出要加强在"敏感技术投资""半导体出口管制"等方面合作。在美国支持下,日韩加强对高技术出口管制和技术法律保护,加强对华的技术封锁。由此预计,中日韩在半导体、数字产业、绿色低碳产业等重点领域的合作将会受到越来越多的阻碍。不可否认,美国因素影响下的日韩对华产业政策新动向,也加大了日韩企业对与中国脱钩的担忧,导致日韩企业对华投资信心不足,将可能影响到未来中日韩产业尤其在新兴产业领域合作的紧密度。

全球产业链供应链呈现本土化、近岸化、意识形态化发展趋势,将推动全球产业链供应链进一步收缩分离,不利于中日韩深化产业合作。疫情暴发后,日韩政府就鼓励在华日韩企业回迁或转移,虽然以中国为主要消费市场的企业不会发生明显的产业转移,但不是以中国市场为主的企业,尤其是制造业已出现明显转移趋向。此外,对于在一些新产业新业态领域布局的日韩企业,或将优先考虑中国以外的其他国家或地区,而在新一轮新产业新业态新模式新领域及其相关上下游、产学研的配套发展中,日韩企业与中国企业的竞争也将加剧。

二、中日韩产业合作面临的供应链整合的新机遇

在国际格局新变化的背景下,中日韩产业合作虽有诸多挑战,但三国合作仍有很多机遇。应当看到,中日韩现有的产业链供应链已深度嵌套,不可分割,强制分割对企业将会是灾难性的痛苦。疫情对产业链供应链的破坏,已凸显中日韩产业链供应链难以割舍的特征。要在危中寻机,增强抗击疫情等外部风险的能力,仍需要评估中日韩产业合作的好处与风险,通过继续深化产业链供应链合作,尤其瞄准区域内市场提升产业链跃迁能力,夯实东亚生产网络,才能不再需忍受被外力支配的痛苦。

在新一代科技和产业革命、创新驱动、碳中和目标等背景下,中日韩在高端制造、技术创新、数字经济、绿色低碳发展上具有较大合作潜力。中日韩都以"数字＋绿色"为两大政策主轴,三方在数字经济和低碳绿色经济等新兴领域合作前景可观。

目前全球半导体市场依然保持较好的发展势头。据麦肯锡一份报告预测,2030 年全球半导体市场规模有望达到 1 万亿美元,预计 70% 的增长来自汽车、计算和数据存储、无线三大行业。其中,中国市场保持全球规模最大、增速最快的发展形势。亚太地区的技术发展及市场应对,已成为推动全球半导体产业发展的重要动力之一。

第三节　中日韩产业合作新思路新路径

一、中国产业发展的思路和方向

当前中日韩产业分工由垂直分工向水平合作演变,中国产业结构与日韩日渐趋同,但产业结构在合理化与高级化方面与日韩仍有很大差距。当前中国制造业大而不强,产业结构仍处于产业链的中低端,自主创新能力不足,"缺芯""少核""弱基",特别是高端芯片等"卡脖子"压力突出,产业升级难度较大,而中美博弈长期化将给中国产业升级带来持续的压力。中国产业升级过程中要充分发挥好日韩产业在全球价值链中高端优势,加强与日韩高科技领域产业合作,带动中国产业实现转型升级。发挥中日韩各自优势,可通过产业互补,差异化发展,共同研发与应用场景合作,提升贸易投资合作水平,加强中日韩在第三方市场合作等方式,推动重点产业领域的务实合作,带动中国产业向全球价值链中高端跃升。

二、在开放条件下拉住日韩开展产业合作的原则和路径

在全球政治经济格局不断演变、科技创新日新月异的时代背景下，中日韩三国作为亚洲重要经济体，其产业合作重要性越发凸显。面对日益复杂的国际形势和日趋激烈的全球竞争，中日韩三国亟须深化产业合作，以共同应对挑战、实现互利共赢。新形势下，设计开放条件下拉住日韩开展产业合作的原则和路径，旨在通过加强三国间的产业协同与互补，推动区域经济繁荣与稳定，进而为全球经济复苏与发展贡献力量。

在全球政治经济复杂严峻新形势下，中日韩三国开展产业合作应坚持以下四点原则，以确保合作的稳定性、创新性和可持续性。一是互利共赢与长期合作。坚持互利共赢以寻求长期稳定的产业合作关系，促进资源共享和优势互补以实现共同发展，摒弃零和博弈思维，共同维护产业链供应链稳定，促进区域经济繁荣与稳定，确保合作成果惠及三国人民。二是创新驱动与绿色发展。鼓励创新驱动，加强在新技术、新工艺、新材料等领域的合作研发，提升产业核心竞争力，推动产业升级和转型，打造具有国际竞争力的产业集群。共同关注可持续发展，推动产业合作向绿色、低碳、循环方向发展，积极采用环保技术和生产方式，减少资源消耗和环境污染，共同应对全球气候变化挑战。三是开放包容与区域合作。秉持开放包容理念，积极参与RCEP、CPTPP等区域合作机制，推进区域经济一体化进程，共建开放型世界经济，为三国经济发展注入新动力。尊重各国主权和利益，平等协商、互利共赢，共同推动区域经济繁荣与稳定。四是风险共担与互惠互利。共同应对贸易保护主义、技术封锁等各种风险和挑战，通过互惠互利方式实现风险共担和利益共享，确保合作顺利进行，增强三国间的信任和友谊，为三国经济发展提供有力保障。

新形势下中日韩产业合作的路径设计应注重优势互补、创新驱动、开放包容等方面，同时也要灵活应对外部挑战和阻碍因素。一是加强贸易投资便利化。简化贸易投资审批流程，降低关税和非关税壁垒，推动贸易投资自由

化便利化；签署更多双边和多边贸易协定，扩大市场准入，为三国企业创造更多商机。二是加强产业链供应链合作。聚焦新能源、新材料、高端装备等新兴产业领域，共同打造具有国际竞争力的产业链集群；通过合作研发、共享资源和技术，推动产业链上下游紧密衔接，提升整体竞争力。三是重点打造绿色、创新、数字、健康新增长点。推动绿色低碳产业发展，构建绿色供应链体系，实现可持续发展；加强人工智能、生物技术、量子信息等前沿科技领域科技创新合作，共同建设科技研发平台，推动产学研深度融合；加强大数据、云计算、区块链等数字经济领域合作，共同推动数字基础设施建设、数据共享和应用创新，打造数字经济新引擎；拓展健康产业合作，共同应对公共卫生挑战，促进健康产业创新与发展。四是构建区域合作平台。积极构建中日韩自由贸易区、产业合作园区等区域合作平台，推动区域内资源、技术、市场等要素优化配置和高效利用；利用"一带一路"倡议等合作平台，拓展中日韩在第三方市场合作。五是加强人文交流合作。加强文化教育、旅游体育、青年交流、媒体智库、地方政府等方面合作交流，夯实三国合作民意基础。六是加强国际政策协调。加强与主要经济体政策协调，共同应对全球性挑战和问题，推动构建开放型世界经济和全球治理体系；加强双多边、国际组织合作，共同维护多边贸易体制和全球产业链供应链稳定；积极参与国际标准和规则制定，推动形成更加公正合理的国际经济秩序。

三、突出中日韩重点产业合作契合点

随着全球经济的不断发展和技术创新的加速推进，中日韩在多个产业领域展现出强大的合作潜力和互补优势。中日韩三国应充分发挥各自在半导体、汽车、数字经济、绿色低碳等领域的产业优势，寻找更多的产业合作契合点，推动三国产业合作向更高水平、更深层次发展，提升各自产业竞争力，共同应对全球挑战，实现互利共赢。

一是加强半导体产业深度合作。加强技术创新合作，联合研发攻克半导体产业核心技术难题，特别是在高端芯片设计、先进制造工艺、新型材料等领域。推动产业链供应链整合，利用 RCEP 等区域合作机制，进一步优化三国间半导体产业链供应链布局，确保关键材料和设备的稳定供应，降低生产成本，提高市场竞争力。加强半导体产业人才交流与合作，共同培养具有国际视野和创新精神的高层次人才，为产业合作提供人才保障。

二是深化汽车产业创新合作。加强新能源汽车技术研发合作，利用各自优势联合开展关键技术研发，共同推动新能源汽车技术升级换代。加强智能汽车与网联汽车领域合作，共同推动车联网、自动驾驶等技术研发与应用，提升汽车产业智能化水平。共同打造中日韩新能源汽车产业生态圈，推动产业链上下游企业深度合作，形成具有国际竞争力的新能源汽车产业集群。

三是全面推进数字化转型合作。加强在 5G、物联网、大数据中心等新型数字基础设施领域合作，共同构建高效、安全的数字基础设施体系。联合开展智慧城市建设和数字治理合作，推动城市数字化转型，提升公共服务水平和社会治理能力。加强在网络安全和隐私保护领域合作，共同应对数字化转型过程中的安全挑战，保障数字经济健康发展。

四是加强绿色低碳产业合作。加强在清洁能源、碳捕集与封存、节能减排等绿色技术领域研发合作，推动绿色低碳技术创新与应用。推动传统产业向绿色化、低碳化方向转型升级，加强在绿色制造、绿色供应链等领域的合作。协同推进碳中和目标实现，加强在碳市场建设、碳交易等领域合作，共同应对全球气候变化挑战。

第十二章
主要经济体半导体产业强链补链做法
及对中国的启示

欧美日韩与中国台湾等经济体半导体产业发展相当成熟完备，在不同的产业链环节各具优势，特别是在补强产业链竞争优势方面具有非常丰富的经验。这些国家和地区的半导体企业善于把握机遇加大研发投入，抢占技术和市场先机，牢牢占据这一高科技产业发展的制高点。相关政策制定者善于审时度势，顺水推舟，适时给予政策支持。在半导体产业发展进程中，这些国家和地区增强产业链比较优势的做法有可取之处，值得中国在半导体行业强链补链行动中借鉴。

第一节　美国强链补链主要做法

一、从国家安全角度立法支持半导体产业发展

美国半导体产业主要问题是部分核心环节向外转移，即对海外关键原材料或零部件制造等供应链依赖较为严重。近年来，美国政府提出制造业回流政策举措，通过产业补贴、国际合作等方法保障供应链安全。2021年1月，《为美国创造有益的半导体生产法案》获得通过，提出设立半导体安全基金，

给每个项目提供最多 30 亿美元补贴。2022 年 2—3 月，美国参众两院通过《2022 年美国竞争法案》，重点发展半导体等高科技制造业。该法案提出为半导体产业提供 527 亿美元的资金支持。据美国官方表态，拜登政府与国会、国际盟友、企业合作的目的就是要将半导体制造带回美国。美国半导体发展战略短期要解决关键材料或零部件供应短缺问题，长期则要确立美国半导体产业在全球继续保持领导地位。在组织保障方面，美国将在国家科学和技术委员会下建立"微电子领导力小组委员会"，由国防部、能源部、国家科学基金会、商务部、国务院、国土安全部等负责人和美国贸易代表、国家情报总监等作为成员，制定国家微电子研究战略，协调安全、外交、贸易政策。美商务部还牵头组成由产业代表、联邦实验室、学术机构等领域至少 12 名成员组成的产业咨询委员会，为美半导体研究、开发、制造、政策等方面提供决策咨询。

二、通过模块化、标准化来引领产业发展方向

早在 1987 年，美国政府联合英特尔为首的 13 家半导体公司启动了半导体制造技术战略联盟（SEMATECH）计划。该计划曾帮助美国半导体产业在 1995 年重回世界第一。从 20 世纪 80 年代中期开始，美国推出了 SEMATECH 标准和通用 MES（制造执行系统）技术等一系列技术标准和生产方式，这些降低了生产的技术门槛，提高了生产效率，引领世界半导体生产向模块化、标准化方向迈进。SEMATECH 的理念是把设计和制造分离，在行业主要企业共同开发设备和材料的前提下，将制造工艺标准化，为合作企业节约成本，增加市场灵活性。此计划有两个效果：一是集中研发，减少重复浪费，并在半导体行业内共享研发成果，为企业减轻负担；二是把半导体制造技术模块化，使设计与制造分离成为可能，促进了资金规模较小的芯片设计行业大发展。这一计划造成了整个半导体产业生态的变化，令习惯于自己做全产业链并且各自为战的日本各大综合电机厂商在竞争中优势不再。要想实现设计与制造分离的专业化目标，就需要大企业与制造商之间共享技术标准，但是这

与习惯于关起门来做全产业链的日本半导体企业的生产模式完全不同，路径依赖过重的日本综合电机厂商拒绝这种生产模式的创新，逐渐在这样的技术跃迁中落后。在半导体行业的这一模式转变中，日本厂商经营理念封闭，不能与时俱进的缺点也在此时暴露无遗了。与之相反，韩国半导体企业发现，只要引进最先进的生产设备，同时敢于把内部技术信息与制造商分享，就能够生产出最先进的动态随机存取存储器（DRAM）产品。这样，韩国企业通过将生产模块化、标准化贯彻到底，大大降低了成本，同时提高了应对市场的灵活性。韩国厂商把日本人秘不外传的内部技术信息跟制造商分享，大大降低了生产成本，提高了灵活应对市场的能力，使其技术水平和制造能力在几年之内一举超过了日本。

第二节　欧盟强链补链主要做法

一、出台供应链安全法案解决供应不稳定问题

2021年7月，欧盟委员会启动了处理器和半导体工业联盟。2022年2月，欧盟委员会提出"欧洲芯片法案"，标志欧盟半导体产业政策基本成型，将发力强化自身半导体供应链安全，巩固与提升在芯片研发与制造领域的国际竞争力。该法案提出，短期内要解决芯片短缺造成的供应链不稳，中期要加强欧盟半导体制造能力，以支撑整个供应链安全和创新，长期要打通实验室到产业的创新转化，发挥欧洲创新优势，成为半导体产业全球领导者。该法案还提出欧盟半导体市场份额到2030年要翻一番，达到20%，并具备2nm以下的尖端半导体生产能力；为数字化转型提供1345亿欧元投资。"欧洲芯片法案"也明确建立"欧洲芯片基础设施联盟"，负责落实欧洲芯片战略；并成立由欧委会专员直接领导的"欧洲半导体委员会"，在行业规划、技术路线等方面提供决策建议。

二、坚持逆周期投资是阿斯麦尔（ASML）公司成功的关键

荷兰 ASML 公司 1984 年成立，最初技术和规模远远不及日本佳能和尼康两家光刻机巨头。ASML 是从尼康和佳能研发 157nm 光刻机出现瓶颈时研发出浸没式光刻机，一举颠覆了市场。2015 年，荷兰光刻机巨头 ASML 经过 10 年的研发，终于将极紫外线（EUV）光刻机开发到了可量产的状态。ASML 成功实现技术赶超的关键在于，一是坚持逆周期投资，持续投入研发，坐足冷板凳。二是聚焦主业，发展核心能力，不盲目扩张。三是抓住行业发展时机。目前，ASML 是全球唯一的高端光刻机生产商，其能够生产 7nm 以下工艺节点集成电路芯片的高端纳米光刻机，每台售价至少 1 亿美金，每年产量 40 台左右。疫情以后，各国芯片特别是汽车芯片供应出现问题，光刻机等半导体制造设备需求大涨，ASML 开始扩大自身光刻机的产能，原本中国是其最具潜力的市场，但是美国对中国技术限制令 ASML 失去了整个中国市场。ASML 发表声明说："对于大陆市场而言，ASML 已经尽力了，接下来只能是静观其变。"为掌握高端芯片产业链，美国通过修改规则的方式进行施压，还计划给予芯片公司共计 520 亿美元的补贴，邀请全球顶尖的芯片公司赴美设立工厂。美国正在打造本土芯片供应链体系，ASML 和台积电纷纷赴美设厂进行支持。ASML 已准备斥资 2 亿美元扩建自己在美国康涅狄格州威尔顿的工厂。ASML 赴美投资生产之后，其生产的 EUV 光刻机将优先供货美国的本土企业，而远在太平洋彼岸的台积电如不能跟进，则可能会逐渐被边缘化。

三、通过加入技术联盟垄断技术路线

1997 年，英特尔在跨越 193nm 工艺上遇到困难，与美国能源部牵头，集合摩托罗拉、AMD、IBM、英飞凌以及美国三大实验室组成 EUV LLC 战略联盟，大力推进 EUV 技术研发，为日后 EUV 光刻技术突破奠定了重要基础。英特尔本想邀请 ASML 和尼康加入，但是受到美国政府阻挠，理由是不想让外国公司分享技术。为了进入 EUV 联盟，ASML 提出在美建立工厂和研发中

心、保证 55% 原材料从美国采购等优厚条件。借此，思想开放的 ASML 进入该联盟，尼康则被排除在外，导致日本在 EUV 光刻机方面技术落后于西方国家。由于技术路线具有累积性，顶尖光刻机制造几乎被技术先发国家所垄断，后发国家或企业想要摆脱技术路径依赖、实现技术追赶与跨越十分不易。

第三节　日本强链补链主要做法

一、政府主导研发推动半导体产业升级

20 世纪 70 年代开始，日本半导体产业发展重视产官学联合研发。日本经济中速增长期（1974—1990 年）是日本高技术产业集中爆发的时期。这一时期，日本政府加大了对专门技术的研发资助，开始参与研究开发活动，鼓励企业间研究合作，促进产官学联合研发。日本通商产业省（今称经济产业省）在 20 世纪 70 年代中后期组织了超大规模集成电路（VLSI）开发项目，该项目由 NEC、日立、三菱、富士通和东芝五家公司以及日本通产省电气技术实验室、电子技术综合研究所、日本电信电话公社联合参与，为日后日本 DRAM 产业的大发展奠定了技术基础。

进入 20 世纪 80 年代，由于一系列原因导致日本半导体产业逐渐落后。一是日本半导体产业在 20 世纪 80 年代中期遭遇美国打压，这是造成日本半导体产业衰落的外部原因；二是美国主导了芯片产业标准化、模块化的产业变革，日本东芝、NEC 等大型综合电机厂商都习惯搞全产业链，自成一体，不愿意跟上下游供应商共享技术标准，被新的产业链生态排除在外；三是日本半导体企业认为大型机是未来方向，没有抓住个人电脑市场崛起短暂的窗口期，造成竞争劣势无法弥补。尽管如此，日本在半导体领域的技术积累非常丰厚，至今在装备制造和材料领域仍然具有世界先进水平，这一点从日韩贸易摩擦 3 年来的演化就可见一斑。

二、发挥地缘政治优势组建供应链联盟，促进国际研发合作

当前，日本半导体产业发展更加重视国际合作。2021年6月，日本发布了"半导体和数字产业发展战略"，其中很多内容对强链补链进行了部署。一是重视下一代技术开发，通过国际合作补短板。开展"3D微处理器技术开发计划（More than Moore）"，与海外先进的晶圆代工厂进行高端逻辑芯片制造技术的共同研发，给未来独立建设晶元代工厂打下基础。2022年6月，台积电宣布其子公司台积电日本3D IC研发中心已于日本产业技术综合研究所的筑波中心完成无尘室工程，并举行开幕仪式。2022年7月，IBM和东京电子宣布，在3D芯片堆栈方面获得了新的技术突破，成功运用了一种新技术将3D芯片堆栈技术用于12英寸芯片上。该项新技术有机会将3D芯片堆栈技术应用范围扩大。二是维持技术优势，立足技术研发锻造长板。日本在其半导体战略中提出了维持"瓶颈（choke point）"技术的口号，旨在保持日本在装备制造、材料等产业链重要节点上的技术优势，防止研发中心向海外转移。以产业技术综合研究所（AIST）为核心，充分发挥"纳米技术创新基地"（TIA）的作用，加强与国外研发机构的合作。为实现高端逻辑芯片的量产，与海外先进的晶圆代工厂联合建厂，确保日本半导体制造业优势地位。2022年6月，日本政府宣布，根据相关法律，已批准台积电等企业在熊本县建厂计划，并提供高达4760亿日元（约合239.9亿元人民币）补贴。台积电将与索尼集团和日本电装公司合作，主要为日本客户提供晶圆代工服务。三是开拓绿色化半导体新疆域。随着数据处理量的不断增加，如果停留在既有技术水平，未来数据处理的功耗将大幅增加。为实现数字化和绿色化协调发展，必须提高数字设备和电子元件中所使用半导体的性能，降低能耗。特别是对于关键零部件功率半导体，必须从巩固本国产业竞争力的角度，研发一批新型创新材料如碳化硅（SiC）、氮化镓（GaN）、三氧化二镓（Ga_2O_3）等。

三、通过经济安保法律进一步限制技术交流

于 1949 年颁布的《外汇外贸法》（Foreign Exchange and Foreign Trade Act，FEFTA）是日本在安全贸易管控领域的主要法律依据，规定了日本进行技术和货物等物项对外转移和贸易等方面的根本性的法律规定。该法涵盖跨境技术交流和出口管制方面的规定。2022 年 5 月 11 日，日本通过《经济安全保障推进法》，规定了关键基础设施网络安全、加强供应链稳定以及通过非公开专利保护敏感技术等方面的内容。新法案的通过，为日本对技术交流限制增加了新的内容。一是设立了发明专利申请不公开制度，规定关系到国家和国民安全的重大发明、专利可以不予公开，防止相关情报泄露，同时规定特定技术领域专利必须先在日本申请，不能首先到国外申请专利。二是提出强化半导体和医药品等"重要物资"的产业链供应链，着力增强半导体等重要物资在日本国内进行生产的能力。

第四节　韩国强链补链主要做法

一、通过顶层设计补短板

自 20 世纪 80 年代以来韩国锻造了内存制造这个长板。韩国在 20 世纪 80 年代中期到 90 年代初期追赶日本产业之时，也曾推出了韩国版的 VLSI 计划，以韩国政府所属的国家电子研究所为主，三星、现代、LG 等大企业联合研发超大规模集成电路技术，完全模仿日本的技术攻关模式。韩国三星、SK 海力士长期占据 DRAM 销售额世界前两位，两家企业在 DRAM 的市场份额超过 70%。占据全球七成市场份额的内存产业让韩国成为全球半导体产业不可或缺的一环，但在非内存领域，韩国只有 5% 左右的市场占有率。近年来，韩国开始有计划地补"非内存"领域短板，制定半导体行业的强链补链总体

战略规划。未来 10 年内，韩国将斥资约 4500 亿美元打造 "K- 半导体战略"，建立集半导体生产、原材料、零部件、设备和尖端设备、设计等为一体的高效产业集群，在 2030 年前构建全球最大规模的半导体产业供应链。韩国三星也计划到 2030 年，成为全球最大的逻辑芯片制造商。

二、坚持发展芯片代工和接触式图像传感器（CIS）业务

三星代工业务起步于 2005 年左右，基于高端定位、技术投资以及与客户企业合作开发，三星抓住了通信产品迅速发展的东风，自上而下发挥决断力，实现了技术赶超。目前，三星和台积电是唯一竞逐 5nm 及以下最先进制程的半导体制造企业。SK 海力士紧随其后，其代工子公司 "SK 海力士系统IC" 具备 8 英寸晶圆代工能力。2021 年 10 月，SK 海力士表示将收购韩国晶圆代工厂商 Key Foundry，并期待此次收购将使其目前的 8 英寸代工能力增加一倍。在 CIS 方面，三星率先推出超 1 亿像素 CIS 和 2 亿像素 CIS，在为手机等移动端提供 8K 超高清创作能力的同时，也适用于高清分辨率的车载环视影像系统或后视摄像头。在 CIS 领域，SK 海力士已经有超过 10 年的布局，并以培养增长支柱和进入第一阵营为目标，持续提升研发和生产能力。

三、提升材料和设备的本地化程度

韩国政府积极推进相关本地企业的自研、自产、自销。在 2019 年日韩贸易摩擦爆发，日本政府限制氟化氢、光刻胶和氟化聚酰亚胺三种材料对韩出口，造成了韩国在半导体材料领域 "卡脖子"。为摆脱对日依赖，韩国政府一直致力于推进三种材料的本地化生产。三星、SK 海力士、LG 等头部企业在生产过程中导入本地企业的氟化氢。同时，基于企业和研究院的联合攻关，韩国电子通信研究院等机构推动实现了显示屏光刻胶的商用化，以降低对日本材料产业的依赖。从结果上看，相关 "脱日" 举动并不顺利，3 种受限芯片材料中，2020 年由日本对韩国出口的氟化氢数较 2018 年锐减 86%，但从 2021 年开始反弹，同比增加 34%，2022 年前 4 个月同比再增长 30%，目前

增加趋势仍在持续。日本光刻胶对韩出口量同比也保持两位数增长，氟化聚酰亚胺仅出现微降。日方材料厂商相关人士普遍认为，近三年来，除了氟化氢，其他芯片相关材料对韩出口没有受到特别影响。

第五节　中国台湾强链补链主要做法

一、把握了世界半导体产业分工细化趋势，首创专业晶圆代工模式

半导体产业是一个高风险、投资大、竞争强的产业，而初创时期的台湾半导体公司规模小、研发能力弱。20 世纪 80 年代，世界半导体产业发展和技术提升也进入快车道，集成电路设计与制造分离逐渐成为世界半导体行业主流趋势。作为一个整体，台湾代工型集成电路生态体系，契合了这一新发展趋势。基于此，以台积电为代表的台湾半导体产业没有盲目追求当时集成电路产业通行模式，即将设计、制造、封装乃至系统的上下游产品集于一体的垂直整合式制造经营模式，而选择以代工方式切入集成电路产业。彼时美国正在推动产业模块化、标准化分工体系建设，逐渐将半导体生产环节向外转移，中国台湾企业以专业芯片制造为切入点抓住了这一机会，大力发展圆晶代工，避开与美、日等厂商的直接竞争，比较顺利地切入全球集成电路产业链价值链。在这一势头带动下，台湾相关厂商通过垂直专业分工，各守其职、各专其业，相互支持且彼此强化，产业群聚效果显著，逐渐形成上下游共同成长、稳定发展的事业共同体，让相关企业参与半导体产业的门槛大大降低，在世界半导体产业中独树一帜，在自身发展的同时，直接或间接推动了全球集成电路产业发展。

二、政策大力支持

20 世纪 70 年代中期以来，台湾持续推出相关政策及规划，支持促进了半导体产业发展。1975—1988 年期间，实施集成电路示范工厂设置计划、科学研究发展专案计划、超大规模 IC 计划；1990—1999 年期间，又相继实施亚微米计划、台湾芯片设计制造中心计划、台湾工研院系统芯片中心计划；2000 年以来，又颁布实施系统级芯片 SoC 推动联盟计划、SoC 科技专项计划、台湾芯计划、"两兆两星"计划等。这些政策在促进岛内半导体产业发展的同时，对岛内产业升级、扩大就业和经济发展均起到推进作用。

三、企业采取独特的国际化结盟策略

以台积电为例，一是其"散财集权"的分散型股权结构作用独特。尽管外资在台积电有超高持股比例（70% 左右），分走了大部分红利，但换来的是台积电经营决策权牢牢掌握在企业管理层手中，最大限度避免来自岛内外非经济因素干扰，并使企业能优先获得融资及外部先进技术和设备。二是将拥有关键技术、设备的企业利益与之高度捆绑。如台积电直接参与荷兰光刻机企业 ASML 最先进的关键设备研发，并成为其大股东之一，从而先拿到最新设备和技术的使用权，持续在集成电路制程上保持世界领先地位。

第六节　对中国半导体产业发展的启示

一、政府支持是半导体产业发展的重要推动力

总结美国、欧洲、日本、韩国、中国台湾等经济体半导体产业发展历程，政府大力支持是半导体发展的重要驱动力。有鉴于半导体制造业产业投入规模大、周期长、高风险的特点，选择性产业政策是很多国家和地区产业

发展的秘诀，也是无奈之举。面对残酷的国际竞争，有时候需要一定程度上牺牲国内市场竞争的公平性，有选择地扶持关键产业和龙头企业。日本在 20世纪 90 年代以后，产业政策趋向自由化，削减了半导体产业的补贴和税收，成为日本半导体产业落后的原因之一。近年来，主要半导体产业国家和地区都以供应链安全等名义恢复了选择性产业政策，日本也在其《经济安全保障推进法》中提出为了保障半导体供应链安全，对半导体供应链进行强化。近年来，中国通过"十四五"规划、"02 专项"等方式不断对半导体产业提供政策支持。相比其他国家和地区，中国半导体产业资金优势和政策支持力度较大。从全球来看，近两年中国新建晶圆厂最多（见表 12-1）。国际半导体产业协会（SEMI）预计 2019—2024 年，全球至少增加 38 个 12 英寸晶圆厂，中国将占其中 20%。

表 12-1　全球扩建晶圆厂数量　　　　　　　　（单位：个）

国名 / 地区名	2021 年	2022 年
中国大陆	5	3
中国台湾地区	6	2
美国	4	2
欧洲 / 中东	2	1
日本	1	1
韩国	1	1

数据来源：SEMI（国际半导体产业协会）。

二、注意技术共享，提升全产业整体效能

日本、韩国、中国台湾等的发展都证明类似 VLSI 计划的共同开发、技术共享方案的可行性和效率。该方案的特点，一是抓住龙头企业进行重点发展；二是政府和企业共同参与产官学联合研究，发动多种力量；三是研发共性技术，旨在提升全产业水平，而不是倾向于个别企业。

三、提升产业组织水平是半导体产业致胜关键

一是提高产业集中度。世界范围来看，芯片产业普遍集中度比较高，重资产的芯片制造领域尤其如此。芯片设计领域虽然企业稍多，但是在存储芯片、图形芯片、逻辑芯片等领域知名企业也只有一两家。二是补贴技术研发，不能直接补贴终端产品。

产业组织无序是中国半导体产业发展的缺点。虽然产业政策支持力度较大，但是目前中国半导体产业组织并不科学合理，地方不考虑自身条件盲目上马，产业集中度不够，限制未来长远发展。2020 年 8 月，国务院正式印发《新时期促进集成电路产业和软件产业高质量发展若干政策》。在此项政策支持下，中国各大芯片项目正式启动。根据相关数据统计显示，2020 年中国新注册的半导体企业就高达 2.28 万家，同比增长高达 195%。但是 2021 年数个百亿级别芯片项目武汉弘芯、南京德科码、淮安德淮、成都格芯等因为缺乏资金等原因停工烂尾。近年来，中国国内投资半导体产业的热情很高，但是其中许多地方项目盲目上马，一些没经验、没技术、没人才的三无企业也加入其中，由此造成了项目停摆、厂房空置、资源浪费等现象。比如，中国国内芯片设计企业注册量连续快速增加，现存关键词为"芯片设计"和"集成电路设计"的企业共有 16.83 万家，但散而不强的情况比较突出。华为海思受到美国制裁的严重打击，已于 2020 年淡出全球芯片设计十强企业榜单。其他芯片设计公司，从年营业收入、研发人员、研发费用等角度，都与国际知名的联发科、高通等企业相距甚远。我国相关行业从业人员虽然众多，但是产业集中度较低，没有形成合力，缺乏行业龙头企业引领。

四、贯彻实行政府引导，市场主导的市场化运作模式

为了避免光伏等产业的补贴乱象，少走弯路，政府通过引导基金方式引导民间企业大规模投资，利用中国超大规模市场优势，通过市场化方式实现技术研发和产品创新。政府基金起到引导作用，尽量不要成为"主力军"。从

半导体产业发展历史看，对半导体技术基础研究的主要贡献者是科研机构，主要的产品和工艺创新推动者，在欧美来说是行业龙头企业，在东亚来说是大财团。无论是欧美模式还是东亚模式，无一例外是市场为主导，加上政府引导的结果。

五、地缘政治优势助推供应链整合

拜登政府上台以来，出于地缘政治目的拉拢欧洲、日本、韩国、中国台湾等传统盟友构建半导体供应链联盟，为了自身强链补链，增加相互之间的技术交流与合作，旨在提升自身产业竞争力，增强半导体制造技术的领先地位。在高技术领域，中国没有美国这样的地缘政治优势，但是中国在地缘政治、国际贸易方面与日韩有非常深的相互依赖关系，可以在这些方面做些工作，将日韩适度拉向中国一边，避免日韩全面倒向美国，遏制中国半导体产业的赶超发展。

第七节　增强我国半导体产业链竞争力的建议

一、打造行业龙头企业，提升产业集中度

应积极仿效日本产业合理化政策，鼓励行业龙头企业兼并重组，全国形成几个规模较大的企业集团。汲取光伏等产业发展初期的教训，避免对个别企业、终端产品进行大范围补贴。可以参考燃料电池汽车产业"以奖代补"的做法，对符合技术标准的企业进行奖励，同时结合国家区域经济战略，鼓励有条件的地区，在龙头企业集团带动之下建设产业集群，打破地方保护主义，避免重复建设和资源浪费。

二、打造中国版的 VLSI 计划

应适时推进中国版 VLSI 计划，一方面可以结束国内半导体研发各自为战的状态；另一方面可以参考美国 SEMATECH 计划的方式，以共同研发为基础，构建符合中国半导体产业特点的技术标准和研发模式，力图构建 28nm 或 14nm 芯片为平台的半导体产业生态体系。一是由相关部门统筹中芯国际、华为海思等产业链上下游龙头企业以及相关科研院所、高校，组成芯片技术联盟，集中优势攻关上下游产业共同面临的"卡脖子"问题。二是上下游企业在芯片技术联盟范围内共享技术标准，为联合研发和技术共享打好基础，依照共同的技术标准，围绕 14nm 芯片构建具有我国特色的产业生态体系。三是发挥大基金的引导作用，让大基金在项目中占较小比例股份，企业联合体占主要股份，引导有实力的企业跟进投资。大基金不要与企业争利，项目达成目标之后，大基金可以适时退出。让企业既可以从中获益，又可以提升技术水平，增强供应链上下游整合程度。

三、前瞻性布局，谋划第三代半导体芯片

第三代半导体技术以氮化镓、碳化硅等为主要原料，在导热率、抗辐射能力、击穿电场、电子饱和速率等方面优点突出，在半导体照明、新一代移动通信、智能电网、高速轨道交通、新能源汽车等领域有广阔的应用前景。目前，国际高端芯片制造巨头在第三代半导体领域尚未形成专利、标准垄断，产业规模尚未形成。应加大力度率先布局和发展产业获取先发优势，在高端芯片制造领域实现变道超车。

四、坚持开放原则，强化全球产业链合作

要坚持半导体产业对外开放政策，积极融入国际供应链体系，维持高端芯片产业链供应链稳定与安全。要鼓励和支持高端芯片企业参与国际标准制定，加强自主标准体系在国际芯片产业的应用推广，努力培育话语权和反制

能力。更好发挥我国大规模市场优势，加强与东亚、欧洲等非美地区合作，鼓励我国企业拓展在东亚、欧洲发展空间，加强业务和股权合作，支持海外并购，减少美国对我国高端芯片打压影响。加强国家间沟通协调与利益互联，积极发挥《区域全面经济伙伴关系协定》（RCEP）作用，通过日韩大企业进行利益绑定，放开一些不必要的限制，给中日韩经贸合作创造良好环境。进一步开放日韩大企业在华进行半导体产业投资，增加日韩大企业集团对华依赖度，利用日韩大企业对本国政府的政治影响力拉住日韩政府，避免其一边倒偏向美国。

第十三章
疫情对中日韩汽车产业链供应链的影响及对策

上海及长三角地区（江浙沪皖）是中国汽车产业重镇，也是全球汽车整车及零部件生产的重要基地。作为中国汽车产业链中的重要一环，上海及长三角地区在东亚汽车生产网络中的地位举足轻重，是整个亚太地区汽车零部件供应、组装、研发和物流的重要枢纽。2022年期间，国内疫情散点多发，吉林、上海等地疫情封控让国内汽车产业遭受较大冲击。此轮疫情中，德系、美系、日系、韩系等汽车品牌产业链供应链均遭受不同程度冲击，已威胁到东亚乃至全球汽车产业链供应链的安全稳定。在生产分工高度全球化的背景下，丰田、本田、现代、起亚等日韩车企本土工厂也受到波及并出现停工减产，迫使日韩政府和企业更加密切关注产业链供应链的安全稳定，有望加速实施"中国+1"的分散化对外投资策略，对此不可不察。

第一节　中日韩汽车产业链遭受较大供给冲击

2022年3—5月期间，吉林、上海等地先后遭遇疫情冲击而被迫实施疫情封控措施，对全国范围内的汽车及零部件生产、物流、销售等活动带来严重冲击，许多汽车整车及零部件制造只得暂时关停或减产，一些原材料、零部件等供应链运转受阻，港口物流几乎中断，订单交付被迫延迟。一汽丰田、上汽集团等汽车厂商及周边零部件企业遭遇停摆，且已波及日韩汽车本土工厂，触发不同程度的停产或减产。

一、疫情冲击下中日韩三国汽车产销量大幅下降

疫情防控期间，上海及长三角地区汽车产业停摆牵一发而动全身，严重影响到全国汽车产销量，也波及影响到日韩汽车产销量。2021年，上海及长三角地区汽车产量占全国的21.6%，汽车工业增加值占全国比重达31.2%，规模以上汽车零部件企业超千家，小微企业近3万家；其中上海在全国汽车产量中占比约为10.7%（销量占全国市场份额的3.5%），仅次于广东的12.8%左右。特别是2022年3—6月期间，上海等地疫情封控造成了全国各地汽车工厂的停工减产和零部件供应停摆，使其被迫做出减招、停工、停产等举动，排产交付不能按时履行，消费者提车周期加长。

受上海等地疫情封控拖累，全国汽车产量出现大幅下降。2022年3—5月期间，中国汽车产量当月同比连续3个月下降，其中4月受疫情封控影响最大，同比下降43.5%，5月下降收窄至4.8%。据报道，2022年4月，长城坦克300累计未交付订单高达14万辆，比亚迪部分车型提车周期高达400多天，一汽集团每停产1天就减产1.2万辆汽车。2022年前5个月，全国汽车产销量分别完成961.8万辆和955.5万辆，同比分别下降9.6%和12.2%。受疫情封控影响，中国汽车销量曾连续3个月同比下降，其中4月同比下降47.6%，5月下降收窄至12.6%，但5月汽车产销率累计跌至99.34%，表明汽车行业复工达产不及市场预期，不能适时满足回暖的购车需求。

疫情期间（2022年3—5月），德、美、日、韩系乘用车零售销量均出现大幅下降，其中日系乘用车平均同比下降28.1%，韩系乘用车平均同比下降56.8%，而美系和德系乘用车销量分别平均同比下降38.3%和36.1%。上海及长三角整车及零部件停产减产叠加跨境物流受阻已产生次生灾害，导致日韩等本土汽车产销量也出现一定下降。2022年3—4月，日韩国内汽车产量分别平均同比下降18.1%和7.4%；3—5月，日韩国内汽车销量分别平均同比下降16.3%和12.1%。

二、日韩本土汽车工厂连带遭受暂时停产减产

上海及长三角地区集聚众多汽车零部件厂商，是全国乃至全球重要的汽车零部件生产基地之一。博世、日本电装、安波福、采埃孚、麦格纳国际、爱信、大陆、矢崎、现代摩比斯、佛吉亚、李尔与法雷奥等全球知名汽车零部件厂商均在上海及周边地区投资设厂。据中国汽车技术研究中心数据显示，上海及长三角地区汽车发动机企业占到全国的近50%，变速器和动力电池企业分别占到全国的53%和57%，电池控制系统企业占比超过全国的70%；其中江苏和浙江两省拥有300多家汽车零部件、汽车紧固件生产企业。一部汽车拥有上万个零部件，产品复杂度高，产业链较长，国际分工链条环环相扣，关联着数千数万家供应商、制造商。一旦遭遇疫情等外部冲击，导致汽车零部件厂商生产和物流陷入停滞，将直接波及整车企业生产。

2022年3—5月，上海及长三角地区汽车及零部件生产停摆和汽车物流供应链受阻或中断，引致中国各地主要汽车整车及零部件生产基地遭遇不同程度的停产减产，给中国汽车工业带来较大产值损失，还波及日韩本土汽车及零部件的生产供应。例如，博世、安波福等零部件供应商在上海生产的一些核心零部件减产，丰田子公司日野汽车暂停了位于上海的发动机工厂生产。该地区重要零部件供应商停产叠加港口拥堵对外运输困难，已导致国内日韩合资企业汽车和零部件生产工厂减产，更是造成日韩本土一些生产工厂停工减产（见表13-1），使其向国内外市场的产品交付被迫延迟。据相关报道，受中国生产的部分零部件停工停运影响，2022年4月，马自达日本广岛市总部工厂和山口县防府工厂曾屡次被迫停产数日。丰田位于日本本土9家工厂10条生产线于同年5月曾被迫停产数日，并数次修改生产计划下调汽车产量，卡罗拉、雷克萨斯等主力车型被迫延期交付。由于来自中国的原材料和零部件供应不足，韩国通用汽车公司曾暂停富平第一工厂和第二工厂的生产，造成约6000辆汽车减产，数千名韩国员工面临失业风险。韩国现代汽车在全罗南道的一家委托生产商也曾宣布暂时停工。这些波及国外的停产减产案例主

要是日韩企业，凸显中日韩三国汽车产业供应链的高度依存，促使日韩反思本土汽车供应链依赖中国所生产零部件的脆弱性。

表 13-1　2022 年 3—5 月上海等地疫情对日韩本土汽车工厂的影响

序号	企业名称	停产／减产时间	停产／减产工厂	停产／减产原因	估计损失（辆）
1	丰田	5 月中旬最长停产 6 天，最短 1 天	日本本土 9 家工厂 10 条生产线停产	疫情造成零部件供应不足和半导体芯片短缺影响	30000
2	本田	4 月—5 月上旬	铃鹿工厂两条生产线减产 50%，琦玉工厂减产 30%	半导体芯片短缺和疫情造成零部件物流供应受阻	39000
3	三菱	4 月 11—15 日 5 天	冈崎工厂停产	零部件供应商封受控管理，零部件供应不足	5000
4	马自达	4 月 4—5 日 2 天，4 月 14—15 日 2 天，4 月 21—26 日 4 天	广岛市总部工厂和山口县防府工厂停产	受上海疫情封控影响，合作供应商停产，部分零部件无法采购	26000
5	斯巴鲁	4 月 28—29 日 2 天	群马制作所本工厂、矢岛工厂、大泉工厂停产	疫情封控造成部分零部件供应不足	5000
6	大发汽车	4 月 11 日	大阪工厂停产	上海供应商生产中断，零部件供应不足	1000
7	现代起亚	3 月 18 日—21 日 2 天	光州汽车工厂停产	上海疫情导致安全气囊控制单元供应短缺	—
8	韩国通用	4 月 19 日—23 日 4 天	仁川富平第一、第二工厂停工减产	半导体芯片供应不足和无法及时拿到中国供应商提供的制动系统零部件	6000

资料来源：据新闻报道整理（不完全统计）。

三、加重日韩对汽车供应链安全稳定的担忧

2020 年疫情暴发以来，全球车规级芯片短缺问题相当突出，至今尚未有效缓解。此后，中国主要汽车生产城市疫情封控对生产、物流、销售等方面的持续影响，加剧新能源汽车零部件供应紧张的局面，促使汽车"缺芯"问题更加突出。2021 年 7 月，意法半导体马来西亚麻坡工厂因疫情先后 3 次停产，直接导致丰田等芯片供应短缺，造成车规级芯片短缺问题迟迟未得到缓解，而同年 8 月越南多家线速组装厂停产，丰田、本田、日产等车企也遭受停工影响。因东南亚疫情日本主要汽车制造商减产约 130 万辆汽车。2022 年 3—5 月期间，上海等地疫情再度引发日韩汽车及零部件企业对供应链稳定性的担忧，不仅面临前期"缺芯"问题犹存，还面临缺少其他通用零部件的困境，并已给其本土汽车的生产造成一定干扰，增加日韩政府和企业对汽车供应链安全的忧虑。

在美国联合日韩盟友加大对华技术封锁的背景下，日韩政府及企业早已开始打算推动产业链供应链重构，推动采取"中国+1"的模式，即寻求在中国以外地区建立生产基地，包括推动汽车零部件相关产业链回迁本土或外迁至美国、印度、东南亚等国家和地区。出于产业链供应链安全考虑，日韩政府早在 2020 年疫情甫一暴发时就已出台相应补贴等优惠扶持政策，引导日韩汽车及零部件企业将部分关键环节的工厂迁出中国，增强本国汽车产业链的安全和供应链的韧性。

日本政府实施"作为供应链对策的促进国内投资事业费补贴"政策重组供应链，引导日资企业本土投资厂房、设备、系统和生产线，支持日企将工厂从中国转移到东南亚、美国、印度和非洲，降低供应链中断风险。2022 年 5 月韩国尹锡悦政府上台后，就加快促进韩资企业回流，并为此提供补贴、税收减免等优惠措施。2022 年初，日产汽车计划投资 5 亿美元改造其在美国密西西比州坎顿市的组装厂，用以生产新型电动汽车。同年 4 月，全球汽车芯片厂商安森美暂时将全球配送中心从上海迁往新加坡和菲律宾马尼拉等其他

分区的配送中心，但并非真正关闭外迁，随后上海疫情得到有效控制，上海配送中心逐步实现全面复工。这些事例凸显出外资企业对遭受疫情破坏供应链稳定的担忧，但说撤走外迁也并不容易。

第二节　及时采取补救措施提升中日韩汽车供应链韧性

疫情防控期间，吉林、上海等省市采取有力的补救措施，高效统筹疫情防控和汽车生产及物流运转，鼓励企业采取补救措施，暂时避免完全停摆，包括减少人员配置、开展闭环生产模式等，竭力保障部分生产正常运转。疫情期间（2022 年 3—5 月），在做好疫情联防联控的同时，中央及地方政府及时出台协调汽车产业链供应链畅通的解决方案，有效保障各地车企有序复工复产，协同保障关键零部件等重要物资稳产保供。比如，上海市出台的《上海市加快经济恢复和重振行动方案》提出，自 2022 年 6 月 1 日起取消企业复工复产审批制度、扩大企业防疫和消杀补贴范围、建立长三角产业链供应链互保机制、畅通国内国际物流运输通道等政策措施，支持各行业特别是汽车领域复工复产复市，稳步提高企业达产率。随着上海等地疫情逐步得以控制，上海等地汽车复工达产加速，零部件物流供应链恢复畅通，有力提升了汽车供应链快速修复的韧性，尽可能减轻疫情对汽车产业带来的负面冲击。

一、上海等地汽车企业迅速实现复工达产

在各方协同努力下，吉林、上海等地汽车整车制造企业已于 2022 年 5 月底实现全面复工和连续稳定生产，并以点带链、以链带面，带动上下游上千家零部件配套企业复产提速，而到 2022 年 6 月底国内汽车及零部件生产几乎全面恢复到正常水平，其中上汽旗下 40 多家企业制造工厂恢复双班生产，在沪单日产量已达到 1.3 万辆，全面恢复到疫情发生前正常水平。在国内外物流运输逐步畅通情况下，汽车及零部件进出口加快恢复，有力支撑了日韩汽车

企业本土工厂连续生产，展现出中日韩汽车及零部件供应链快速修复的强大韧性。2022 年 6 月以后，上海等地汽车产业复工复产提速，不仅得益于推动疫情防控、物流保畅保通、复工复产等系列政策落地见效，还得益于采取有针对性稳外资稳外贸政策举措，有效缓解日韩等企业在华投资兴业的安稳担忧。为解决外商关切的问题，中国工信部及时建立汽车产业链供应链企业问题诉求与反馈机制，帮助汽车产业链供应链企业及时反馈问题和解决实际困难。上海市政府高度重视汽车产业的复工复产问题，在第一批复工复产的 666 家企业名单中，与汽车制造及直接紧密相关零部件厂商超过 250 家，算上间接相关的集成电路及其配套企业将超过 330 家。在各级政府和企业的共同努力下，上海等地疫情得到有效控制，汽车行业复工达产提速，而且带动零部件厂商恢复达产，彰显中国汽车行业自我修复能力较强，展现出外部冲击下的韧性强的一面。

二、中日韩汽车产业链供应链已深度黏连

上海等地疫情冲击暴露出汽车产业全球布局及零部件即时管理的脆弱性。汽车产业链较长，零部件生产周期过长，配套供应相对稳定。东亚地区在长期的市场自发演进中已形成相互嵌套和深度黏连的稳定汽车生产网络。短时期出于安全考虑，日韩车企考虑回迁本土或分散化转移难度较大，普遍选择增加关键零部件的储备，如丰田提出"业务连续性计划"，即要求供应商为丰田储备 2—6 个月的芯片。在美国长臂管辖和拉拢怂恿下，日韩政府和企业虽已考虑重组供应链，将部分关键产业链回迁或转移至东南亚、印度等地，但上海及长三角地区的汽车产业集群优势相当明显，疫情后的快速恢复将动摇日韩车企回迁或外迁的决心。

从市场、技术、政策环境等多因素看，上海及长三角地区仍是东亚乃至全球最具配置效率的汽车产业集聚枢纽，尤其在新能源汽车领域已表现出难以割舍的竞争优势。2011 年日本大地震后，日本本土汽车产业链供应链遭受重创，很多汽车零部件企业就集体产业转移至上海等长三角地区，包括在江

苏丹阳建立"日本汽车零部件工业园"。经过多年积累，上海及长三角地区汽车产业集聚已成气候，短时期内寻找可替代的生产基地并不容易，越南、泰国等产业链配套并不完善，难以承载日本汽车产业的集体搬迁。在此情形下，日韩车企仍将不得不依赖上海及长三角地区的汽车产业链配套体系，也将更加依赖中国强大的国内市场和成熟便利的港口物流基础设施，以快速响应全球订单需求和弥补海外市场的供应缺口。实践表明，汽车行业上下游间通常实行严格的产品认证制度，汽车零部件供应商网络相对可靠稳定，想要短期切换可替代的供应商难度非常大，在日益激烈的竞争环境下更换新供应商也不切实际。日韩车企面临的困境是动迁很难，要想整体回迁或转移汽车产业链条，成本高、周期长、代价大，最后还是要依靠市场驱动而用脚投票。日韩车企继续借助中国持续升级的现代汽车产业链供应链体系，既能分享中国超大规模市场释放的红利，也能享受产业集聚带来的规模经济和范围经济效果。

中国未来较长时期内仍是全球最大的汽车市场，也是新能源汽车发展最为快速的市场。处在疫情期间的2021年，中国汽车出口量就达到201.5万辆，仅次于日本的382万辆和德国的230万辆。2022年前5个月，中国汽车累计出口108万辆，新能源汽车出口32.5万辆，其中特斯拉贡献了近一半份额。在汽车及零部件产业链中，中日韩三国已深度黏连。日韩分别是中国汽车零配件出口第二、第三大目的地国，2021年中国出口日本和韩国的规模分别为57.93亿美元和43.34亿美元，同比增长分别为29.7%和20.1%。得益于地理相近的天然便利，中日韩的汽车产业供应链运转效率较高。中国出发到日本东京、横滨只需要3天，到美国东部港口需要12—14天，到美国西部港口则需要25—30天。当前高企的海运集装箱运价将给日韩汽车产业链的外迁带来持续困扰，促使日韩车企选择最经济合理的做法，继续深耕中国并增加近岸投资。

三、良好营商环境有力维护汽车产业链供应链稳定

在推动汽车产业复工达产的背景下，中国进一步加大稳外资稳外贸力度，持续优化营商环境，尤其是通过优化防疫通行管控措施、保障汽车零部件等重点物资供应，帮助日韩等外资企业解决复工复产、人员入境、物流运输等具体问题，有针对性地着力解决汽车产业"缺芯"等难题；同时通过制定汽车产业发展规划和扶持政策，持续改善创新和投资环境，吸引更多外资车企及相关企业集聚，推动汽车产业电动化、智能化、网联化、绿色化发展。

在加大促进汽车消费升级的同时，上海及长三角地区进一步优化汽车及零部件、新能源汽车等产业投资环境和区域布局，继续巩固拥有的丰富研发创新人才、雄厚的财力和金融资本、更具弹性的物流供应链等综合优势，并制定明确的产业发展规划和优惠的扶持政策，为日韩在内的外资车企提供更高效的生产配套基地、卓越的研发创新试验场、开放稳定的产业生态体系，共同打造成为具有全球影响力的智能新能源汽车产业集聚地。上海市发挥集成电路、人工智能、软件、通信设备产业优势，加大车规级芯片、氢燃料电池等生产布局，上海临港新片区构建了涵盖汽车芯片、自动驾驶系统、汽车内饰、车身、新材料、精密加工等新能源汽车产业生态体系，上海嘉定区建设了新能港、氢能港两个市级特色园区，逐步形成完整的新能源汽车产业链供应链体系。

上海及长三角地区通过营造更佳的营商环境和产业集聚区，将有力稳住汽车产业链供应链，继续吸引特斯拉、大众、丰田、现代等外资汽车企业扎根中国，继续分享市场和技术相结合的红利。比如，《上海市加快新能源汽车产业发展实施计划（2021—2025年）》提出，对新能源汽车领域相关企业，自设立之日起5年内减按15%的税率征收企业所得税。在全球碳减排日趋严格的形势下，传统燃油汽车市场日趋饱和，日韩汽车产业竞争力有所下降，而其押注的氢能源汽车急需找到被消费者广泛接受的潜力市场，而中国高速成长的新能源汽车市场为其提供了广阔市场空间和优越的试验环境。综合考虑

利弊，即便此轮疫情冲击造成了较大损失，但日韩汽车及零部件厂商仍会循着市场指引的方向，有望继续加大在华投资，而不会被非经济因素所绑架。

近年来，日韩汽车及零部件供应链反而在加速向中国转移。丰田、日产、本田、日本电装、LG 化学等汽车及零部件企业将继续看好中国汽车市场发展前景，继续在华增资扩产，尤其会布局汽车新兴领域，加速抢占中国快速发展的新能源汽车市场份额。如丰田公司就把中国视为丰田品牌全球范围内最重要的市场，把混合动力汽车的变速器等核心零部件的生产放到江苏常熟生产基地，2020 年 3 月丰田宣布在天津投资约 85 亿元投资电动汽车制造工厂，同时带动其零部件供应商——爱信精机也在中国扩大生产经营。韩国车企及关键零部件企业也加大在华投资和产能布局。2019 年 9 月，韩国 LG 化学宣布投资 69 亿元扩建在华动力电池生产线，韩国 SK 集团投资 33.8 亿元在华投建第二家动力电池厂。此外，伊藤忠商事、丸红商事等为代表的日韩商社和投资机构也加大对中国造车新势力的投资力度，期待在智能汽车及新兴业务领域分得一杯羹。

第三节　进一步增强中日韩汽车产业链供应链韧性的建议

面对上海等地疫情对汽车供应链带来的威胁，中日韩车企均面临汽车生产及零部件供应的稳定安全问题，但短期内寻找多元化替代难度较大，而中长期本地化采购更将成为趋势，预示着日韩车企对中国市场的依赖性不减反增。中日韩地理相近的特点将能发挥出上海及长三角地区已形成的汽车产业链配套和供应链协同综合优势，使日韩车企深化与中国汽车产业链供应链合作具有更广阔发展前景，引导日韩车企继续在华扩大投资设厂、联合开展技术攻关和多元化场景应用，既能形成安全稳定的生产供应能力，增强抵御外部挑战的能力，也能推动技术进步和产业升级，共同解决芯片短缺、供应链中断及电池成本上涨等多重压力，提升东亚汽车生产网络的稳定性和竞争力。

一、采取有力措施消除上海疫情对日韩车企的负面影响

疫情防控期间，我国采取了有力措施安抚日韩等外资企业在华投资设厂情绪，减少日韩汽车企业因上海疫情封控带来的痛苦记忆，争取对中国采取高效统筹疫情防控和经济社会发展做法的理解认可。依托外贸外资企业服务专班，各地政府以超常规的力度和举措，以更实的行动、更优的服务，及时回应外资企业的合理关切和建议，帮助企业解决实际问题，重点解决外商关切的生产和物流供应链运转中的"难点"和"堵点"，并根据外资企业提出的合理建议，适时调整优化防疫政策，尽可能降低疫情防控对生产生活的负面影响。下一步，还要支持汽车产业集聚地持续优化营商环境，增强开放平台和物流枢纽功能，深入推进高水平制度型开放，吸引日韩等车企参与汽车产业重大技术研发和示范应用工程，适当对日韩汽车及零部件企业给予特斯拉享有的同等优惠政策，确保日韩车企分享中国稳经济一揽子政策特别是扩大汽车消费等政策红利，并利用我国超大规模汽车消费市场牵引日韩车企在华投资集聚，进一步稳定其发展预期和信心。进一步优化稳外资政策和营商环境，持续营造对日韩车企更加开放安全的创新和投资环境，搭建中日韩汽车技术合作平台和人才研修交流机制，吸引日韩企业继续增加在华加大研发投入，加大汽车特别是新能源汽车产业人才培养力度，共同推动汽车和新能源汽车技术创新发展。

二、以参股控股方式加快中日韩汽车产业链上下游战略延伸

为规避日韩等汽车及零部件企业产业链回迁或转移，需要进一步提升中日韩汽车产业链嵌套合作的紧密度，尤其围绕汽车智能化、网联化和新能源汽车发展新趋势，充分发挥中国在汽车市场、人才、资金、政策等方面的综合优势，吸引日韩车企在华投建研发创新中心和示范试验应用基地，共同推动面向未来的智能汽车发展。推动各地进一步优化汽车产业链区域布局，统筹利用现有的中日、中韩等合作产业园，加大对日韩汽车及零部件企业的整

体引进，按照负面清单管理制度要求，支持日韩车企投建独资或控股的新能源汽车或零部件工厂，加快形成汽车和新能源汽车全产业链本土化多点布局，将日韩等汽车龙头企业锁定在中国市场，引导其继续增加投资相关技术和新产品研发，依托长三角、珠三角、京津冀、长江中游、成渝等汽车生产基地，加快汽车及零部件制造补链、扩链、强链，推动关键零部件在国内实现重点分散布局，进一步完善充电桩、加氢站等新型基础设施网络，打造日韩等外资车企参与的汽车全产业链生态。

三、积极吸引日韩等零部件领军企业开展本地化生产供应

顺应汽车和新能源汽车业的发展趋势，依托上海等长三角地区已形成的汽车产业集聚区优势，加快培育能够连接汽车和半导体芯片两个行业的电子零部件领军企业，围绕整车厂周边配置零部件工厂和关键零部件仓储设施，打造更加安全稳定的汽车产业链供应链系统。重点支持汽车产业集聚区加快吸引日本电装、爱信精机、现代摩比斯、矢崎、住友电工、日立安斯泰莫、松下汽车系统、马瑞利、捷太格特等增资扩产和发展新业务领域，加大从整车到发动机、电池及配件等关键零部件的研发、制造、销售、服务等全链条本土化。加快形成汽车上下游就近配套衔接的汽车产业链供应链体系，不断推动汽车和新能源汽车核心关键零部件超前设计、功能持续迭代、性能不断提升。逐步培育发展自动驾驶、智能网联、氢燃料电池汽车等新兴细分领域，引导日韩车企联合自主品牌车企积极推动转型升级和开拓新业务，帮助其获取更高的投资回报，共同打造面向亚洲乃至全球的新能源汽车生产制造和出口基地。

四、加强汽车关键共性技术和通用零部件研发和标准化应用

把握全球新能源汽车向智能化、电动化、共享化发展趋势，提前布局前沿基础研究和关键技术攻关，抢占未来汽车技术创新的制高点。在美国加大对华技术封锁背景下，充分利用国内超大规模市场的优势，紧紧拉住日韩等

汽车及零部件龙头企业，引导其在汽车芯片、动力电池、氢燃料电池等方面联合国内企业开展关键共性技术攻关。重点支持丰田、现代、LG 化学、三星、SK 等企业加大在华技术研发和新技术应用，通过与中国高等院校、科研机构及汽车企业合资建设新型研发机构（如联合研究院、实验室）等合作方式，共同开展技术攻关或应用试验，着力开发高性能、高可靠的汽车自动驾驶产品。聚焦能效提升技术、高能量密度高安全动力电池技术、低比油耗高效率和轻量化的增程器系统、高能量密度高安全动力电池组等技术，努力在智能网联型新能源汽车、无人驾驶新能源汽车、氢燃料电池汽车等领域寻求突破。依托与日韩等汽车企业合作建立的研发制造基地，推动制定全球统一的制造技术和产品标准、质量认证标准、安全生产标准、充电设施标准等标准体系，构建氢燃料电池汽车等新能源汽车及其配件的标准体系及细分领域的技术标准，建设汽车芯片等关键零部件的测试认证和应用推广服务平台，争取与日韩车企联合培育出与特斯拉分庭抗礼的新能源汽车技术和国际品牌。

五、培育一批补链强链的本土汽车零部件领军企业

借助与日韩汽车企业深化合作的机会，加快培育一批符合未来产业变革方向的新能源汽车龙头企业或细分领域的领军企业，加快推进中国自主品牌车企的快速成长和技术积累，依靠与日韩车企的合作竞争和自主研发创新，加快推动关键核心技术和零部件的进口替代，加快提升核心零部件自主研制配给能力。着力培育一批汽车产业生态主导型的"链主"企业，增强中国汽车产业链供应链的安全性和稳定性，确保自身在面对危机时能够做好更充分的准备，更好地抵御外部风险对供应链系统的冲击。通过搭建与日韩等车企联合开发新型汽车的示范使用场景，推进新产品用户反馈数据共享和快速技术迭代，逐步提升中国自主品牌车企的技术水平和生产能力，尽快缩小与国际先进技术和制造能力的差距。

参考文献

［1］《人民日报》评论：全方位加强国际科技创新合作［OL］.中国科协网站，2019－05－16.

［2］Cecil Bohanon. Economic Recovery：Lessons from the Post－World War II Period，September 10，2012. https：//www.mercatus.org/publications/economic－history/economic－recovery－lessons－post－world－war－ii－period.

［3］Daniel Sanches. The Second World War and Its Aftermath. November 22，2013. https：//www.federalreservehistory.org/essays/wwii－and－its－aftermath.

［4］Lessons to guide today's monetary policy. August 23，2016. https：//www.epi.org/blog/look－to－the－1990s－not－the－1970s－for－the－right－lessons－to－guide－todays－monetary－policy/.

［5］The Chicago Council on Global Affairs. Cooperating，Competing，Confronting：US－Japan－South Korea Trilateral Cooperation as China Rises，Report from the Task Force on Trilateral Cooperation Amid China's Rise. July，2021.

［6］白玫.韩国产业链供应链政策变化及其影响研究［J］.价格理论与实践，2022（1）.

［7］陈超.访驻日使馆科技处公参夏鸣九：中日科创合作与人文交流交相辉映［OL］.中国侨网，2021－06－25.

［8］陈阳.我国自由贸易协定中竞争政策研究［D］.长沙：湖南师范大学，2020.

［9］丑则静.百年变局下的国际格局演化与中美战略竞争新态势［J］.新视

野，2021（3）.

［10］褚婷婷，郎丽华，胡睿.中日韩自由贸易协定框架下中日双边贸易前景预测［J］.首都经济贸易大学学报，2021，23（4）.

［11］丁可.全球产业链中的中日合作依旧紧密，90%的在华日企没有打算变更生产基地［EB/OL］.澎湃新闻，2022-06-02.

［12］董洪梅.中国双边自由贸易区建设及其成效研究［D］.长春：东北师范大学，2019.

［13］董向荣.东北亚区域合作的基本格局与特点［J］.世界知识，2021（13）.

［14］俄乌冲突对中国的启示——应更加开放［EB/OL］.环球时报，2022-03-18.

［15］方辉.韩国扩大内需的有关做法和启示［J］.当代世界，2013（1）.

［16］高世宪.中国—东北亚区域能源合作战略［M］.北京：中国经济出版社，2014.

［17］顾炜.三方合作的困境与解困之道［J］.东北亚论坛，2020，29（5）.

［18］关于日本在美国"印太经济框架"的分析及中国应对建议［EB/OL］.公众号"库智交外大"，2022-06-30.

［19］郭晓蓓.分析我国与发达经济体产业结构，剖析问题，考察经验，提出建议［EB/OL］，百度网站，2019-10-31.

［20］国际贸易振兴机构（JETRO）.《JETRO世界贸易投资报告（2021）》［EB/OL］.JETRO网站，2021-07-29.

［21］韩国发布"K-半导体"战略 全球半导体争霸战升温［N］.经济日报，2021-05-17.

［22］韩国经济面临综合性危机，应由民间和市场主导改善经济质量［EB/OL］.界面新闻，2022-06-16.

［23］韩永红，吴小瑶.RCEP与CPTPP协定下技术援助条款的比较分析［J］.国际经济合作，2021（4）.

［24］郝洁.我国货物贸易规则与TPP协定相关制度比较［J］.中国经贸导刊，2016（36）.

［25］黄金宇.FTA进程中日本农业议题谈判模式研究［D］.沈阳：辽宁大学，2018.

［26］黄宁，吕越，王革."逆全球化"形势下我国构建中日韩创新合作网络的必要性与策略建议［J］.全球科技经济瞭望，2020（12）.

［27］江瑞平.大格局："东亚奇迹"再造［J］.东亚评论，2020（2）.

［28］科技部.科技部关于发布国家重点研发计划"政府间国际科技创新合作"等重点专项2021年度第二批项目申报指南的通知［EB/OL］.科技部网站，2021-03-24.

［29］科技部.科技部关于发布国家重点研发计划"政府间国际科技创新合作"等重点专项2021年度第一批项目申报指南的通知［EB/OL］.科技部网站，2020-09-29.

［30］孔庆江.《中日韩自贸协定》的投资规则谈判前瞻：争议解决机制走向及中国的政策选项［J］.人民论坛·学术前沿，2020（18）.

［31］李冬新，张蕴岭.中日韩FTA构建与前景［J］.东北亚学刊，2021（2）.

［32］李慧颖.第七届中日韩工商峰会联合声明发布 推动三国互利共赢［EB/OL］.四川新闻网，2019-12-24.

［33］李墨丝.CPTPP+数字贸易规则、影响及对策［J］.国际经贸探索，2020，36（12）.

［34］李栩.东亚同盟的修补与重塑：美日韩三边关系的再构筑［J］.世界知识，2021（10）.

［35］李杨.日本加速推进制造业领域"中国+1"战略布局［EB/OL］.赛迪智库网站，2021-08-25.

［36］刘瑛，夏天佑.RCEP原产地特色规则：比较、挑战与应对［J］.国际经贸探索，2021，37（6）.

［37］逯新红.RCEP框架下拓展东亚东南亚合作 新产业新业态新平台［J］.中国对外贸易，2022（1）.

［38］逯新红.深化中日韩经贸合作 防范不确定风险冲击［J］.中国对外贸易，2019（6）.

［39］逯新红.中国加入CPTPP的时机与条件是否成熟？［J］.金融与经济，2019（9）.

［40］逯新红.中国如何优化产业链供应链布局［J］.中国对外贸易，2022（3）.

［41］马静，李珉奎.中日韩FTA的历史进程、阻碍因素及应对策略分析［J］.东北亚经济研究，2021，5（4）.

［42］荟景石."扩大内需"政策的长期化：基于日本经验的解释［J］.现代日本经济，2021（4）.

［43］欧渤芊.中日韩三国区域合作大有可为［EB/OL］.中国经济新闻网，2022-05-30.

［44］欧盟公布重磅《芯片法案》，印度禁止无人机进口［EB/OL］.前瞻网，2022-02-17.

［45］庞中鹏.美日韩三边关系：基本特点及其局限［J］.当代世界，2016（3）.

［46］邱询立.东北亚区域能源安全与合作［J］.贵州财经学院学报，2009（4）.

［47］全球主要国家数字化转型大盘点［EB/OL］.搜狐网站，2021-11-17.

［48］商务部、国家统计局和国家外汇管理局.2020年度中国对外直接投资统计公报［EB/OL］.商务部网站，2021-09-29.

［49］佘惠敏.我国与161个国家和地区建立科技合作关系　基本形成"一带一路"技术转移网络［N］.经济日报，2020-10-28.

［50］世界知识产权组织（WIPO）.2020年全球创新指数（GII2020）报告［EB/OL］.世界知识产权组织网站，2020.

［51］邰举.中韩科创合作"2.0时代"呼之欲出——访中国驻韩国大使馆科技处参赞富贵［N］.科技日报，2021-06-25.

［52］投资约1万亿韩元！韩国政府计划大力发展AI半导体［EB/OL］.中国新闻网站，2022-06-28.

［53］汪婉.深入分析形势，有效增强中国经济"外循环"的韧［J］.中国发展观察，2022（5）.

［54］王俊生.美日和美韩同盟："弱军事化"为导向的考察［J］.云梦学刊，2021，42（5）.

［55］王曼.中日韩FTA货物贸易规则研究［D］.杭州：浙江大学，2018.

［56］王梦雅.新能源汽车发展规划初见成效　韩国去年电动汽车注册量首超10万辆［N］.科创板日报，2022-02-02.

［57］王卓.日本的世界自由贸易核心地位的形成、影响及应对［J］.东北亚经济研究，2021，5（2）.

［58］文婉明.构建RCEP对中国货物贸易的影响及对策分析［D］.南宁：广西大学，2014.

［59］新华社.中共中央　国务院关于构建更加完善的要素市场化配置体制机制的意见［EB/OL］.国务院网站，2020-04-09.

［60］徐梅.RCEP签署与亚太区域经济一体化前景［J］.东北亚论坛，2021（8）.

［61］徐梅.中日经贸合作面临历史新机遇［J］.人民论坛，2022（5）.

［62］玄相伯.韩国在华投资策略调整与前景［EB/OL］.综合开发研究院公众号，2022-05-31.

［63］亚洲开发银行.亚洲经济一体化报告2022［EB/OL］.亚洲开发银行网站，2022-02-09.

［64］杨伯江.日本对华政策调整的底层逻辑［J］.世界知识，2022（4）.

［65］杨洁勉.中国应对全球治理和多边主义挑战的实践和理论意义［J］.世界经济与政治，2020（3）.

［66］尹锡悦态度大变，韩国加速部署"萨德"，并在半导体领域针对中国［EB/OL］.环球网，2022-05-27.

［67］余南平.中日韩三国将深度合作，共建区域产业价值链和科技创新链［N］.文汇报，2019-12-27.

［68］张晓强.学习党的十九届五中全会关于坚持创新驱动发展的体会［EB/OL］.中国国际经济交流中心网站，2020-11-13.

［69］张晓强.抓住重点，大力推进科技经济深度融合［EB/OL］.中国国际经

济交流中心网站，2021-07-28.

［70］张彦.RCEP下中日韩高端制造业的区域价值链合作［J］.亚太经济，2021（4）.

［71］张燕生，逯新红，刘向东.疫情背景下的全球变局和亚洲经贸合作［J］.全球化，2021（2）.

［72］张燕生.建设现代化经济体系 大力推动高质量发展：2018年全国两会精神解读［EB/OL］.宣讲家网站，2018-05-29.

［73］张燕生.构建新发展格局，建设更高水平的开放型经济新体制［J］.中国经济评论，2021（1）.

［74］张燕生.未来17年中美经贸关系可分三个阶段［EB/OL］.联合早报，2019-05-23.

［75］张燕生.疫后产业新格局的十大趋势［J］.人民周刊，2020（23）.

［76］张燕生.抓住大国战略博弈带来的转型机会［EB/OL］.全球化智库网站，2021-05-21.

［77］张玉红，张彦涛，等.东北亚地区跨国电力联网模式及技术可行性初步研究［J］，全球能源互联网，2018，1（1）.

［78］张蕴岭.新时代的中韩相处之道［J］.世界知识，2020（8）.

［79］张蕴岭.中国—东盟对话30年：携手共创合作文明［J］.国际问题研究，2021（3）.

［80］中国日本商会《白皮书》：92.8%在华日企无调整生产基地计划［EB/OL］.第一财经网站，2021-06-16.

［81］中国驻日本大使孔铉佑同日中投资促进机构会员企业在线互动交流［EB/OL］.金台资讯，2022-04-28.

［82］朱玉龙.韩国政府发布"2030 K-battery产业规划"剑指何处［EB/OL］.搜狐网站，2021-07-16.